나의 첫 코딩

with 파이썬

그림과 비유로 쉽게 배우는 찐 코딩 입문서

초보코딩 저

 **머리말**

비전공자가 파이썬 강사가 되기까지

초보코딩의 시작

유튜브에서 코딩 강의를 하는 '초보코딩'입니다. 보통 강의를 한다고 하면 그 분야에 '정통한' 사람이라 생각하겠지만, 저는 조금 다른 길을 걸어 왔습니다. 기계공학을 전공하고 엔지니어로 사회 생활을 시작해 어떻게 보면 코딩과는 인연이 없는 사람이었는데 우연히 '파이썬'이라는 프로그래밍 언어를 알게 되었고 쇠뿔도 단김에 빼라고 바로 코딩 책을 구매해 독학을 시작했습니다. 하지만 하루하루 살아내기 바쁜 직장인에게 업무와 관련 없는 공부를 지속하기란 어려운 일이었습니다. 가까스로 내용은 다 훑었지만 기억에 남는 것 없이 자연스레 공부를 손에서 놓게 되었습니다. 그야말로 '파이썬을 찍먹' 했다고 볼 수 있습니다.

그렇게 파이썬을 손에서 놓은 지 몇 해가 지나고 유튜브의 알고리즘으로 네모네모로직 영상을 시청하게 되었는데 너무 재미있더라고요. 한동안 네모네모로직에 빠져 살다 보니 '규칙도 간단한데 이걸 코딩으로 풀 수 없을까'란 생각이 들었고 직접 코드를 만들어 보기로 결심했습니다. 주말 내내 코딩에 몰두하며 시간을 보냈고 결국 자동으로 네모네모로직을 푸는 코드를 완성했습니다. 어린 시절 어려운 레고를 완성하고 느꼈던 카타르시스를 정말 오랜만에 다시 느꼈습니다. 이대로 나 혼자만의 즐거움으로 끝내기에는 아쉬워 코드 작성 과정을 동영상으로 기록하자고 마음먹었고 사실 코딩보다 영상 자료를 만들어 녹음하는 게 몇 배는 더 힘들었지만 재미있기도 했습니다. 그렇게 코딩 유튜브 채널 '초보코딩'이 시작되었습니다. '초보코딩' 채널은 이후 초보자가 쉽게 접할 수 있는 프로그래밍 프로젝트도 하나씩 만들게 되었고 이어서 강의 영상도 제작하게 되었습니다. 그러다 보니 코딩과 함께하는 시간이 점점 늘어났고 결국 유튜브 채널 운영이 저에게는 파이썬 공부를 지속할 수 있게 된 원천이 되었습니다.

파이썬을 내 것으로 만들고 싶다면

이 책은 코딩을 처음 접하는 분, 다시 코딩 공부를 시작하려는 분들을 대상으로 원고를 집필했습니다. 따라서 코딩과 프로그래밍 언어에 대한 선수지식은 필요 없습니다. 여러분의 현재 상황은 제가 파이썬을 처음 공부할 때와 비슷할 거라 생각됩니다. 제 경험상 파이썬을 내 것으로 만들기 위한 조건은 크게 두 가지입니다.

첫 번째는 파이썬을 '잘 만나는 것'입니다. 이건 연애할 때 처음 상대방을 만나서 호감을 갖는 과정에 비유할 수 있습니다. 잘 설명된 책, 이해하기 쉽게 쓰인 책을 통해 먼저 파이썬에 호감을 느끼고 내용을 쏙쏙 받아들이는 과정입니다. 이 책도 여러분과 파이썬이 '잘 만날 수 있도록' 도와주길 바라는 마음에서 집필된 책입니다.

두 번째는 파이썬과 '자주 만나는' 것입니다. 첫 번째 조건보다는 어려울 수 있지만 굉장히 중요한 포인트입니다. 연애할 때 상대방을 오래 만나면 익숙함과 편함의 감정이 설렘의 자리를 대신합니다. 이때 '내가 이 사람을 좋아하지 않는 건가?' 오해해 이별을 생각할 수도 있습니다. 코딩 공부 역시 처음 결심했던 마음은 온데간데없이 사라지고 '이걸로 뭘 할 수 있을까'란 막연함만 남습니다. 이럴 때 코딩 공부를 소홀히 하면 손에서 놓치기 쉽습니다. 파이썬과 만남을 지속하기 위해서는 적극적으로 나서서 코딩을 직접 해보고 타인은 어떻게 코드를 만들었는지 찾아봐야 합니다. 코딩은 컴퓨터와 의사소통하는 언어의 영역으로 내가 투자한 시간과 코딩 실력은 비례하게 됩니다. 시간을 이길 수 있는 장사는 없습니다.

마지막으로

제가 원고를 집필하고 있는 동안 아내는 한 생명을 품고 있었고 원고를 마무리할 때쯤 가을이가 태어났습니다. 저도 퇴근 이후의 시간을 활용해서 다른 작업을 하느라 힘들었지만 그만큼 아내도 옆에서 고생을 많이 했습니다. 묵묵히 저를 응원하고 지원해 준 아내에게 깊은 감사를 표합니다. 그리고 글쓰기 초보가 책을 쓸 수 있도록 많은 도움을 주신 시대인 출판사 담당자분들께도 감사를 표합니다.

유난히 더운 여름의 초입에서
초보코딩

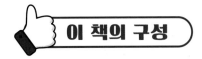

이 책의 구성

이 책은 6개의 챕터로 목차가 구성되어 있습니다. 한 챕터 안에는 코딩의 기본 개념과 실습 예제가 포함되어 학습한 내용을 정리하며 복습할 수 있습니다. 코드를 작성한 후 조금씩 바꿔보며 실행 결과가 어떻게 바뀌는지, 왜 갑자기 오류가 발생했는지 직접 부딪혀 해결하다 보면 코딩 공부에 분명 많은 도움이 될 겁니다.

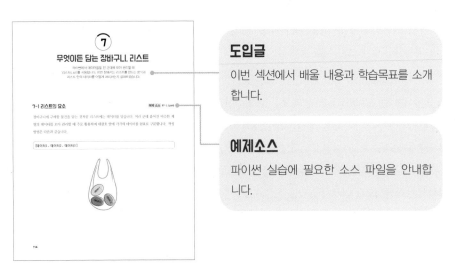

도입글
이번 섹션에서 배울 내용과 학습목표를 소개합니다.

예제소스
파이썬 실습에 필요한 소스 파일을 안내합니다.

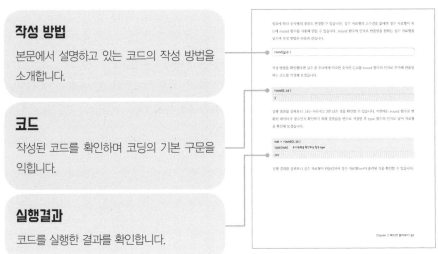

작성 방법
본문에서 설명하고 있는 코드의 작성 방법을 소개합니다.

코드
작성된 코드를 확인하며 코딩의 기본 구문을 익힙니다.

실행결과
코드를 실행한 결과를 확인합니다.

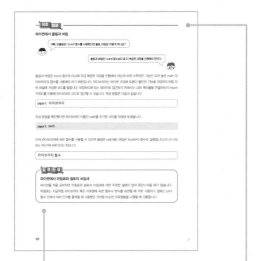

문제해결
파이썬 코딩 중 자주 하는 실수 및 오류 내용을 모아 해결 방법을 알려줍니다.

잠깐만요
본문과 관련된 추가 정보를 소개합니다.

참고
본문의 내용 외에 알아두면 좋은 정보를 소개합니다.

코딩 스킬 레벨업

해당 본문의 내용을 바탕으로 깊이 있는 학습을 진행합니다. 처음에는 가볍게 눈으로만 읽고 코딩의 기본 개념을 완벽히 숙지한 후 복습의 의미로 다시 읽어 주세요. 코딩 스킬 레벨업의 예제는 모두 실전에 도움이 되는 내용으로만 구성했습니다.

핵심정리

해당 챕터의 핵심 내용만 모아 정리했습니다.

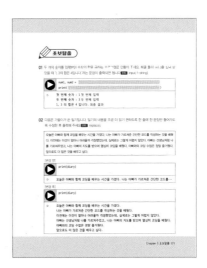

초보탈출

해당 챕터의 학습 내용을 바탕으로 직접 코드를 짜보며 프로그램을 만들어 봅니다. 각 문제의 정답 및 해설은 시대에듀 홈페이지 자료실에 업로드되어 있습니다.

예제 소스 다운로드 방법

1. 시대에듀 홈페이지(https://www.edusd.co.kr/book)에 접속한 후 로그인합니다.
- '시대' 회원이 아닌 경우 [회원가입]을 클릭하여 가입한 후 로그인합니다.

2. 홈페이지 메뉴에서 [프로그램]을 선택합니다.

- 홈페이지의 리뉴얼에 따라 위치나 텍스트 표현이 변경될 수 있습니다.

3. 프로그램 자료실 화면이 나타나면 책 제목을 검색합니다. 검색된 결과 목록에서 해당 도서의 자료를 찾아 제목을 클릭합니다.

초보코딩

저자가 직접 운영하는 유튜브 채널 초보코딩입니다. 파이썬 코딩과 관련한 다양한 콘텐츠를 동영상으로 확인할 수 있습니다.

▶ @chobocoding

코딩으로 이것 저것

저자가 직접 운영하는 네이버 블로그입니다. 초보자 입장에서 파이썬 코딩에 관한 다양한 지식을 쉽고 친절하게 알려드립니다.

blog blog.naver.com/jsk6824

 **목차**

1

스타트 코딩

2

파이썬 알아보기

3

파이썬 이해하기

5

반복의 달인,
반복문

6

코드 압축기, 함수

Chapter 1

스타트
코딩

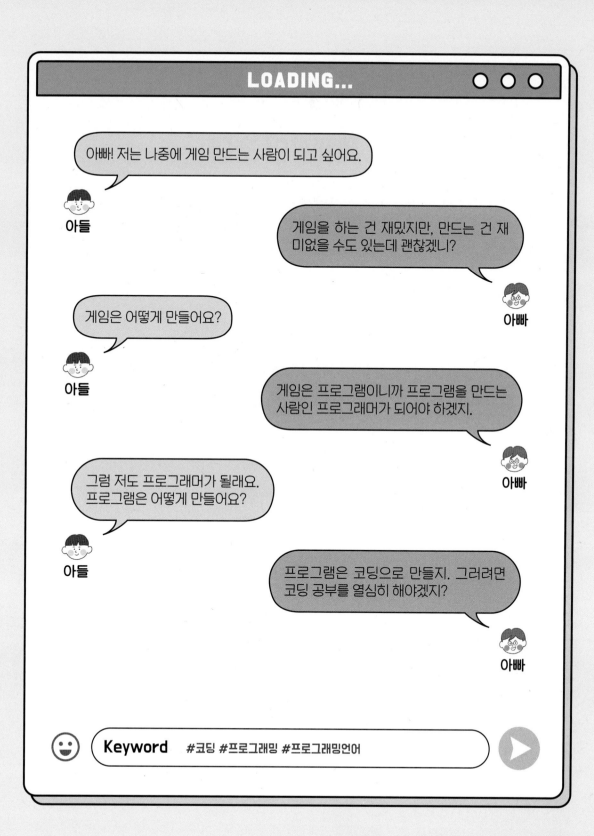

1

코딩 세계로의 초대

우리는 왜 코딩을 배워야 할까요?
이번 장에서는 코딩을 학습해야 하는 이유와
코딩 교육의 장점에 대해 자세히 알아보겠습니다.

1-1 코딩을 배워야 하는 이유

코딩 세계에 입문하신 여러분 환영합니다. 분명 코딩 공부에 대한 관심은 오래전부터 있었지만 여러 가지 사정상 실행에 옮기기 어려웠을 겁니다. 저도 똑같은 과정을 겪었기 때문에 잘 알고 있습니다. 일단 '시작이 반이다'라는 말처럼 책을 구매해 공부를 시작한 여러분의 그 위대한 시작을 축하하고 응원합니다. 코딩을 본격적으로 공부하기에 앞서 여러분은 코딩을 왜 배우려고 하고 우리는 아이들에게 코딩 공부를 왜 시켜야 할까요?

제가 초등학교 저학년이었을 때 영어가 교과목으로 정식 채택되었습니다. 그때 학교에 영어를 전문적으로 가르칠 수 있는 선생님이 없어 영어 시간에 늘 다른 선생님께 수업을 들었던 기억이 납니다. 초등학교 졸업 후 중학교에 입학하니 전에는 없던 컴퓨터 과목이 신설되었습니다. 물론 대부분 선생님 몰래 게임하던 시간으로 수업은 기억되지만 한편으로 컴퓨터의 운영체제를 익히고 워드 프로세서 사용 방법을 배울 수 있었던 유익한 시간이었습니다.

이렇게 학교의 교과목으로 채택되면 당장은 아니더라도 가까운 미래에 영향을 줍니다. 영어와 컴퓨터에 능숙한 사람들이 증가하면서 산업 영역은 점점 글로벌화되었고 회사 업무도 컴퓨터를 사용하게 되며 업무의 효율성은 극대화됐습니다. 이런 시대의 흐름에 역행해 영어와 컴퓨터를 배우려 노력하지 않았던 사람들은 자연스레 도태되어 어느새 회사에는 변화한 기술을 빠르게 습득해 업무에 적용한 사람만 남았습니다.

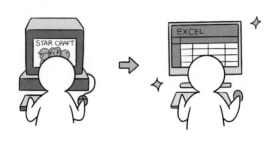

코딩은 아직 학교의 정식 교과목은 아니지만 코딩을 가르치는 학교는 점차 증가하고 앞으로 초등학교와 중학교에서 코딩 교육을 필수로 하겠다는 교육부의 발표도 있었습니다. 정확한 시기만 정해지지 않았을 뿐 코딩 과목 신설은 기정사실로 봐도 무방합니다. 앞에서 언급했던 영어, 컴퓨터 과목의 사례를 근거로 코딩 역시 미래에 큰 영향을 줄 것으로 예측되고 이미 많은 산업 영역에서 직·간접적으로 영향을 주고 있습니다. 실제로 네이버와 카카오 같은 빅테크 기업은 빠르게 성장해 대기업 수준으로 규모가 커진지 오래입니다. IT 회사뿐만 아니라 코딩과 전혀 관련이 없던 전통적 산업의 대표격인 제조업에서도 코딩 역량을 필요로 하고 있습니다. 예를 들어 전자 기기의 사물 인터넷, 자동차의 자율 주행 기술 등이 그것입니다. 또한 이전에 없던 새로운 산업이 추가되기도 했는데 모바일 앱을 기반으로 하는 플랫폼 산업(배달, 중고 거래 등)이 대표적입니다. 이러한 움직임은 스마트폰이 대중화되면서 급격하게 늘어났고 최근 ChatGPT처럼 일반인이 쉽게 접근할 수 있는 인공지능(AI) 서비스로 더욱 가속화될 전망입니다.

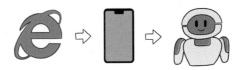

1-2 코딩 교육의 장점

기술의 발달로 세상은 살기 좋은 편리한 세상이 되었습니다. 편리해졌다는 것은 다른 말로 누군가(혹은 무엇인가) 내가 하던 일들을 대신 처리해 주거나 과정이 단순화되어 일을 빠르게 끝낼 수 있다는 걸 의미합니다. 세상이 편리해진 만큼 우리는 그 대가를 서비스 구독료와 배달비로 지불하고 그 돈의 대부분은 빅테크 회사로 불리는 거대 IT 기업과 플랫폼 회사가 가져가고 있습니다.

이러한 시대의 흐름을 눈치채지 못한 채 코딩을 개발자들이나 하는 것, 나와는 관계없는 것으로 치부하는 사람들은 이전보다 나아진 삶에 안락함과 자유로움을 느끼겠지만 아이러니하게도 우리는 일부의 생산자들이 만든 광활한 시스템 안에서(부처님 손바닥 위에서) 움직이는 것과 마찬가지입니다. 수동적인 소비자가 아닌 광활한 시스템을 만드는데 일조하는 생산자가 되기 위해서 코딩 공부는 필수입니다. 물론 코딩 공부를 열심히 해서 개발자가 될 수도 있지만 꼭 개발자가 되어야만 생산자가 되는 것은 아닙니다. 직접 코딩을 하지 않더라도 개발자와 협업 가능한 수준까지 능력을 키운다면 수동적인 소비자에서 벗어나 생산자 포지션에 위치할 수 있습니다.

또한, '미래 산업에 대한 대비'라는 거창한 이유 외에도 많은 전문가가 이야기하는 '수학적, 논리적 사고력의 증진'이 있습니다. 아마도 이건 성인보다는 학생들에게 이로운 것으로 코딩의 수학적 사고는 수학, 과학 공부에, 논리적 사고는 국어, 영어 공부에 영향을 줘 자연스레 다른 과목의 학습에도 큰 도움이 됩니다.

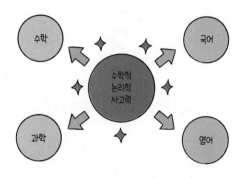

코딩 공부의 필요성을 충분히 체감하셨다면 다른 사람들에 비해 출발이 늦었을까 봐 조바심이 날 수도 있습니다. 괜찮습니다. 세상은 빠르게 변하지만 그에 맞춰 민첩하게 변화를 시도하는 사람은 생각보다 많지 않습니다. 지금부터 시작해도 전혀 늦지 않습니다. 코딩 실력은 공부하는 시간과 비례하기 때문에 꾸준히 코딩 공부에 시간을 할애한다면 빠르게 실력을 향상시킬 수 있습니다.

② 코딩의 첫걸음

많은 사람들이 코딩과 프로그래밍을 동일하게 생각하지만
프로그래밍은 문제를 해결하는 과정이고 코딩은 컴퓨터와 의사소통하는 과정을 뜻합니다.
이번 장에서는 프로그래밍과 코딩의 차이를 살펴보며 개념을 알아보겠습니다.

2-1 문제 해결 과정. 프로그래밍

프로그래밍은 프로그래밍 언어를 이용해 프로그램을 구현하는 기술이고 코딩은 프로그램을 구현하기 위해 컴퓨터와 의사소통하는 과정이라 생각하면 이해하기 쉽습니다. 따라서 코딩을 공부한다는 것은 프로그래밍을 공부한다는 것과 같은 의미입니다.

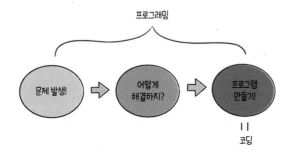

초등학교 방학 때 한번 즈음 '생활계획표'를 만들어 본 경험 다들 있을 겁니다. 생활계획표에는 기상부터 취침까지 하루 동안 해야 할 일이 시간별로 빼곡히 적혀 있습니다. 이렇게 만들어진 생활계획표는 일종의 프로그램으로 볼 수 있으며 만들어지는 과정은 프로그래밍에 비유할 수 있습니다.

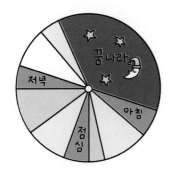

- 프로그램 : 생활계획표
- 문제 상황 : 방학이라 불규칙적인 생활을 하게 됨
- 문제 해결 방식 : 시간별로 할 일을 표시하여 그것을 따르게 함

눈에 보이는 건 생활계획표이지만 문제 상황을 인식하고 해결 방법을 고안하는 것은 프로그래밍과 비슷하기 때문입니다.

하지만 이렇게 만들어진 생활계획표(프로그램)는 안타깝게도 잘 지켜지지 않습니다. 왜냐고요? 이 프로그램에는 아주 중대한 문제점이 있기 때문입니다. 우리의 하루는 평일, 휴일에 따라 다를 수 있고 방학을 맞이해 며칠 동안 여행을 떠날 수도 있습니다. 이러한 변수를 전혀 고려하지 않고 매일 똑같은 일정으로 계획을 세웠기 때문에 지킬 수 없는 것입니다.

사용자는 프로그램을 컴퓨터의 아이콘을 더블클릭하여 목적을 이루기 위해 사용하는 도구로 취급합니다. 예를 들어 문서를 작성하기 위해 워드 프로세서를, 인터넷 서핑을 위해 웹 브라우저를 사용하는 것처럼요. 그런데 프로그램 개발자는 클릭만으로 실행되는 프로그램을 만들기 위해 많은 시간을 할애하여 코드를 설계합니다. 게임을 예로 들어 Space bar 를 눌렀을 때 플레이어가 점프하거나 특정 버튼을 클릭하면 게임이 시작되는 기능 등은 간단해 보이지만 사실 꽤 복잡한 과정을 거쳐 생성된 결과물입니다. 프로그래밍을 공부하기로 결심한 우리는 앞으로 프로그램 사용자 시선이 아닌 프로그램을 만드는 개발자의 눈으로 이해하고 생각해야 합니다.

2-2 컴퓨터와 의사소통 과정, 코딩

컴퓨터는 인간의 언어를 이해하지 못하기 때문에 컴퓨터와 소통하기 위해선 프로그래밍 언어를 사용해야 합니다. 이는 마치 외국인과 대화하는 과정과 유사합니다. 우리는 평소 한국말을 사용하다가 외국인(컴퓨터)을 만나면 세계 공용어인 영어(프로그래밍 언어)로 대화합니다. 이때 외국인에게 건네는 영어 문장을 프로그래밍에서는 코드(Code)라 하고, 대화 과정을 코딩(Coding)이라고 합니다.

엄밀히 따지면 프로그래밍 언어도 컴퓨터가 완벽하게 이해하는 건 아니어서 프로그래밍 언어로 적힌 코드를 기계어로 번역하는 작업이 필요합니다. 이 작업은 코드가 실행될 때 이루어지며 번역 방식에 따라 크게 두 가지로 나뉩니다.

- 인터프리터(Interpreter) : 코드를 한 줄씩 번역하여 컴퓨터에게 전달

  ex) 파이썬, Javascript
- 컴파일러(Compiler) : 코드 전체를 스캔하여 번역한 뒤 컴퓨터에게 전달

  ex) C, JAVA

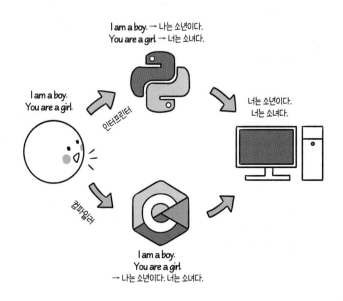

두 가지 방식 중 무엇을 취했느냐에 따라 실행 속도, 메모리 사용량 등의 차이가 있지만 처음에는 체감하기 어렵습니다. 추후 코드를 직접 작성해 보며 컴퓨터가 어떻게 받아들이는지 그 과정에 집중하여 이해하는 것이 좋습니다.

코드를 컴퓨터가 받아들이는 것은 이를 번역해 주는 프로그램이 하는 일입니다. 사람이 직접 하는 부분 중에 가장 중요하고, 어려운 것이 코드를 작성하는 과정일 겁니다. 학교에서 영어를 배우더라도 생활 속에서 자연스럽게 영어로 대화하는 게 어려운 것처럼 프로그래밍 언어를 학습하더라도 실제로 코딩하는 건 여전히 쉽지 않습니다.

2-3 프로그래밍 언어

코딩 공부는 프로그래밍 언어를 사용한 의사소통에 익숙해지는 것으로 일종의 언어 공부와 유사합니다. 우리가 한국어를 잘할 수 있는 건 문법을 배우기 전부터 오랜 시간 자연스럽게 한국어를 듣고, 말하기를 반복했기 때문입니다. 반면 영어는 외국인과의 대화보다 책 중심으로 공부하는 경우가 많았고 일상에서 외국인과 소통할 기회가 없어 늘 제자리걸음입니다. 하지만 프로그래밍 언어는 컴퓨터와 소통하는 것으로 영어보다 쉽게 접근할 수 있습니다. 그렇다고 책의 코드와 동영상 강의에 등장하는 코드를 그대로 받아쓰기처럼 입력만 하면 된다는 말이 아닙니다. 영어 문장을 따라 읽는 것, 코드를 작성해 실행하는 것은 일종의 경험이지 그 자체가 목표가 아닙니다. 주어진 코드를 원하는 대로 수정해 바꿔보고, 변경한 코드가 생각했던 대로 잘 실행되는지 확인하는 과정은 꼭 필요합니다.

코딩 입문자들이 쉽게 오해하는 것 중의 하나가 프로그래밍 언어 입문서 한 권을 끝내면 바로 프로그래밍을 능숙하게 할 수 있을 것이라는 겁니다. 코딩 공부는 단편적인 문법을 배운다고 해서 끝나지 않습니다. 오히려 그건 게임으로 따지면 튜토리얼 단계에 해당합니다. 튜토리얼을 마친 플레이어가 바로 최종 보스를 잡을 수는 없습니다. 튜토리얼 이후 마주치는 약한 적과 중간 보스를 소탕하면서 게임이 실행되는 방식을 이해하고 전투 방식에 익숙해져야 최종 보스를 잡을 수 있는 능력을 갖추게 됩니다. 코딩도 마찬가지로 튜토리얼을 완료한 후 초보자도 수행 가능한 난이도의 프로젝트를 차근차근 경험해 보면서 실력을 키워야 '웹 사이트 만들기'처럼 어려운 미션을 수행할 수 있습니다.

우리 도서는 파이썬으로 코딩하기 위한 튜토리얼 과정에 해당합니다. 이 과정에서 코딩 입문자들은 모든 문법을 암기하려고 노력하는데요. 물론 많이 알수록 코딩에 도움은 되지만 오히려 족쇄가 되어 다음 단계로 나아가지 못할 때가 많습니다. 모든 영어 단어를 외운 후에 영어 공부를 시작하지 않듯이 실전에 반복해서 문법을 사용하다 보면 자연스레 머릿속으로 들어오게 됩니다. 결국, 코딩 공부는 여러 번 반복해서 익숙해지는 것으로 새로운 것을 알아가는 재미에 학습 초점을 맞추면 코딩 공부를 지속해서 이어나갈 수 있습니다.

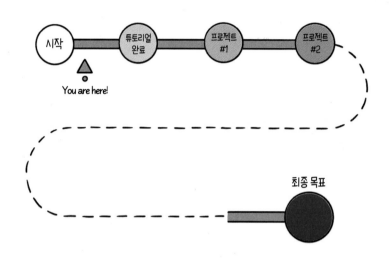

파이썬이란?

파이썬은 프로그래밍 언어이기도 하지만 그 언어를 컴퓨터가 알아들을 수 있는 기계어로 번역하는 프로그램을 말합니다. 본문에서는 파이썬 프로그램 대신 클라우드 기반의 파이썬 개발 환경인 구글 코랩을 이용해 실습을 진행할 예정입니다. 참고해 주세요.

Hello 파이썬

파이썬(Python)은 수많은 프로그래밍 언어 중 전 세계적으로 가장 많이 사용하는 언어입니다.
사람마다 의견이 다르겠지만 코딩 공부를 시작하는 데 있어 파이썬만 한 언어가 없다고 생각합니다.
이번 장에서는 그 이유를 자세히 알아보겠습니다.

3-1 간결한 문법 구조, 파이썬

파이썬의 문법은 프로그래밍 언어 중 가장 간결합니다. 이 말을 이해하려면 파이썬 외에 다른 언어의 문법에 대해서도 알고 있어야 하기에 다음 동일한 기능을 실행하는 파이썬과 자바 코드의 예시를 간단히 살펴보겠습니다. 코드의 내용보다는 전체적인 형식에 주목해 주세요.

파이썬 코드 예시

```python
a = 10
if a < 0:
    print('음수')
elif a > 0:
    print('양수')
else:
    print(0)
```

자바 코드 예시

```java
int a = 10;
if (a < 0) {
    System.out.println("음수");
} else if (a > 0) {
    System.out.println("양수");
} else {
    System.out.println("0");
}
```

코딩을 잘 모르는 사람이 봐도 파이썬의 코드 형식이 훨씬 간결한 것을 알 수 있습니다. 자바는 전체적으로 소괄호, 중괄호, 세미콜론과 같은 기호가 많이 사용됩니다. 문법이 복잡한 언어를 만나면 초보자들은 낯선 형식에 익숙하지 않아 실수하는 경우가 많습니다. 그중 가장 많이 하는 실수가 코드의 끝에 들어가는 세미콜론을 빠뜨리는 경우인데요. 초보자 입장에서는 오류를 대처하는 방법을 몰라 별 것 아닌 오류도 두려워하며 코드의 내용보다 형식을 지키는 데 급급해집니다. 그래서 문법이 복잡한 언어보다는 간결한 파이썬이 코딩 입문에 제격입니다.

3-2 개발자의 선택, 파이썬

매달 프로그래밍 언어의 인기도를 측정하는 지표인 티오베(TIOBE) 인덱스를 살펴보면 파이썬이 가장 높은 순위에 등극한걸(2024년 6월 기준으로 업데이트에 따라 일부 화면이 달라질 수 있습니다) 확인할 수 있습니다.

Apr 2024	Apr 2023	Change		Programming Language	Ratings	Change
1	1			Python	16.41%	+1.90%
2	2			C	10.21%	-4.20%
3	4	^		C++	9.76%	-3.20%
4	3	v		Java	8.94%	-4.29%
5	5			C#	6.77%	-1.44%
6	7	^	JS	JavaScript	2.89%	+0.79%
7	10	^		Go	1.85%	+0.57%
8	6	v	VB	Visual Basic	1.70%	-2.70%
9	8	v		SQL	1.61%	-0.06%
10	20	^		Fortran	1.47%	+0.88%
11	11			Delphi/Object Pascal	1.47%	+0.24%
12	12		ASM	Assembly language	1.30%	+0.26%
13	18	^		Ruby	1.24%	+0.58%
14	17	^		Swift	1.23%	+0.51%

출처: https://www.tiobe.com/tiobe-index/

실무에서 가장 많이 사용되는 프로그래밍 언어라는 것만으로도 파이썬을 선택할 이유는 충분합니다. 왜냐하면 인터넷 쇼핑을 할 때 후기가 많고 별점이 높은 상품은 우리가 믿고 사듯이 프로그래밍 언어도 후기가 많을수록 상품이 괜찮다는 믿음과 동시에 오류를 해결할 참고 자료가 많다는 방증으로 볼 수 있습니다. 특히 입문자라면 오류를 만날 수 있는 상황이 잦아 참고 자료는 절대적이며 굉장히 중요합니다. 사용도가 높은 파이썬은 이미 그 실수를 경험해 본 사람이 많아 구글 검색만으로 쉽게 해결책을 찾을 수 있어 빠른 조치가 가능합니다. 다음 코드는 내 컴퓨터에 있는 텍스트 파일을 읽어오는 코드입니다. 코드의 내용보다는 오류를 처리하는 과정을 주목해 주세요.

```
f = open('D:/mydata/data.txt', 'r')
UnicodeDecodeError: 'cp949' codec can't decode byte 0x83 in position 2: illegal multibyte
sequence
```

실행 결과를 살펴보니 코드가 정상적으로 실행되지 않고 오류가 발생했습니다. 하지만 오류의 내용이 어려워 바로 원인을 파악할 수 없습니다. 이럴 때 오류의 내용을 그대로 복사해 구글에 접속한 후 검색하면, 결과 화면에 해당 오류의 해결 방법을 소개하는 사이트를 바로 찾을 수 있습니다.

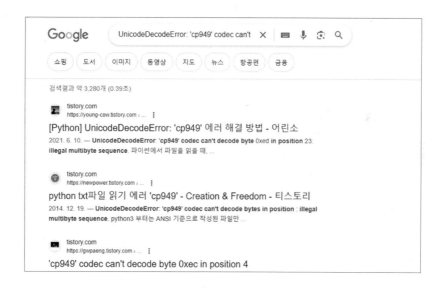

입문자가 만나는 대부분의 오류는 이러한 방식으로 문제를 해결해 나갈 수 있습니다. 구글 검색으로 다양한 사례를 찾아보며 스스로 오류를 해결하는 습관을 들이세요.

3-3 다양한 쓰임새와 라이브러리

파이썬의 또 다른 강점은 쓰임새가 다양하다는 겁니다. 요즘 가장 뜨거운 관심을 받는 빅데이터, 인공지능 분야에서도 파이썬을 빼고서 얘기할 수 없을 정도입니다. 또한, 게임 및 프로그램 개발과 웹 개발에서도 파이썬이 활발히 사용되고 있습니다. 파이썬은 정체가 무엇이길래 이렇게 다양한 용도로 사용될까요? 개인적인 견해로 아마도 언어의 확장성이 좋고 참고할 라이브러리(Library)가 많기 때문일 겁니다.

라이브러리란 쉽게 말해서 타인이 작성한 코드를 의미합니다. 예를 들어 마을을 만드는 프로젝트를 진행할 때 한 사람이 나무를 잘라서 집을 짓고 땅을 다져서 길을 만들면 '시간과 노력이 너무 많이 들어' 평생 마을을 만들지 못할 겁니다. 마을을 만드는 가장 빠른 방법은 각 분야의 전문가에게 일을 맡기는 것입니다. 물론 돈은 많이 들겠지만요. 프로그래밍도 마찬가지입니다. 내가 구현하려고 하는 기능의 대부분은 이미 누군가가 다 구축해 놓았습니다. 사용자는 그저 집을 어느 정도 크기로 만들지 정해서 요청하면 됩니다. 도로도 마찬가지로 방향과 길이만 정해서 명령하면 금세 자동으로 만들어 줄 겁니다.

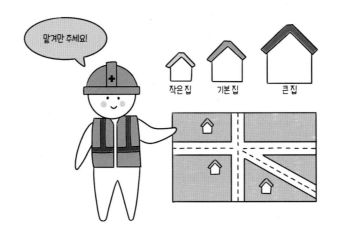

28

다음 코드는 tkinter 라이브러리를 이용해 간단한 프로그램을 만드는 예시입니다. 코드의 내용보다 코드가 얼마나 단순한지를 봐 주시기 바랍니다.

```
from tkinter import *
win = Tk( )
win.mainloop( )
```

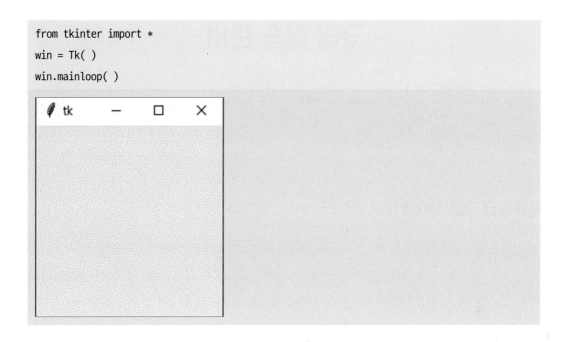

실행 결과를 살펴보니 단 세 줄의 코드로 팝업창을 만들었습니다. 처음부터 만들면 구현하기 어려운 기능은 해당 분야의 전문가들이 다 만들어 놓은 라이브러리를 참고해 우리는 잘 선택해 가져다 쓰기만 하면 됩니다.

이처럼 다양한 분야에서 활용된다는 것은 실무에서도 중요하지만 프로그래밍을 공부하는 사람에게도 매우 중요합니다. 코딩 실력은 하루아침에 금방 향상되지 않습니다. 공부를 지속해 나가려면 이 과정이 지루하지 않고 흥미로워야 합니다. 파이썬은 범용적으로 사용될 수 있는 프로그래밍 언어로 여러분이 관심 있는 분야를 파악하고 그 부분을 집중적으로 공략한다면 흥미롭게 코딩 공부를 이어나갈 수 있습니다. 우리 스스로 관심 있는 분야가 어떤 것인지 찾아보고 도전해서 프로그래밍의 재미를 확실히 느껴보셨으면 좋겠습니다.

코딩 실습 준비

이제 파이썬으로 컴퓨터와 대화를 시도해 보겠습니다.
파이썬으로 코딩을 하기 위해서는 컴퓨터에 파이썬이 설치되어 있어야 합니다.
간단하게 파이썬을 실습할 수 있는 환경을 만들어 보겠습니다.

4-1 구글 코랩 시작하기

대개 사용하고 있는 컴퓨터에 파이썬과 에디터(코드 편집기)를 설치하여 개발 환경을 갖춘 후 코딩을 하는 것이 일반적이지만 우리 본문은 구글에서 제공하는 클라우드 기반의 파이썬 개발 환경인 코랩(Colab)을 이용해 더 쉽고 빠르게 파이썬을 공부해 보겠습니다. 코랩 환경을 간단히 설명하면 파이썬과 에디터가 설치된 타인(구글)의 컴퓨터를 원격으로 사용하는 것입니다. 그래서 내 컴퓨터에 별도로 파이썬을 설치하지 않아도 웹 브라우저 상에서 코딩을 즐길 수 있습니다. 물론 타인의 컴퓨터를 사용하는 것이기 때문에 용량이나 속도의 제한은 있지만 간편하게 파이썬을 사용해 볼 수 있다는 것만으로도 큰 장점이 있습니다. 지금부터 코랩에 접속해 코드를 실행하기 위한 준비 과정을 함께 살펴보겠습니다(24년 6월 기준 화면으로 이후 업데이트에 따라 화면이 달라질 수 있습니다).

4-2 코랩 실습 환경 설정

01 코랩 공식 홈페이지(https://colab.research.google.com/?hl=ko)에 접속합니다.

02 화면 우측 상단의 [로그인] 버튼을 클릭하고 구글 아이디와 비밀번호를 입력해 로그인합니다. 만약 구글 아이디가 없다면 [계정 만들기]를 클릭해 아이디를 생성한 후 로그인합니다.

03 로그인을 완료하면 노트 열기 창이 나타나 최근 사용한 문서를 보여줍니다. [새 노트] 버튼을 클릭해 바로 코딩을 시작할 수도 있지만 [취소]를 클릭해 창을 닫아줍니다.

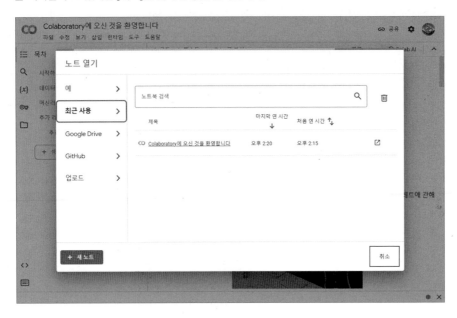

화면에 보이는 시작 페이지에는 코랩 환경에 대한 설명이 있습니다. 목차를 이용하면 원하는 내용을 선택해 볼 수 있는데 놀라운 점은 이 상태에서도 코느를 실행할 수 있다는 것입니다. 내용을 클릭해 보면 해당하는 셀이 활성화되고 코드가 작성된 셀은 ● 으로 실행이 가능합니다. 처음 실행하면 클라우드와 연결되느라 시간이 약간 소요될 수도 있습니다. 코드 안의 숫자를 바꾼 후 실행하면 결괏값이 달라지고 파이썬 코드가 잘 실행되는 것을 확인할 수 있습니다.

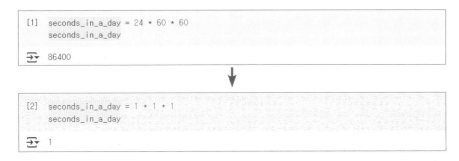

여기에 줄글로 이루어진 텍스트 셀은 일종의 메모를 위해 사용되고 파이썬 코드로 이루어진 코드 셀은 코드를 작성해서 실행하는 데 사용됩니다. [+코드], [+텍스트] 버튼으로 각각 만들 수 있습니다.

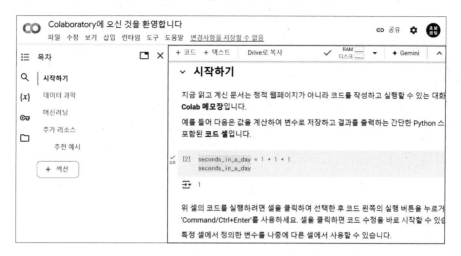

04 이제 새로운 파일을 만들어 빈 화면에 코드를 작성해 보겠습니다. 메뉴 바의 [파일] 탭을 클릭하고 [새 노트]를 선택합니다.

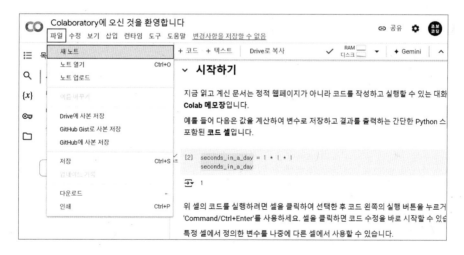

05 새로운 노트가 생성되고 코드를 입력할 수 있는 코드 셀이 자동으로 생성되었습니다.

06 노트는 여러 개의 셀이 묶여 있는 파일입니다. 일반적인 파이썬 파일은 확장자가 .py이지만 노트의 확장자는 .ipynb입니다. 현재 편집 중인 노트 파일의 이름(Untitled0.ipynb)을 보면 노트의 확장자를 확인할 수 있습니다.

07 파일 이름을 클릭하여 'hellopython.ipynb'로 수정해 주세요.

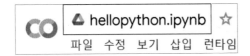

Hello Python 출력하기

코랩 설치를 완료했다면 코드를 입력해 실행할 준비가 된 겁니다. 처음 만나면 인사를 나누듯 컴퓨터와의 첫 대화에서도 인사가 빠질 수 없습니다. 아직 파이썬을 제대로 배우지 않았지만 "Hello Python"이라는 문장을 화면에 출력해보겠습니다. 빈 셀을 선택해 다음과 같이 코드를 작성해 주세요.

```python
print("Hello Python")
```

print는 괄호( ) 안에 있는 데이터를 출력하라는 '함수'입니다. 이때 괄호 안에 들어가는 데이터를 '인자'라고 합니다. 문장과 비교해서 설명하자면 print 함수는 '동사'에 해당하고 인자는 '목적어'에 해당합니다. 그래서 다음 코드를 인간의 언어로 번역하면 'Hello Python(목적어)을 출력해라(동사)'가 됩니다. print는 프로그래밍을 공부하면서 가장 많이 사용하게 될 함수입니다. 출력 기능 자체는 매우 단순하지만, 컴퓨터가 데이터를 어떻게 받아들이는지 확인할 수 있는 중요한 기능으로 코드를 잘못 작성해 확인이 필요한 경우 자주 사용합니다.

우리가 컴퓨터에게 출력하라고 요청하면 컴퓨터는 그에 대한 응답을 내놓습니다. 하지만 단순히 셀에 코드를 입력하는 것만으로는 우리의 언어(코드)가 컴퓨터에게 전달되지 않습니다. 코드를 실행해야만 비로소 컴퓨터에게 전달됩니다. [셀 실행] 버튼을 마우스로 클릭하거나 키보드에서 Shift + Enter 를 눌러 코드를 실행할 수 있습니다. 더 편한 방법을 선택해 코드를 실행합니다.

실행 결과를 살펴보니 괄호 안의 데이터인 "Hello Python"을 출력합니다. 컴퓨터 언어로 코드를 작성했기 때문에 결괏값이 잘 출력됐습니다.

조금 더 복잡한 대화를 시도해 보겠습니다. 여러분의 이름을 입력해서 인사말에 이름을 포함할 수도 있습니다.

```python
name = input( )
print("Hello", name)
```

input 함수는 코드 실행 중에 데이터를 직접 입력할 수 있도록 도와주는 함수입니다. input 함수를 포함해 코드를 실행하면 데이터를 입력할 수 있는 칸이 생성됩니다. 빈칸에 이름을 입력하고 Enter 를 누르면 데이터가 추가됩니다.

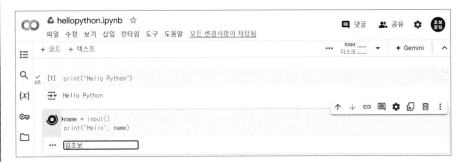

'김초보'라고 입력했더니 'Hello 김초보'라는 문장을 출력합니다. 코드에 입력된 데이터를 활용하여 대화가 가능하다는 걸 알 수 있습니다.

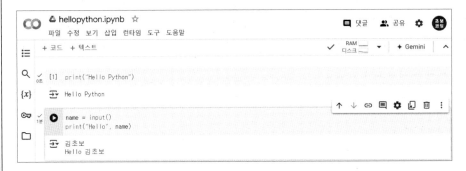

복습하지 않으면 시간이 지나고 이 코드를 다시 봤을 때 무슨 내용인지 모를 수도 있습니다. 그럴 때를 대비해 메모를 작성해 보겠습니다. 텍스트 셀을 만들어 메모를 적을 수도 있지만 코드 셀 안에서도 가능합니다. 코드 안에 메모를 추가하는 것을 '주석'이라고 하며 주석의 형식은 프로그래밍 언어마다 조금씩 다르지만 파이썬에서는 #(Sharp)을 이용합니다.

```
name = input( )    # 코드 실행 중 데이터를 입력 받음
print("Hello", name)    # 입력 받은 이름에게 인사
```

주석을 추가한 후 코드를 실행해도 문제없이 실행되는 것을 확인할 수 있습니다. 파이썬은 #이 나오면 그 뒤의 내용은 무시합니다. 만약 # 없이 코드를 실행하면 어떻게 될까요?

```
name = input( )          코드 실행 중 데이터를 입력 받음
print("Hello", name)     입력 받은 이름에게 인사

SyntaxError: invalid syntax
```

실행 결과를 살펴보니 오류가 발생합니다. 컴퓨터는 우리가 생각한 것보다 예민해서 약속을 어기면 바로 '내가 알아들을 수 없는 말'이라며 오류를 발생시킵니다. 코딩 공부를 시작한 지 얼마 되지 않았을 때는 오류를 마주할 때마다 한숨이 나오지만 반복하다 보면 끝내 익숙해져서 오류 문구로 원인을 찾아 코드를 바르게 수정하게 될 테니 너무 걱정하지 마세요.

반가위!

4-3 대화형 개발 환경, 코랩

코랩 환경은 컴퓨터와 대화하는 것처럼 코딩할 수 있어서 '대화형 개발 환경 인터프리터'라고 불립니다. 대화한다는 건 단순히 나의 '명령'에 컴퓨터가 '응답'하는 걸 말하는 게 아닙니다. 명령과 응답이 연속으로 이어져 소위 티키타카가 되어야 하며 컴퓨터가 이전의 대화를 기억한다는 게 제일 중요한 특징입니다. 새로운 셀에 다음 코드를 작성하고 Shift + Enter 를 눌러 실행합니다.

```
a = 1
```

코드를 살펴보니 변수 a에 1을 저장하는 코드입니다. 출력하라는 명령은 입력하지 않아 컴퓨터의 응답은 없습니다. 만약 컴퓨터가 인간이라면 명령에 대한 응답으로 '1을 a에 저장했습니다!'라고 반응하겠지만 현실의 컴퓨터는 철저히 입력한 코드에 대해서만 응답합니다.

잠깐만요

변수란?

변수는 데이터를 저장하는 공간입니다. 저장하지 않은 데이터는 사라지기 때문에 중요한 데이터라면 반드시 변수에 저장해야 합니다(**Link** [챕터 2] 변수를 참고해 주세요).

코드를 실행하면서 생성된 새로운 셀에 'a에 저장된 데이터를 출력'하는 코드를 작성해 보겠습니다.

```
print(a)
1
```

실행 결과를 살펴보니 앞의 대화에서 변수 a에 1을 저장했던 걸 컴퓨터가 기억해 1이 결괏값으로 출력됐습니다. 이와 같이 코랩 환경에서는 한 번 실행했던 코드는 계속 남아있기 때문에 컴퓨터와 직접 대화하는 기분을 느끼며 코딩을 즐길 수 있습니다.

이전 대화 지우기

아빠! 코드를 잘못 입력해서 a에 1을 저장해야 하는데 11을 저장했어요.

그러면 이전에 컴퓨터와 대화했던 기록을 지워야겠네. 시도해 봤니?

네. 그 코드가 들어있는 셀을 [셀 삭제] 버튼을 클릭해서 지웠어요.
그런데 print 함수로 a를 출력해 보니 여전히 11로 나와요.

코드가 들어있는 셀을 삭제했다고 해서 실행했던 기록을 컴퓨터가 지우진 않아.
컴퓨터를 껐다 켜는 것처럼 지금까지 실행했던 코드를 초기화해야 한단다.

그렇군요. 어떻게 하는 거예요?

만약 이전에 실행했던 코드의 기록을 삭제하고 싶다면 런타임을 초기화하면 됩니다. 코드가 실행되고 있는 걸 잠시 끊고 새로 시작하는 개념으로 이해하면 됩니다. 메뉴 바의 [런타임] 탭을 클릭한 후 [세션 다시 시작]을 선택하고 런타임 다시 시작 창이 나타나면 [예]를 클릭합니다.

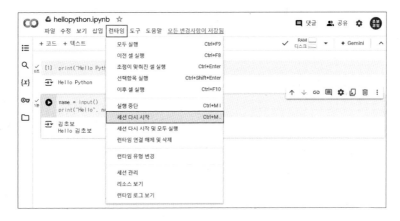

컴퓨터가 변수 a에 11을 저장했던 기록을 지웠습니다. 다시 a를 출력하는 명령을 해봅니다.

```
print(a)

NameError: name 'a' is not defined
```

실행 결과를 살펴보니 a라는 변수 자체가 정의되지 않았다는 오류가 발생했습니다. 컴퓨터가 이전의 대화를 기억하지 못하는 게 확인됐습니다.

> **참고**
>
> 앞에서 코랩은 타인의 컴퓨터를 이용해 코딩하는 환경이라고 설명한 적이 있습니다. 이 말은 코드를 실행할 때도 내 컴퓨터의 자원을 쓰는 것이 아니라 누군가의 컴퓨터 자원을 사용한다는 겁니다. '런타임'은 바로 이 컴퓨터 자원을 의미합니다. 그래서 런타임 연결이란 코딩을 실행하기 위해 컴퓨터 자원과 연결하는 걸 뜻하고 그 연결을 다시 시작(초기화) 하면 이전에 실행했던 기록이 모두 사라진다는 걸 참고해 주세요!

코랩 단축키

코랩에서 자주 사용하는 단축키를 정리해 봤습니다. 단축키 확인은 메뉴 바의 [도구] 탭 – [단축키]를 클릭
해 주세요.

코드 실행 : Shift + Enter 또는 Ctrl + Enter

코드를 실행하는 단축키입니다. 이전에 Shirt + Enter 로 코드를 실행한다고 소개했습니다. 이 단축키는 코드
를 실행함과 동시에 다음 셀을 생성하면서 커서가 자동으로 이동하도록 설정되어 있습니다. 순차적으로 코
드를 작성해 실행하는 경우 사용하면 편리합니다. 하지만 하나의 셀을 반복해 실행하는 경우 코드 실행 후
셀을 새로 생성하지 않는 Ctrl + Enter 를 사용합니다. 저는 개인적으로 셀이 자동 생성되면 노트가 길어지고
복잡해진다고 느껴져 Ctrl + Enter 로 실행하는 것을 선호합니다.

셀 생성 : A 또는 B

자동으로 셀이 생성되는 게 싫다면 수동 생성 방법을 알아야 합니다. 셀 하나를 마우스로 클릭한 채 키보드의 A를 누르면 선택한 셀 이전에 새로운 셀이 생성됩니다. B를 누르면 선택한 셀의 다음에 새로운 셀이 생성됩니다. 코랩 환경에서는 셀의 위치보다 코드가 실행되는 순서가 더 중요하지만 가급적 실행 순서와 셀의 위치를 맞춰 주는 것이 좋습니다. 이렇게 설정 하지 않으면 추후 노트를 다시 봤을 때 순서가 헷갈릴 수 있습니다.

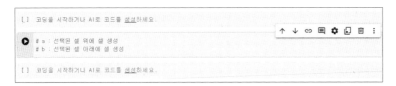

선택 모드, 편집 모드 전환 : Enter 또는 ESC

코랩에서 셀을 다루는 방식은 선택 모드와 편집 모드로 나뉘는데 선택 모드는 셀을 선택하는 모드이고 편집 모드는 셀 안의 코드를 입력하는 모드입니다. 특히 편집 모드에서는 셀 안에 커서가 깜빡이기 때문에 상태를 구분하기 쉽습니다. 선택 모드인 상태라면 Enter로 선택된 셀에 코드를 입력할 수 있는 편집 모드로 전환됩니다. 편집 모드인 상태에서는 ESC를 눌러 선택 모드로 전환할 수 있습니다.

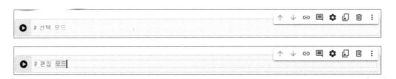

저장하기 : Ctrl + S

코드를 저장하는 단축키입니다. Ctrl + S는 다른 프로그램에서도 저장하는 단축키로 많이 사용되기 때문에 더욱 익숙하리라 생각합니다. 열심히 작성한 코드가 정전과 같은 사고로 인해 사라지지 않도록 자주 저장해 주세요.

01 코딩 세계로의 초대

❶ 코딩을 공부해야 하는 가장 큰 이유는 미래 산업 영역에서 차지하는 비중이 점점 커지기 때문입니다.

❷ 코딩을 공부하면 수학적, 논리적 사고력이 증진되어 주요 과목 공부에 도움을 줍니다. 특히, 영어 공부와 연관성이 가장 높습니다.

02 코딩의 첫걸음

❶ 프로그래밍은 프로그래밍 언어를 이용해 프로그램을 구현하는 기술이고 코딩은 프로그램을 구현하기 위해 컴퓨터와 의사소통하는 과정을 뜻합니다.

❷ 의사소통은 프로그래밍 언어를 매개로 이루어집니다. 사람이 프로그래밍 언어로 작성한 코드를 실행하면 컴퓨터가 이해할 수 있는 언어인 기계어로 번역됩니다.

❸ 프로그래밍 언어도 언어이기 때문에 단순 암기보다는 직접 코드를 실행해 보며 많은 경험과 복습을 해야 실력이 향상됩니다.

03 Hello 파이썬

❶ 파이썬은 다른 언어와 비교했을 때 문법이 간결해 오류가 발생할 확률이 적습니다.

❷ 전 세계 가장 인기 있는 프로그래밍 언어이기 때문에 참고할 수 있는 자료가 많고 오류가 발생하더라도 구글 검색으로 대부분 해결할 수 있습니다.

❸ 파이썬은 다양한 분야에서 널리 활용되어 그에 맞는 라이브러리를 지원합니다. 또 라이브러리를 참고해 활용하면 짧은 코드로도 복잡한 기능을 쉽게 구현할 수 있습니다.

04 코딩 실습 준비

❶ 구글에서 제공하는 코랩 환경을 활용하면 별도의 설치 과정 없이 파이썬 코딩을 시작할 수 있습니다.

❷ 코랩 환경은 '대화형 개발 환경 인터프리터'로 여러 셀을 순차적으로 실행해서 코드를 쌓아갈 수 있습니다.

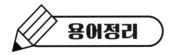
용어정리

❶ 프로그래밍 : 프로그래밍 언어를 이용해 프로그램을 구현하는 기술

❷ 코딩 : 프로그램을 구현하기 위해 컴퓨터와 의사소통하는 과정

❸ 프로그래밍 언어 : 컴퓨터와의 의사소통을 도와주는 언어입니다. 프로그래밍 언어로 작성된 코드를 컴퓨터가 알아들을 수 있는 기계어로 번역합니다.

❹ 코드 : 사람이 컴퓨터에게 전하는 메시지입니다. 프로그래밍 언어로 작성됩니다.

❺ 코랩 : 구글에서 제공하는 클라우드 기반의 파이썬 개발 환경입니다. 내 컴퓨터에 파이썬을 별도로 설치하지 않고도 프로그래밍을 즐길 수 있는 장점이 있습니다.

❻ 노트(노트북) : 단순히 코드만 적혀 있는 py 파일과 달리 여러 개의 셀, 각 셀의 실행 결과를 저장할 수 있는 코랩 환경에서의 파이썬 파일입니다.

❼ 셀 : 코드 셀과 텍스트 셀로 나뉘지만 주로 코드셀을 의미합니다. 코드가 실행되는 덩어리(단위)입니다.

❽ 실행 : 코드를 실행하면 프로그래밍 언어로 작성된 코드가 컴퓨터에게 전달되어 컴퓨터는 선달받은 내용대로 작업을 수행합니다.

❾ 출력 : 코드를 실행한 후 컴퓨터가 출력하는 결과입니다. 출력 결과는 실행한 셀 아래에 표시됩니다.

❿ 오류(에러) : 코드를 실행한 후 컴퓨터가 내용을 이해하지 못할 때 발생합니다. 오류의 원인은 너무나 다양해 문제를 해결하기 위해서는 출력된 오류 메시지를 잘 확인해야 합니다.

⓫ 변수 : 데이터가 저장되는 공간을 의미합니다. 프로그래밍할 때 중요한 데이터는 사라지지 않도록 변수에 저장하는 것으로 약속되어 있습니다.

⓬ 함수 : 데이터를 처리하기 위해 사용됩니다. 함수이름( ) 형태로 쓰입니다.

⓭ 인자 : 함수로 처리할 데이터입니다. 함수의 괄호 안에 들어갑니다.

⓮ 라이브러리 : 유용한 기능을 간편하게 사용할 수 있도록 만들어 놓은 코드입니다.

⓯ 주석 : 코드 안에 달린 메모를 의미합니다. 텍스트 맨 앞에 #을 붙이고 메모를 작성하면 코드가 실행되었을 때 그 부분은 무시합니다.

memo

Chapter 2

파이썬
알아보기

코랩 환경에서 코드를 작성하고 실행해 보니까 너무 재밌어요.

아들

이제 본격적으로 코딩 공부를 할 준비가 되었구나. 가장 먼저 변수에 대해 알아볼까?

아빠

변수라... 변하는 수? 그게 코딩하고 무슨 상관이 있을지 모르겠네요.

아들

컴퓨터와 대화하는 것을 코딩이라고 했지. 뭔가 서로 아는 게 있어야 대화가 될 텐데 컴퓨터가 아는 건 뭘까?

아빠

데이터요. 컴퓨터는 데이터를 저장하고 처리하는 장치니까요.

아들

맞아. 그 데이터가 저장되어 있는 공간을 변수라고 부른단다. 데이터를 왜 변수에 저장하고 어떻게 저장하는지 그리고 데이터의 종류가 어떤 것들이 있는지 알아보자.

아빠

 Keyword #변수 #자료형 #인덱싱 #슬라이싱 #문자열함수

5

데이터를 담는 그릇, 변수

변수(Variable)라는 말을 풀이하면 변할 수 있는 값입니다.
주로 수학에서는 결과에 영향을 미치는 미지수로 사용됩니다.
이번 장에서는 프로그래밍에서 변수가 어떻게 사용되는지 자세히 알아보겠습니다.

5-1 변수의 개념

예제 소스 05-1.ipynb

'변수'는 수학에서 결과를 바꿀 수 있는 원인 또는 요인이지만 프로그래밍에서는 결과에 영향을 미치는 값(데이터)을 변수에 저장하여 사용합니다. 다시 말해 변수는 데이터가 저장된 공간이라 생각하면 됩니다. 손가락으로 달을 가리킬 때 손가락이 아니라 달을 보는 것처럼 중요한 것은 변수가 아니라 변수에 저장된 데이터입니다. 변수를 수가 아닌 데이터를 다루는 하나의 방식으로 생각해 주세요. 이해하기 쉽게 비유하면 음식을 데이터, 음식을 담는 그릇을 변수로 볼 수 있습니다. 식사 준비를 하며 밥은 밥공기, 국수는 면기, 계란 프라이는 납작한 접시에 담아 먹듯이 데이터도 알맞은 변수(그릇)에 저장해야 합니다.

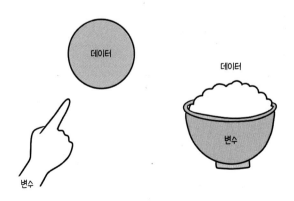

파이썬에서는 변수에 데이터를 저장할 때 할당 연산자인 '=(등호)'를 사용하며 좌변에는 변수, 우변에는 저장할 데이터를 위치합니다. 작성 방법은 다음과 같습니다.

변수 = 데이터

작성 방법을 확인했다면 'a라는 변수에 숫자 1을 저장'하는 코드를 작성해 보겠습니다. 좌변에는 변수 a, 우변에는 데이터에 해당하는 1을 추가해야 합니다.

```
a = 1
```

수학에서는 '좌변과 우변이 같다'라는 뜻으로 등호가 사용되지만 프로그래밍 언어에서는 비교 연산자인 '=='를 사용한다는 거 명심해 주세요.(Link [챕터 4] 조건문을 참고해 주세요).

5-2 변수 이름의 규칙

변수를 만들거나 호출하기 위해서는 이름이 필요합니다. 변수의 이름은 정해진 규칙대로 만들어야 하며 이를 어길 시 오류가 발생합니다. 변수의 이름 첫 번째 규칙은 언더바(_)를 제외한 특수 기호 및 띄어쓰기를 쓸 수 없다는 것입니다. 다음 코드에서 특수 기호인 느낌표(!)를 사용해 변수 a!b를 만들어 보겠습니다.

```
a!b = 0

SyntaxError: invalid syntax
```

실행 결과를 살펴보니 SyntaxError 오류가 발생했습니다. 주로 기본적인 문법을 지키지 않았을 때 발생하는 오류로 변수의 이름으로 사용할 수 없는 특수 기호를 사용해 오류가 발생했습니다. 오류의 주요 원인인 느낌표를 제거한 후 코드를 실행하면 오류가 쉽게 해결됩니다.

잠깐만요

파이썬의 규칙

변수에 '0'을 저장하는 이유는 파이썬의 규칙 때문입니다. 파이썬에서는 변수를 처음 생성함과 동시에 데이터를 저장하기로 약속되어 있습니다.

```
abc

NameError: name 'abc' is not defined
```

만약 변수 abc를 만들고 아무 데이터도 저장하지 않는다면 abc 변수가 정의되지 않았다는 NameError가 발생합니다. 다른 프로그래밍 언어(C언어)는 변수를 먼저 선언하고 데이터를 나중에 저장하기도 하지만 파이썬에서는 변수를 만듦과 동시에 반드시 데이터를 함께 저장해 줘야 합니다.

변수의 이름 두 번째 규칙은 변수의 가장 앞에는 숫자가 올 수 없다는 것입니다. 다음 코드에서 숫자를 코드의 맨 앞에 사용해 변수를 만들어 보겠습니다.

```
1st = 0
SyntaxError: invalid syntax
```

실행 결과를 살펴보니 이번에도 SyntaxError가 발생했습니다. 오류의 주요 원인인 숫자의 위치를 맨 앞이 아닌 다른 곳으로 이동한 후 코드를 실행하면 오류가 쉽게 해결됩니다.

변수의 이름 세 번째 규칙은 예약어를 변수의 이름으로 사용할 수 없다는 것입니다. 예약어란 파이썬에서 특수한 용도로 사용하기 위해 약속한 단어입니다. 예약어의 대표인 for를 사용해 변수를 만들어보겠습니다.

```
for = 0
SyntaxError: invalid syntax
```

실행 결과를 살펴보니 역시나 SyntaxError가 발생했습니다. for 예약어가 코드의 맨 앞에 사용되면 컴퓨터는 for를 변수가 아닌 반복문으로 인식합니다. 예약어가 아닌 다른 변수 이름을 사용하면 오류가 쉽게 해결됩니다.

위에서 살펴본 규칙을 잘 지켜서 오류 없이 변수의 이름을 정하는 건 기본이고 변수에 담긴 데이터를 한눈에 파악할 수 있도록 이름을 잘 짓는 것도 중요합니다. 코딩을 학습하며 다른 사람들은 변수의 이름을 무엇으로 했는지 살펴보고 그 방식을 따라 해보면 코딩 세계에 금방 적응할 수 있습니다.

전광판에 현재 시각 표시하기

코딩을 활용해 전광판에 현재 시간을 표시해 달라는 업무 요청이 왔습니다. 예를 들어 현재 시각이 오후 8시 3분이라면 "현재 시각은 8시 3분입니다."라는 문구가 전광판에 나타나야 합니다.

먼저 print 함수를 사용해 함수의 괄호 안에 출력하고자 하는 데이터를 인자로 추가합니다. 인자의 형태가 문자이기 때문에 큰따옴표(")나 작은따옴표(')로 감싼 문자열(String) 형태로 작성하면 문장을 그대로 출력하는 코드를 만들 수 있습니다. 코드로 작성해 보겠습니다.

```
print('현재 시각은 8시 3분입니다.')
```

하지만 1분 뒤, 8시 4분이 되면 "현재 시각은 8시 4분입니다."로 문구를 다시 바꿔 전광판에 표시해야 합니다. 분마다 작업을 반복하다 보면 다음과 같은 사실을 알게 됩니다.

- 문구 내에서 변하지 않는 데이터가 있다. → 현재 시각은 시 분입니다.
- 문구 내에서 시간에 따라 변하는 데이터가 있다. → 8, 3
- 변하지 않는 데이터와 변하는 데이터를 조합하면 전광판 문구가 완성된다.

세 가지 사실을 바탕으로 업그레이드된 코드를 작성해 보겠습니다. 시간마다 변하는 데이터인 현재 시와 현재 분은 변수로 저장한 다음 이를 변하지 않는 데이터인 '현재 시각은', '시', '분입니다.'와 조합해 출력합니다. 먼저 hour, min 변수에 현재 시(8), 분(3)을 저장하고 print 함수의 괄호 안에 출력할 데이터를 추가합니다.

```
hour = 8    # 현재 시
min = 3    # 현재 분
print('현재 시각은', hour, '시', min, '분입니다.')    # 여러 데이터를 쉼표로 구분

현재 시각은 8 시 3 분입니다.
```

잠깐만요

데이터 사이 자동 띄어쓰기

print 함수 사용 시 쉼표로 구분된 여러 데이터를 출력하면 데이터 사이에 자동으로 띄어쓰기가 입력됩니다. 이는 print 함수가 가진 기본 속성으로 띄어쓰기 없이 출력하려면 다른 방식으로 함수를 활용해야 합니다 (Link [챕터 3] 문자열 포매팅을 참고해 주세요).

hour, min 변수에 저장된 데이터를 시간이 지날 때마다 바꿔주면 코드를 크게 수정하지 않고도 문구를 출력할 수 있습니다. 이렇게 프로그래밍에서는 변하는 값을 변수에 저장해 필요에 따라 데이터를 변경하는 방식으로 코드의 가독성을 높일 수 있습니다.

이번에는 전광판에 다음 정각까지 남은 시간도 함께 표시해 달라는 부탁을 받았습니다. 예를 들어 8시 4분이라면 '현재 시각은 8시 4분입니다. 9시까지 56분 남았습니다.'라는 문구가 전광판에 나타나야 합니다.

앞의 출력 결과를 바탕으로 8, 4, 9, 56이 계속 변하는 값임을 알 수 있으며 이 부분을 변수로 만들어 보겠습니다.

```
hour = 8
min = 4
next_hour = 9     # 다음 정각
remain_min = 56   # 남은 분

print('현재 시각은', hour, '시', min, '분입니다.',
next_hour, '시까지', remain_min, '분 남았습니다.')
```
현재 시각은 8 시 4 분입니다. 9 시까지 56 분 남았습니다.

잠깐만요

코드가 너무 길어져 가독성이 떨어지거나 화면 밖으로 코드가 넘칠 때도 있습니다. 이럴 땐 쉼표 다음의 내용을 다음 줄에 이어 작성할 수 있도록 배려하고 있습니다. 이 기능을 잘 활용하면 가독성 높은 코드를 작성하는 데 큰 도움이 됩니다.

```
print('현재 시각은',
'8시 3분입니다.')

현재 시각은 8시 3분입니다.
```

이번에도 반복 작업을 하다 보니 다음과 같은 사실을 알게 되었습니다. 정리하면 다음과 같습니다.

- 현재 시에 1을 더하면 다음 정각이다.
- 60에서 현재 분(4)을 빼면 남은 분(56)이다.

변수끼리 수학적인 관계가 성립되기 때문에 현재 시와 분이 정해지면 두 번째 문장의 변수는 자동으로 계산됩니다. 그 관계를 코드로 작성해 보겠습니다.

```
hour = 8
min = 4
next_hour = hour + 1 # next_hour 변수에 hour(현재시간)에 1을 더한 데이터를 저장
remain_min = 60 - min # remain_min 변수에 60에서 min(현재 분)을 뺀 데이터를 저장
print('현재 시각은', hour, '시', min, '분입니다.',
next_hour, '시까지', remain_min, '분 남았습니다.')

현재 시각은 8 시 4 분입니다. 9 시까지 56 분 남았습니다.
```

잠깐만요

현재 시각이 12시이고 다음 정각을 1시로 표시하고 싶을 땐 조건에 따라 next_hour를 계산하는 방식이 달라 져야 합니다(Link [챕터 4] if 조건문을 참고해 주세요).

이와 같이 프로그래밍에서 변수를 사용하면 데이터 간의 관계를 빠르게 이해할 수 있고 또 변하는 데이터를 변수로 정해 데이터를 수정하면 관련된 데이터가 자동으로 업데이트되어 매우 편리합니다. 변수를 사용하지 않는다면 데이 터를 일일이 입력해야 해 수고롭고 실수가 발생할 확률이 매우 높아 연결할 수 있는 데이터들은 변수를 활용해 관 계를 정의해 놓는 것이 좋습니다.

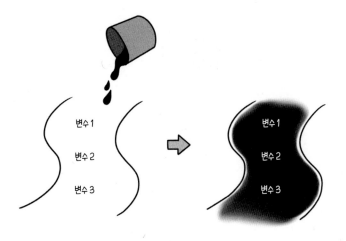

윗 변수가 맑아야 아랫 변수가 맑다.

축구 경기의 점수 표시하기

전광판 업무를 잘 처리했더니 이번에는 축구 경기에서 점수를 표시하는 업무를 부탁받았습니다. 현재 축구 경기 스코어는 A팀 1점, B팀이 2점인 상황입니다. 각 팀의 점수를 변수에 저장하고 출력해 보겠습니다.

```
a = 1    # A팀 점수
b = 2    # B팀 점수
print(a, ':', b)    # A팀 점수 : B팀 점수 형태로 출력

1 : 2
```

경기 진행 중 A팀 선수가 한 골을 넣으면서 스코어가 2:2로 바뀌었습니다. 골을 넣은 선수가 골 세리머니를 하는 동안 얼른 점수를 수정해 보겠습니다.

A팀의 점수를 저장한 변수 a에 1을 더합니다.

```
a+1

2
```

변수 a에 저장된 값이 1이기 때문에 1을 더하면 2가 됩니다. 이제 앞의 예제와 동일한 코드를 작성해 스코어를 출력합니다.

```
print(a, ':', b)

1 : 2
```

분명히 a에 1을 더해서 2가 되는 결괏값까지 확인했는데, a가 다시 1로 바뀌었습니다. 어떻게 된 일이죠? 그 이유는 a에 1을 더한 값인 2를 변수 a에 다시 저장하지 않았기 때문입니다. a+1을 실행할 때 2라는 데이터가 출력되었지만 a에 저장되지 않고 사라졌기 때문에 a는 여전히 1인 상태입니다. 새로 생성된 데이터를 나중에라도 활용하기 위해서는 반드시 변수에 저장해줘야 합니다.

```
a = a + 1    # a에 1을 더한 값을 다시 a에 저장
print(a, ':', b)
```
```
2 : 2
```

데이터가 빠르게 출력되어도 변수로 저장하지 않으면 사라질 수 있다는 사실도 확인했습니다. 밤새 한 숙제를 저장하지 않아서 데이터가 사라지는 일이 발생하지 않도록 새로 생성한 데이터는 반드시 변수에 저장해 주세요.

데이터의 종류, 자료형

숫자는 태어나면서부터 사람과 떼려야 뗄 수 없는 관계를 갖습니다.
나이, 키, 몸무게 등 사람의 속성을 숫자로 표현하기 때문이죠.
이번 장에서는 우리에게 익숙한 숫자를 포함해 다양한 데이터의 종류에 대해 알아보겠습니다.

6-1 숫자의 속성을 갖는 숫자형

예제 소스 06-1.ipynb

숫자형은 특별한 설명 없이도 빠른 이해가 가능해 프로그래밍 공부를 시작하면 가장 먼저 배우는 자료형입니다.

- 덧셈, 뺄셈, 곱셈, 나눗셈과 같은 사칙연산을 할 수 있습니다.
- 작고 큼과 같음을 비교할 수 있습니다.
- 정수와 정수가 아닌 실수(소수점 기준)를 구분합니다.
- 실수를 정수로 바꾸는 반올림, 버림, 올림을 할 수 있습니다.

익숙하게 봐왔던 것이라 초보자들은 가볍게 읽고 넘어가는 경우가 많습니다. 그러나 우리가 일상에서 흔히 마주하는 숫자와 데이터로서의 숫자형은 엄연히 다른 개념입니다. 이러한 사실을 놓친 채 코드를 실행하다가 어느 날 갑작스럽게 오류를 맞이하게 되면 그 순간 초보자들은 멘붕에 빠집니다. 그래서 숫자형을 공부할 때는 우리가 알고 있는 숫자의 특성이 프로그래밍에 어떻게 반영되어 있고 어떤 차이를 보이는지 위주로 파악하면서 내용을 확인하는 게 좋습니다.

고등학교 때 우리가 배웠던 수의 체계는 자연수, 정수, 유리수, 실수, 복소수입니다. 파이썬은 이 중에서 정수, 실수, 복소수를 자료형으로 만들어 놓았습니다(수학에서는 정수가 실수에, 실수가 복소수에 포함되는 개념이지만 자료형에서는 서로가 별개의 자료형임을 기억해 주세요).

숫자형은 자료형의 일종인 정수 자료형, 실수 자료형 등을 모두 포괄하여 부르는 개념입니다. 고양이, 호랑이, 사자를 고양잇과 동물로 부르는 것과 같습니다.

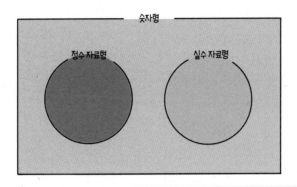

같은 숫자형이라도 데이터를 효과적으로 사용하기 위해 자료형을 구분해 놓은 건데요(정확히 말하면 제한된 메모리 내에서 다양한 수를 표현하기 위함입니다). 복소수는 일상에서 다룰 일이 많이 없기 때문에 우리 본문은 정수와 실수에 대해서만 집중적으로 설명하겠습니다.

먼저 정수와 실수를 구분하는 기준은 소수점입니다. 소수점이 없으면 정수, 소수점이 있으면 실수입니다. 파이썬에서는 type 함수를 이용해 정수 자료형과 실수 자료형을 구분할 수 있으며 함수의 인자로 자료형의 확인을 원하는 데이터를 넣습니다. 작성 방법은 다음과 같습니다.

```
type(데이터)
```

작성 방법을 확인했다면 정수 자료형인 1과 실수 자료형인 1.을 type 함수의 인자로 넣어 코드를 실행해 보겠습니다.

```
type(1)
int
```

```
type(1.)
float
```

실행 결과를 살펴보니 1은 정수 자료형(int)으로 1.은 실수 자료형(float)으로 출력됐습니다. 이처럼 파이썬에서는 소수점의 존재에 따라 자료형이 나뉘도록 약속되어 있습니다.

잠깐만요

정수와 실수 메모리 저장 방법

초보자가 이해하기 조금 어려울 수 있지만 알고 나면 자료형이 왜 나뉠 수밖에 없는지 납득이 됩니다. 컴퓨터 메모리에서 비트(Bit)는 0 또는 1을 저장하는 공간입니다. 정수 자료형은 총 32비트의 공간에 데이터를 저장하는데 이 공간 중 첫 번째 비트에는 부호(+:0, −:1)를 저장하고 나머지 31 비트에 이진법으로 숫자를 표현합니다.

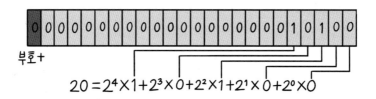

$$20 = 2^4 \times 1 + 2^3 \times 0 + 2^2 \times 1 + 2^1 \times 0 + 2^0 \times 0$$

실수 자료형은 64비트의 메모리를 사용하며 다음과 같이 지수부와 가수부로 나누어집니다.
- 실수 = (1 + 가수) × 2^지수

메모리에서 수는 모두 이진법으로 표현되기 때문에 지수의 아래는 2입니다. 가수는 0과 1 사이의 실수 형태로 가수도 이진법으로 표현해야 하는데 계산이 복잡하니 잘 따라오세요. 우선, 36.25를 양식에 맞춰 계산해 보겠습니다.

- $36.25 = 2^5 \times 1 + 2^4 \times 0 + 2^3 \times 0 + 2^2 \times 1 + 2^1 \times 0 + 2^0 \times 0 + 2^{-1} \times 0 + 2^{-2} \times 1 = 100100.01_{(2)}$
  $= (1 + 0.0010001_{(2)}) \times 2^5$

지수는 5($=101_{(2)}$)이고 가수는 $0.0010001_{(2)}$입니다. 정수와 마찬가지로 첫 번째 비트에 부호를 저장하고 다음 8개의 비트에는 지수를 저장합니다. 그리고 나머지 23개의 비트에 가수를 저장해 줍니다.

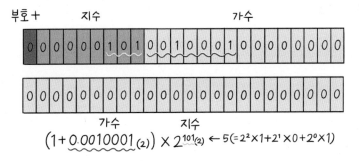

이렇게 자료형에 따라 데이터 저장 방식이 다르기 때문에 메모리를 효율적으로 사용하기 위해 별도의 자료형이 만들어 졌습니다.

숫자형의 가장 중요한 특징은 연산자를 이용해 사칙연산을 할 수 있다는 겁니다. 수학에서 사용하는 연산자 +, −, ×, ÷와 대응되는 프로그래밍에서의 연산자를 산술 연산자라 칭합니다(대표적인 연산자이므로 '산술'이 생략되기도 합니다). 키보드에 없는 ×와 ÷은 *(Asterisk), /(Slash)로 대신해 사용합니다. 연산자가 역할을 잘 하는지 확인하기 위해 사칙연산을 코드로 작성해 보겠습니다. 정말 간단한 계산이기 때문에 별도로 변수를 만들 필요 없이 두 숫자형 사이에 연산자를 넣어 코드를 실행하고 결과를 확인합니다.

- a + b : a와 b를 더한 값을 계산합니다.

```
1.2 + 1.3
```
```
2.5
```

- a − b : a에서 b를 뺀 값을 계산합니다.

```
1 - 3
```
```
-2
```

- a * b : a와 b를 곱한 값을 계산합니다.

```
2.5 * 4
10.0
```

- a / b : a에서 b를 나눈 값을 계산합니다.

```
4.5 / 5
0.9
```

> **잠깐만요**
>
> ### 서로 다른 자료형의 사칙연산
> 정수와 실수는 각각 다른 자료형으로 나뉘어 있을 뿐 둘 사이의 사칙연산은 가능합니다. 이 경우 연산의 결과는 실수형이 됩니다.

사칙 연산 외에도 유용하게 사용되는 %, //, ** 연산자를 소개하겠습니다. 이 연산자들은 프로그래밍에서 자주 등장하는 계산을 연산자 형태로 미리 만들어 놓아 깔끔한 코드 작성이 가능합니다.

- a // b : a에서 b를 나눴을 때 몫을 계산합니다.

```
8 // 5
1
```

- a % b : a에서 b를 나눴을 때 나머지를 계산합니다.

```
8 % 5
3
```

• a ** b : a의 b승(a^b)을 계산합니다.

```
3 ** 3
```

```
27
```

잠깐만요

나눗셈의 몫과 나머지는 보통 자연수 간의 연산 결과이지만 실수가 포함되어도 오류가 발생하지 않습니다.
다만 실수를 포함해 계산하는 경우는 많지 않아 예시는 생략합니다.

몫과 나머지를 계산하는 연산자까지 만들어 놓은 게 이상하다고 느껴질 수 있습니다. 다음 예시를 살펴보며 연산자가 어떤 식으로 활용될 수 있는지 알아보겠습니다.

햄버거를 만드는 작업을 프로그래밍으로 구현한다고 가정해 보겠습니다. 이 햄버거는 총 세 가지의 과정으로 만들어집니다.

① 빵을 밑에 깐다.　　② 패티를 얹는다.　　③ 빵을 위에 덮는다.

단순 반복 작업이다 보니 작업의 진행 상황을 확인하며 일을 해야 합니다. 작업의 진행 상황을 확인하기 위해 count라는 이름의 변수를 하나 만들겠습니다. 작업이 시작되기 전 변수에 0을 저장합니다. 0을 저장한 이유는 작업이 진행될 때마다 1을 더해서 작업의 진행 정도를 표시할 것이기 때문에 시작의 의미로 0을 저장한 겁니다. 프로그래밍에서는 시간의 흐름과 진행을 변수로 표현하는 경우가 많습니다. 작업이 개시되기 전 count 변수에 0을 저장합니다. 코드로 작성하면 다음과 같습니다.

```
count = 0
```

첫 작업은 그릇에 빵을 까는 것으로 빵을 까는 코드를 작성한 후 count 변수에 1을 더합니다. 그리고 그 값을 다시 count 변수에 저장합니다.

```
깐다(빵, 밑)
count = count + 1
```

패티를 빵 위에 올리는 것도 작업 완료 이후에 count 변수에 저장된 값을 1 더합니다. 그다음 작업도 동일하게 코드를 작성해 줍니다.

```
얹는다(패티)
count = count + 1

덮는다(빵, 위)
count = count + 1
```

count 변수의 값이 점점 커지고 count 변수에 저장된 값으로 현재 진행 중인 작업을 확인할 수도 있습니다.

① 빵을 밑에 깐다. (count = 0, 3, 6, ...)
② 패티를 얹는다. (count = 1, 4, 7, ...)
③ 빵을 위에 덮는다. (count = 2, 5, 8, ...)

작업이 한창 진행되다가 count가 100에 도달했을 때 어떤 작업이 진행 중인지 알 수 있을까요? 물론 알 수 있습니다. count 변수를 3으로 나눈 나머지를 확인하면 됩니다. 이때 % 연산자를 쓰면 나머지를 쉽게 구할 수 있습니다. 코드로 작성해 보겠습니다.

```
count = 100
count % 3
```
```
1
```

실행 결과를 살펴보니 나머지가 1이기 때문에 패티를 빵 위에 올리는 두 번째 작업 중이라는 것을 알 수 있습니다. 그리고 count 변수의 값이 100일 때 완성된 햄버거의 개수가 궁금하다면 // 연산자를 이용해 count 변수는 3으로 나눈 몫을 확인하면 됩니다. 코드로 작성해 보겠습니다.

```
count // 3
```
```
33
```

실행 결과를 살펴보니 몫이 33이기 때문에 33개의 햄버거가 완성된 상태라는 것을 알 수 있습니다.

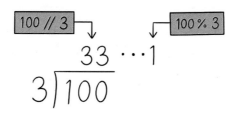

앞에서 설명한 산술 연산자 외에도 다양한 연산자가 더 있는데 이번에는 할당 연산자에 대해 알아보겠습니다. 할당 연산자의 대표로는 데이터를 변수에 저장할 때 사용하는 등호(=)가 있으며 이외에도 += 등이 있습니다.

+= 연산자는 등호 다음으로 많이 사용하는 할당 연산자입니다. 형태를 살펴보면 좌변에는 변수, 우변에는 변수에 더할 값이 추가됩니다. 작성 방법은 다음과 같습니다.

변수 += 데이터

위의 코드를 등호와 덧셈 연산자를 사용해 작성하면 다음과 같습니다.

> 변수 = 변수 + 데이터

+=에서 +는 변수(변수에 저장된 데이터)와 데이터의 덧셈 연산을 의미하고 =는 그 결괏값을 변수에 저장하는 걸 의미합니다. 프로그래밍은 반복을 싫어하기 때문에 += 연산자를 이용해 코드를 깔끔하게 작성해 보세요.

작성 방법을 확인했다면 count 변수에 0을 초깃값으로 저장하고 count를 1씩 더하는 코드를 작성하면 다음과 같습니다.

```
count = 0      # 초깃값으로 0 저장
count += 1     # count에 1 더함
```

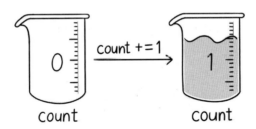

잡깐만요

다른 산술 연산자도 똑같은 방법으로 할당 연산자(-=, *=, /=, //=, %=, **=)를 만들 수 있습니다.

필요에 따라 숫자형의 종류도 변경할 수 있습니다. 실수 자료형의 소수점을 없애면 정수 자료형이 되는데 round 함수를 사용해 만들 수 있습니다. round 함수의 인자로 반올림을 원하는 실수 자료형을 넣으며 작성 방법은 다음과 같습니다.

```
round(실수)
```

작성 방법을 확인했다면 실수 중 우리에게 익숙한 숫자인 3.14를 round 함수의 인자로 추가해 반올림하는 코드를 작성해 보겠습니다.

```
round(3.14)
3
```

실행 결과를 살펴보니 .14는 사라지고 3만 남은 것을 확인할 수 있습니다. 이번에는 round 함수로 변환된 데이터가 정수인지 확인하기 위해 결괏값을 변수로 저장한 후 type 함수의 인자로 넣어 자료형을 확인해 보겠습니다.

```
num = round(3.14)
type(num)    # 자료형을 확인하는 함수 type
int
```

실행 결과를 살펴보니 실수 자료형이 반올림되어 정수 자료형(int)이 출력된 것을 확인할 수 있습니다.

파이썬에서 올림과 버림

> 아빠, 반올림은 round 함수를 사용했다면 올림, 버림은 어떻게 하나요?

> 올림과 버림은 round 함수보다 좀 더 복잡한 과정을 진행해야 한단다.

올림과 버림은 round 함수와 비교해 조금 복잡한 과정을 진행해야 하는데 바로 수학적인 기능만 모아 놓은 math 라이브러리의 함수를 사용해야 하기 때문입니다. 라이브러리는 파이썬 코딩에 도움이 될만한 기능을 외장하드처럼 외부 파일에 저장한 코드를 말합니다. 외장하드에 있는 데이터로 접근하기 위해서는 USB 케이블을 연결하듯이 import 키워드를 이용해 라이브러리 코드로 접근할 수 있습니다. 작성 방법은 다음과 같습니다.

```
import 라이브러리
```

작성 방법을 확인했다면 라이브러리 이름인 math를 추가한 코드를 작성해 보겠습니다.

```
import math
```

이제 라이브러리에 속한 함수를 사용할 수 있으며 올림은 ceil(지붕), 버림은 floor(바닥) 함수로 실행합니다(코드의 마침표는 어딘가에 속해 있다는 뜻입니다).

```
라이브러리.함수
```

잠깐만요

파이썬에서 마침표와 쉼표의 쓰임새

파이썬을 처음 공부하면 마침표와 쉼표의 쓰임새에 대한 뚜렷한 설명이 없어 혼란스러울 때가 많습니다. 마침표는 지금처럼 라이브러리 혹은 자료형에 속한 함수나 변수를 표현할 때 주로 사용하고 쉼표는 print 함수 안에서 여러 인자를 출력할 때 사용했던 것처럼 비슷한 자료형들을 나열할 때 사용합니다.

round 함수와 동일하게 함수의 인자로 실수 자료형을 추가하며 코드의 작성 방법은 다음과 같습니다.

라이브러리.함수(실수)

작성 방법을 모두 확인했다면 ceil과 floor 함수를 사용해 3.14의 올림과 버림 코드를 작성하겠습니다. 먼저 각 함수의 인자로 3.14를 추가합니다.

```
math.ceil(3.14)     # 3.14를 올림
4
```

```
math.floor(3.14)    # 3.14를 버림
3
```

실행 결과를 살펴보니 ceil, floor 함수 모두 결괏값이 정수 자료형이 출력됐습니다. 데이터를 변수로 저장한 후 이번에는 3.14를 type 함수의 인자로 추가해 변환된 데이터가 정수 자료형이 맞는지 확인하는 코드를 작성해 보겠습니다.

```
num1 = math.ceil(3.14)
type(num1)
int
```

```
num2 = math.floor(3.14)
type(num2)
int
```

실행 결과를 살펴보니 둘 다 정수 자료형(int)인 것을 알 수 있습니다.

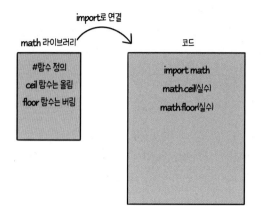

이번에는 int 함수를 사용해 올림과 버림을 진행해 보겠습니다. int 함수는 실수 자료형을 정수 자료형으로 변경해 주며 그 과정에서 소수점 이하의 수를 버립니다. 즉, 양수라면 버림, 음수라면 올림이 됩니다. 코드의 작성 방법은 다음과 같으며 다른 함수와 마찬가지로 함수의 인자로 실수 자료형을 넣습니다.

```
int(실수)
```

작성 방법을 확인했다면 양수인 3.14를 int 함수(정수 자료형)로 변환합니다.

```
int(3.14)
3
```

실행 결과를 살펴보니 3 다음에 .14가 사라졌습니다. 이어서 음수인 −3.14를 int 함수(정수 자료형)로 변환합니다.

```
int(-3.14)
-3
```

실행 결과를 살펴보니 역시나 −3 다음에 .14가 사라졌습니다. 변환된 값을 변수로 저장하고 type 함수로 자료형을 확인해 보겠습니다.

```
num = int(3.14)
type(num)
int
```

실행 결과를 살펴보니 정수 자료형(int)이 출력됐습니다.

정수 자료형을 실수 자료형으로도 변경할 수 있습니다. 정수 자료형으로 변환할 때 정수를 의미하는 int 함수를 사용한 것처럼 실수를 의미하는 float 함수를 사용하면 됩니다. int 함수와 마찬가지로 함수의 인자로 정수 자료형을 추가합니다(파이썬에서는 자료형 이름에 대응하는 함수(int, float 등)를 사용하면 자료형이 변환되기로 약속되어 있습니다. 이 규칙은 숫자형뿐만 아니라 앞으로 배울 다른 자료형에서도 동일하다는 점을 기억해 주세요).

```
float(정수)
```

만약 정수 자료형인 3을 같은 크기의 실수 자료형으로 변경하고 싶다면 float 함수의 인자로 3을 넣습니다. 작성 방법을 확인했다면 결괏값을 변수로 저장하여 print 함수로 출력해 보고 type 함수로 자료형까지 확인해 보겠습니다.

```
num = float(3)     # 정수인 3을 실수로 변환
print(num)
```

```
3.0
```

```
type(num)
```

```
float
```

실행 결과를 살펴보니 정수 자료형을 float 함수를 사용해 실수 자료형으로 변경하면 소수점 첫째 자리가 0인 실수 자료형이 되는 것을 확인할 수 있습니다. 프로그래밍을 하다 보면 주로 실수 자료형을 정수 자료형으로 변환해야 하는 경우가 많습니다. 예를들어 어떤 프로그램을 만들고 있는데 화면에 그림을 표시하는 작업을 해야 한다고 가정해 보겠습니다. 원래 그림의 크기가 200X200 픽셀인데 너무 커서 크기를 1/3 정도로 줄여야 합니다. 가로, 세로 길이에 각각 1/3을 곱하면 됩니다. 하지만 200은 3으로 나누어떨어지지 않아 소수점 이하에 숫자가 남게 됩니다. 정수가 아닌 실수가 되는 겁니다. 픽셀은 정수 단위로 입력되도록 설정되어 있어 실수 자료형을 그대로 넣으면 오류가 발생합니다. 이런 경우 int 함수로 소수점 이하 숫자를 없애거나 round 함수로 반올림해서 문제를 해결할 수 있습니다. 프로그래밍에서는 의외로 신경 쓸 것들이 많아 종종 어려움을 겪기도 합니다. 그럴 때 좌절하지 말고 코딩 세계의 매력을 또 하나 배웠다고 생각하면서 가볍게 넘어가 주세요.

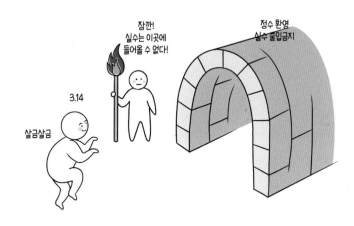

6-2 여러 문자가 나열된 문자열

숫자형이 숫자, 부호, 마침표로 구성된 자료형이었다면 문자열 자료형은 말 그대로 숫자와 대비되는 문자로 이루어진 자료형입니다. 다만, 숫자도 '1'처럼 양옆에 따옴표가 붙으면 문자로 취급됩니다. 그리고 문자열 안의 구성요소를 편의를 위해 '문자'로 표현해 설명할 텐데, 문자의 개수에 상관없이(0개, 1개, 1개 이상) 모두 문자열에 해당합니다.

문자열의 형태는 작은따옴표(')나 큰따옴표(") 사이에 문자가 들어간 형태입니다. 작은따옴표, 큰따옴표는 문자열임을 표시하는 형식에 불과하기 때문에 들어가는 내용만 같다면 동일한 문자열로 인식됩니다. 만약 따옴표를 사용하지 않는다면 파이썬은 이를 문자열이 아니라 변수로 인식해 주의해야 합니다. 문자열을 변수에 저장하는 방법도 숫자형을 변수에 저장하는 방법과 동일합니다.

```
변수 = 문자열
```

작성 방법을 확인했다면 a 변수에 'python'이라는 문자열을 저장하는 코드를 작성하고 출력해 보겠습니다.

```
a = 'python'
print(a)
python
```

실행 결과를 살펴보니 따옴표를 제외한 문자열이 출력됐습니다. 만약 실수로 python의 양 끝에 따옴표를 작성하지 않았다면 python을 변수로 인식해 오류가 발생합니다. 이번에는 python을 변수 a에 저장하는 코드를 작성해 보겠습니다.

```
a = python
NameError: name 'python' is not defined
```

실행 결과를 살펴보니 NameError 오류가 발생했습니다. python이라는 변수가 정의되지 않았다는 내용입니다. 따옴표를 입력하는 게 처음에는 익숙하지 않아 종종 오류를 만나게 되는데 그럴 때 당황하지 말고 차분하게 오류의 발생 위치와 원인을 분석하면 금방 해결할 수 있습니다.

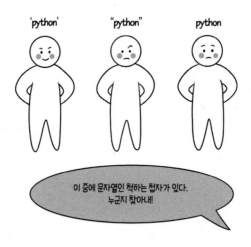

양 끝에 세 개의 큰따옴표나 작은따옴표를 추가해 문자열을 만드는 방법도 있습니다. 작은따옴표 세 개를 python 문자의 양 끝에 붙여 문자열을 만들고 변수 a에 저장하는 코드를 작성해 보겠습니다.

```
a = '''python'''    # """python"""도 가능
print(a)

python
```

실행 결과를 살펴보니 결괏값이 잘 출력됐습니다. 따옴표 세 개를 입력하는 형식은 주로 문자열에서 줄 바꿈(개행)을 포함하고 싶을 때 사용합니다. 문장1과 문장2 사이에 줄 바꿈을 넣고 이를 하나의 문자열 자료형으로 저장하는 코드의 작성 방법은 다음과 같습니다.

```
변수 = '''문장1
문장 2'''
```

작성 방법을 확인했다면 Hello와 Python 사이에 줄 바꿈이 들어간 문자열을 변수 a에 저장하는 코드를 작성해 보겠습니다.

```
a = '''Hello
Python'''
print(a)

Hello
Python
```

만약, 이때 따옴표를 하나만 사용하면 어떻게 될까요? 문자열의 형식만 따옴표 세 개에서 한 개로 변경해 코드를 실행해 보겠습니다.

```
a = 'Hello
Python'

SyntaxError: unterminated string literal (detected at line 1)
```

실행 결과를 살펴보니 SyntaxError 오류가 발생했습니다. 따옴표를 하나만 입력했을 때는 같은 줄 안에서 문자열의 끝에만 따옴표를 사용해 코드를 끝맺도록 약속되어 있기 때문입니다. 문자열이 시작될 때 따옴표가 하나 있다면 컴퓨터는 닫는 따옴표가 나타날 때까지 한 문자열로 인식합니다. 이와 다르게 따옴표 세 개를 입력하면 '이번 줄에 닫는 따옴표가 없을 수도 있겠군'이라고 생각해 다음 줄에 닫는 따옴표가 나와도 문자열로 인정합니다. 따라서 여러 줄의 문장을 하나의 문자열로 작성하고 싶다면 반드시 따옴표 세 개를 사용해야 한다는 점 기억해 주세요.

```
'''문장1
문장2'''
```

```
"""문장1
문장2"""
```

그러면 따옴표 한 개만 입력한 문자열 형식은 줄바꿈을 아예 할 수 없는 걸까요? 아니요. 불가한 건 아닙니다. 이스케이프(Escape Codes)를 사용하면 가능합니다. 문서 편집 프로그램에서 조판 부호로 줄 바꿈을 표현하는 것처럼 파이썬에서는 문자열에 '₩n'(\ + N 혹은 ₩ + N)을 추가하면 됩니다.

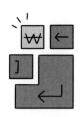

파이썬에서 '₩n'은 줄 바꿈으로 약속되어 문자열을 출력해 결괏값을 살펴보면 '₩n'이라는 문자는 포함되어 있지 않습니다. 문장1과 문장2 사이에 이스케이프 코드를 포함해 한 줄의 코드로 작성하는 방법은 다음과 같습니다.

'문장1<이스케이프 코드>문장2'

작성 방법을 확인했다면 'Hello'와 'Python' 사이에 이스케이프 코드 '₩n'을 넣은 코드를 작성해 보겠습니다.

```
a = 'Hello₩nPython'
print(a)

Hello
Python
```

실행 결과를 살펴보니 'Hello'와 'Python' 사이가 줄 바꿈 되고 '₩n'은 출력되지 않았습니다. 이처럼 줄 바꿈을 원하는 문자 사이에 이스케이프 코드를 입력하면 한 줄의 코드를 여러 줄로 나누어 문자열을 표현할 수 있습니다.

이스케이프 코드란?

문자열이 표현하기 어려운 것들을 도와 결괏값을 가독성있게 출력하기 위해 사용하는 코드로 '₩n' 코드가 가장 대표적입니다. '₩n'은 줄바꿈 코드로 따옴표를 이용해 줄바꿈 하는 문자열에서는 별도의 조치 없이 두 줄 이상을 표현할 경우 오류가 발생하는데 그럴 때 '₩n' 도움으로 문제를 해결할 수 있습니다. 또한 문자열 사이에 탭(Tab) 간격을 주는 것도 문자열 안에서는 표현이 어렵기 때문에 이스케이프 코드 '₩t'의 도움을 받아 간격을 줄 수 있습니다. 문자열 사이에 '₩t'를 넣어 print 함수로 출력해 보겠습니다.

```
print('One₩tTwo₩tThree')

One       Two       Three
```

실행 결과를 살펴보니 탭으로 문자열 사이가 띄어져 있는 것을 알 수 있습니다.

파이썬의 이스케이프 코드는 모두 '₩'로 시작하기 때문에 정작 문자열에 '₩'를 입력하면 컴퓨터는 단독으로 입력된 '₩'를 문자로 인식하지 않고 이스케이프 코드로 받아들여 '₩' 다음 문자를 기다립니다. 그렇다고 '₩'를 문자 그대로 표현하기 위해 약속되지 않은 문자를 입력하면 컴퓨터는 오류를 발생합니다. '₩'를 문자 그대로 표현하고 싶다면 컴퓨터와 약속된 '₩₩'를 입력해 주세요.

작은따옴표와 큰따옴표 역시 문자열을 표현하는 형식으로 컴퓨터가 일반 문자로 인식하지 않습니다. 컴퓨터에게 순수한 문자라는 걸 알려주기 위해 따옴표 앞에 '₩'를 입력해 줍니다.

큰따옴표와 '₩'가 들어간 문장을 문자열로 만들어 출력해 보겠습니다.

```
print('₩"₩₩오천원 입니다.₩"')

"₩오천원 입니다."
```

이스케이프 코드가 많이 입력되어 복잡해 보이지만 흔한 경우는 아니기에 참고만 해주세요.

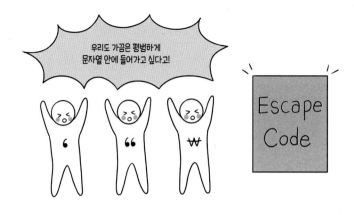

76

파이썬에서의 약속은 코드를 작성할 때 많은 도움을 주지만 때론 불편함을 주기도 합니다. 문자열 자료형을 처음 설명했을 때 문자열은 숫자도 포함될 수 있다고 말씀드렸던 걸 기억할 겁니다. 언뜻 보기에는 숫자처럼 보이지만 숫자형에 있는 숫자의 특징은 모두 사라진 상태이기에 주의해야 합니다. 주변에서 흔히 마주하는 숫자의 경우 그 역할이 중요하지 않습니다. 작성한 사람이 별도로 표시하지 않아도 숫자 또는 문자로 자유롭게 사용할 수 있기 때문이죠. 하지만 파이썬에서는 숫자가 어떤 자료형으로 쓰일 것인지 분명히 알려줘야 합니다. 목적과 다르게 사용하면 오류가 발생합니다.

숫자로 구성된 문자열은 숫자의 양 끝에 문자열의 형식인 따옴표를 추가해 사용합니다. 행운의 숫자 7을 문자열로 만들어 변수에 저장하는 코드를 작성한 후 문자열의 내용과 자료형을 확인해 보겠습니다.

```
num = '7'
print(num)
7
```

```
type(num)
str
```

실행 결과를 살펴보니 7이 출력되었지만 정수 자료형(int)이 아닌 문자열 자료형(str)인 것을 확인할 수 있습니다. 정말 숫자의 속성이 완전히 사라진 것인지 확인하기 위해 코드에 - 연산자를 입력해 뺄셈을 시도해 보겠습니다.

```
'7' - 3
TypeError: unsupported operand type(s) for -: 'str' and 'int'
```

실행 결과를 살펴보니 문자열(str)과 정수(int)에는 - 연산을 지원하지 않는다는 TypeError가 발생했습니다. 언뜻 보기에는 7이지만 숫자의 속성은 사라진 문자열 상태인 것을 알 수 있습니다.

7을 문자열로 만든 것이 후회된다면 정수 자료형을 의미하는 int 함수를 사용해 다시 숫자형으로 복귀할 수 있습니다. int 함수의 인자로 문자열을 넣으며 작성 방법은 다음과 같습니다.

```
int(문자열)
```

작성 방법을 확인했다면 int 함수를 사용해 문자열 '7'을 다시 숫자형으로 변환한 후 – 연산자를 사용해 코드를 작성해 보겠습니다.

```
int('7') – 3
4
```

실행 결과를 살펴보니 문자열의 속성이 사라져 – 연산이 바르게 적용된 걸 알 수 있습니다. float 함수도 int 함수와 동일하게 문자열에서 숫자형으로 변환이 가능하며 작성 방법은 다음과 같습니다.

```
float(문자열)
```

작성 방법을 확인했다면 float 함수를 활용해 '3.14' 문자열을 다시 숫자형으로 변환한 후 곱셈 연산자를 사용하는 코드를 작성해 보겠습니다.

```
float('3.14') * 2
6.28
```

실행 결과를 살펴보니 문자열의 속성이 사라져 곱셈 연산이 바르게 적용된 것을 알 수 있습니다. 다음번에도 똑같은 오류가 발생했다면 int나 float 함수로 멋지게 오류를 대처해 보세요.
이번에는 반대로 숫자형을 문자열로 바꿔주는 함수를 알아보겠습니다. str 함수입니다. 작성 방법은 다음과 같습니다.

```
str(숫자형)
```

작성 방법을 확인했다면 str 함수를 활용해 3.14 숫자형 데이터를 문자열로 변환한 후 type 함수로 자료형을 확인하는 코드를 작성해 보겠습니다.

```
num = str(3.14)
type(num)
```

```
str
```

실행 결과를 살펴보니 문자열로 변환된 걸 확인할 수 있습니다. 이처럼 숫자형과 문자열 자료형은 겉으로만 봐서는 속성을 구분하기 어려워 항상 주의해야 합니다.

문자열은 여러 문자가 합쳐진 자료형으로 문자열과 문자열을 합하여 새로운 문자열을 만들 수도 있습니다. 마치 SRT 기차 아홉 량과 아홉 량을 연결하여 열여덟 량으로 운행하는 것처럼 문자열도 합할 수 있습니다.

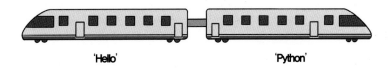

'Hello'　　　　　　　　　　'Python'

문자열을 하나로 합할 땐 + 연산자를 사용하면 됩니다. 현실에서는 문자에 연산자를 사용하지 않지만 문자열은 가능합니다. 문자열에서 덧셈 형식은 숫자형과 똑같아 두 문자열 사이에 + 연산자를 놓으면 됩니다. 작성 방법은 다음과 같습니다.

> 문자열1 + 문자열2

작성 방법을 확인했다면 두 개의 문자열 'Hello'와 'Python'을 + 연산자로 합하는 코드를 작성해 보겠습니다.

```
'Hello' + 'Python'
```

```
'HelloPython'
```

실행 결과를 살펴보니 + 연산의 결괏값으로 두 개의 문자열이 합한 'HelloPython'이 출력된 것을 확인할 수 있습니다.

잠깐만요

문자열 사이의 띄어쓰기

'Hello'와 'Python' 사이에 띄어쓰기를 넣고 싶다면 다음과 같이 두 가지 방법을 사용해 보세요.

```
'Hello' + ' ' + 'Python'
'Hello Python'
```

```
'Hello ' + 'Python'
'Hello Python'
```

헷갈릴 수 있지만 코드상에서 문자열 밖의 띄어쓰기는 연산 결과에 반영되지 않습니다. 실수하지 않도록 주의해 주세요.

```
'Hello'            +            'Python'
'HelloPython'
```

여러 데이터를 한 번에 출력하기 위해 print 함수의 인자를 쉼표로 구분해 코드를 작성했던 걸 기억하나요?

```
print('딸기', '사과', '바나나', '귤')
딸기 사과 바나나 귤
```

함수의 인자를 쉼표로 구분하면 쉼표가 입력될 때마다 인자 사이에 자동으로 띄어쓰기가 추가되었는데 + 연산자를 사용하면 띄어쓰기 없이 모든 문자열을 하나로 합하여 한 번에 출력할 수 있습니다.

```
print('딸기' + '사과' + '바나나' + '귤')
딸기사과바나나귤
```

실행 결과를 살펴보니 + 연산자의 사용만으로 좀 더 직관적인 코드를 작성할 수 있습니다. 뿐만 아니라 문자열은 숫자형과 곱셈 연산도 가능합니다. 작성 방법은 다음과 같습니다.

문자열 * 숫자형

곱셈 연산은 동일한 문자열을 여러 번 반복하고 싶을 때 사용하는데 'Hello'를 두 번 반복해 결괏값으로 출력하고 싶다면 'Hello' 문자열에 2를 곱하는 코드를 작성해 보겠습니다.

```
'Hello' * 2

'HelloHello'
```

실행 결과를 살펴보니 생각했던 대로 결괏값이 잘 출력됐습니다. 문자열의 곱셈은 문자열을 특수문자로 꾸밀 때 많이 사용합니다. 'Hello Python'이라는 문자열 윗줄, 아랫줄에 대시(–) 여러 개를 나열하는 코드를 작성해 보겠습니다. 첫 줄에 대시 20개, 두 번째 줄에 'Hello Python', 세 번째 줄에 대시 20개를 출력하는 코드입니다.

```
print('--------------------')
print('Hello Python')
print('--------------------')

--------------------
Hello Python
--------------------
```

실행 결과를 살펴보니 결괏값으로 'Hello Python'만 있는 것보다는 꾸민 느낌이 나서 훨씬 풍성해 보입니다.

위의 코드에 문자열의 곱셈 연산을 사용하면 문자열을 훨씬 깔끔하게 표현할 수 있습니다. '−' 문자열에 20을 곱하는 코드를 작성해 보겠습니다.

```
print('-'*20)
--------------------
```

실행 결과를 살펴보니 처음 작성한 코드보다 코드가 정돈되어 직관적인 코드 확인이 가능하며 코드 작성도 쉬워 실수를 줄일 수 있습니다.

심플하게 업그레이드 시키기

앞에서 작성했던 코드를 좀 더 직관적이고 간략하게 바꿔 보겠습니다. 먼저 출력할 내용을 하나의 문자열로 정리합니다. 첫 줄에 있는 문자열을 변수에 저장하고 나머지를 덧셈 연산자로 합하여 수정해 보겠습니다.

```
변수 = 문자열1
변수 = 변수 + 문자열2
변수 = 변수 + 문자열3
```

위의 경우처럼 변수에 값을 모두 더한 후 다시 저장할 땐 할당 연산자 +=를 사용하면 좀 더 깔끔하게 정리할 수 있습니다.

```
변수 = 문자열1
변수 += 문자열2
변수 += 문자열3
```

작성 방법을 모두 확인했다면 각 문자열에 해당하는 내용을 추가해 코드를 작성해 보겠습니다.

```
a = '-' * 20
a += 'Hello Python'
a += '-'*20
print(a)

--------------------Hello Python--------------------
```

그런데 실행 결과를 살펴보니 의도했던 것과는 다르게 한 줄에 문자열이 모두 출력됐습니다. 여러 줄에 걸쳐 문자열을 작성했다고 결괏값인 문자열 데이터에 줄 바꿈이 들어가는 건 아닙니다. 문자열을 한 줄씩 나눠 출력하고 싶다면 반드시 이스케이프 코드(₩n)를 끝에 넣어줘야 합니다. 작성 방법은 다음과 같습니다.

```
변수 = 문자열1 + '₩n'
변수 += 문자열2 + '₩n'
변수 += 문자열3
```

코드 두 번째 줄의 +=와 +가 같이 있어서 우선순위가 헷갈릴 수 있습니다. 이때는 + 연산이 가장 먼저 계산됩니다.

작성 방법을 확인했다면 이스케이프 코드를 넣어 다시 작성해 보겠습니다.

```
a = '-' * 20 + '₩n'
a += 'Hello Python' + '₩n'
a += '-' * 20
print(a)

--------------------
Hello Python
--------------------
```

코드를 좀 더 압축해 세 줄의 코드를 한 줄로 만들 수도 있습니다. 코드를 작성해 보겠습니다.

```
a = '-' * 20 + '₩n' + 'Hello Python' + '₩n' + '-' * 20
print(a)

--------------------
Hello Python
--------------------
```

실행 결과를 살펴보니 생각했던 대로 결괏값이 잘 출력되었습니다. 곱셈 연산자를 활용하면 빠르게 직관적인 코드를 작성할 수 있다는 것 잊지 마세요.

우선순위가 헷갈린다면?

아빠, 연산자가 한 줄에 여러 개 있으니까 헷갈려요. 어떻게 해야 하죠?

수학 문제에도 연산자가 한꺼번에 여러 개 나오는 경우가 있지? 그럴 때 어떻게 했지?

곱셈, 나눗셈을 먼저 하고 덧셈, 뺄셈은 나중에 해요.

그렇지. 우선순위가 그렇게 정해져 있지. 코딩에서도 마찬가지란다.

그렇군요. 어떻게 하는 거에요?

파이썬에는 많은 연산자가 있다 보니 한 줄의 코드에 여러 개의 연산자가 들어가는 경우가 있습니다. 파이썬은 이런 경우를 대비하여 우선순위가 약속되어 있지만 우선순위를 다 외우기보다는 강제로 우선순위를 조정할 수 있는 괄호 ( )를 사용하는 것을 추천합니다. 이와 같이 +=와 + 연산자가 한 줄에 있을 때 먼저 연산이 되기를 원하는 연산을 괄호로 묶어주는 것입니다. 작성 방법은 다음과 같습니다.

```
변수 += (문자열2 + '₩n')
```

다만 괄호를 많이 사용하게 되면 코드의 가독성이 떨어질 수 있기 때문에 주의해야 합니다.

6-3 문자열의 연산

예제 소스 06-3.ipynb

문자열에서의 뺄셈과 나눗셈은 어떻게 할까요? 'Hello'에서 'H'를 제외하는 연산을 해보겠습니다. 실행 결과는 'ello'가 되어야 하겠죠?

```
'Hello' - 'H'
TypeError: unsupported operand type(s) for -: 'str' and 'str'
```

그런데 실행 결과를 살펴보니 문자열과 문자열 사이에는 뺄셈(−) 연산자를 지원하지 않는다는 Type Error가 발생했습니다. 문자열에는 뺄셈과 나눗셈 연산이 없기 때문입니다. 파이썬에서 제공하는 연산의 범위는 우리가 생각하는 범위와 다른 경우가 많아 사용 시 주의가 필요합니다.

추가적으로 사실 문자열의 덧셈과 곱셈도 범위가 한정되어 있습니다. 덧셈은 반드시 문자열+문자열의 형태여야 하고 곱셈은 반드시 문자열*숫자형의 형태를 갖춰야 합니다. 만약 문자열+숫자형과 문자열*문자열로 연산을 시도하면 오류가 발생합니다. 다음 코드를 작성하며 더 자세히 알아보겠습니다. 문자열인 'Hello'와 숫자형 2를 더하는 연산을 해보겠습니다.

```
'Hello' + 2
TypeError: can only concatenate str (not 'int') to str
```

실행 결과를 살펴보니 뺄셈과 나눗셈 연산자의 결과와 동일하게 TypeError가 발생했습니다. 오류 메시지를 살펴보니 정수 자료형이 아닌 문자열끼리만 합할 수 있다고 합니다. 이번에는 문자열 'a'와 문자열 'b'에 곱셈 연산을 해보겠습니다.

```
'a' * 'b'
TypeError: can't multiply sequence by non-int of type 'str'
```

실행 결과를 살펴보니 역시나 정수 자료형이 아닌 문자열끼리만 곱할 수 있다는 TypeError가 발생했습니다. 그러면 실수를 입력해도 동일한 결과가 출력되는지 확인해 보겠습니다.

```
'a' * 2.0
TypeError: can't multiply sequence by non-int of type 'float'
```

실행 결과를 살펴보니 정수 자료형이(int) 아닌 실수 자료형(float)에도 TypeError가 발생했습니다. 이처럼 약속된 형태의 연산자를 입력하지 않으면 결괏값에 오류가 발생해 파이썬의 연산자 약속을 확인하는 건 매우 중요합니다. 결과의 오류 메시지로 원인을 파악하고 해결하다 보면 프로그래밍 실력 향상에 큰 도움이 될 겁니다.

dir 함수

파이썬에서 문자열 사용의 약속을 확인하고 싶다면 dir 함수를 이용합니다. dir 함수는 특정 자료형이 어떠한 변수와 함수를 갖고 있는지 알려줘 문자열의 특성을 알고 싶다면 dir의 인자로 문자열 자료형을 넣어주면 됩니다. 작성 방법은 다음과 같습니다.

```
dir(데이터)
```

문자열 'Hello'를 dir 함수의 인자로 넣어 코드를 작성해 보겠습니다.

```
dir('Hello')

['__add__', '__class__', '__contains__', '__delattr__', '__dir__', '__doc__',
'__eq__', '__format__', '__ge__', '__getattribute__', '__getitem__', '__
getnewargs__', '__gt__', ..., '__mul__', ...]
```

결괏값은 다음 챕터에서 학습할 리스트의 형태로 출력되었는데 리스트 안에 나열된 많은 문자열 중에 첫 번째로 나오는 __add__는 덧셈 연산자를 사용하는 함수입니다. 파이썬이 문자열 자료형에 __add__ 함수를 사용할 수 있도록 미리 포함했기 때문에 + 연산자 사용이 가능한 것입니다. 문자열 중에는 __mul__도 있는데 이건 * 연산자를 사용하는 함수입니다. 자료형에서 연산자 사용이 가능하다는 것은 그 자료형에 연산자를 사용할 수 있는 기능이 포함되어 있다는 것이고 숫자형에 dir 함수도 적용하면 뺄셈과 나눗셈 관련 함수를 찾을 수 있습니다. 이번에는 dir 함수의 인자로 숫자 1을 추가해 코드로 작성해 보겠습니다.

```
dir(1)

['__abs__', '__add__', '__and__', '__bool__', '__ceil__', '__class__', '__
delattr__', '__dir__', '__divmod__', '__doc__', '__eq__', '__float__', '__floor__',
'__floordiv__', '__format__', '__ge__', '__getattribute__', '__getnewargs__', ...,
'__mul__', ..., '__sub__', ... , '__truediv__', ...]
```

문자열과는 함수와 변수들의 이름이 조금씩 다른데 살펴보면 덧셈과 곱셈 연산을 가능하게 하는 __add__와 __mul__이 포함되어 있고 뺄셈과 나눗셈 연산을 지원하는 __sub__, __truediv__도 찾을 수 있습니다. 이외에도 다양한 기능들이 숫자형에 내장되어 그 기능을 사용할 수 있습니다. 그리고 출력된 함수들을 웹에서 찾아보면 문자열, 숫자형이 단순한 데이터가 아니라 숨겨진 여러 특성이 내장되어 있다는 것을 알 수 있습니다.

문자열은 여러 개의 문자가 나열된 자료형이기 때문에 문자의 구성이 굉장히 중요합니다. 파이썬에서는 문자열처럼 다양한 데이터가 모여 이루어진 자료형에 대해 데이터 구성을 확인할 수 있는 len 함수를 제공합니다. len 함수는 데이터 개수의 길이를 표현하는 'Length'의 앞 글자를 가져와 이름을 붙였으며 len 함수의 인자로 문자열을 넣습니다. 작성 방법은 다음과 같습니다.

```
len(문자열)
```

작성 방법을 확인했다면 'Hello' 문자열 길이를 알아보겠습니다.

```
len('Hello')
5
```

그리고 len 함수는 띄어쓰기(' ')와 줄바꿈('\n'), 탭 공간('\t')을 한 개의 데이터로 취급합니다. len 함수를 사용해 각 문자열의 길이를 확인하는 코드를 작성해 보겠습니다.

```
len(' ')
1
```

```
len('\n')
1
```

```
len('\t')
1
```

실행 결과를 살펴보니 정말 결괏값이 모두 1이 출력됐습니다. 또한, len 함수는 문자가 하나도 없는 빈 문자열 ''의 데이터 개수는 0으로 취급합니다. len 함수를 사용해 길이를 확인하는 코드를 작성해 보겠습니다.

```
len('')       # 큰 따옴표 하나가 아니라 작은 따옴표 둘
0
```

실행 결과를 살펴보니 인자에 띄어쓰기나 줄바꿈, 탭 공간도 없어 0이 출력됐습니다. 문자열에서 물론 길이도 중요하지만 문자가 나열된 순서와 위치를 확인하는 것도 중요합니다. 전체 문자열 안에서 첫 번째 문자를 뽑아 사용하고 싶다면 어떻게 해야 할까요? 혹은 마지막 문자를 뽑아 사용하고 싶다면 어떻게 할까요?

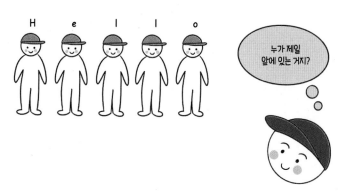

실전에서는 문자열 안의 특정 위치에 있는 문자를 확인해야 하는 경우가 종종 있습니다. 여러 데이터가 순서대로 모인 자료형은 인덱싱(Indexing)을 통해 데이터의 순서를 확인하는데 문자열 다음 대괄호를 입력한 후 괄호 안에 데이터 순서를 숫자형으로 작성합니다(대괄호 안에 작성되는 숫자형을 통칭 '인덱스'라 합니다). 작성 방법은 다음과 같습니다.

문자열[인덱스]

예를 들어 'Hello'라는 문자열에서 첫 번째 문자인 'H'를 출력하기 위해서는 'Hello' 문자열 다음 인덱스 [0]을 추가합니다(인덱싱은 문자열의 중요 데이터에서 진행하는 경우가 많아 먼저 변수로 문자열을 저장한 후 인덱싱합니다).

```
a = 'Hello'
a[0]

'H'
```

일상 생활에서는 첫 번째 순서를 1로 설정하는 경우가 많지만 파이썬을 포함한 대다수의 프로그래밍 언어는 첫 번째를 0으로 시작합니다. 5개의 문자로 구성된 'Hello'의 인덱스는 0부터 4까지로 인덱스로 0을 넣은 자료형의 첫 번째 데이터를 결괏값으로 출력합니다.

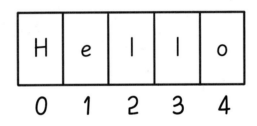

그래서 4보다 큰 숫자를 인덱스로 추가하면 오류가 발생합니다. 'Hello'의 인덱스를 5로 넣어 인덱싱해 보겠습니다.

```
a = 'Hello'
a[5]

IndexError: string index out of range
```

실행 결과를 살펴보니 문자열의 인덱스가 범위 밖을 벗어났다는 IndexError 오류가 발생했습니다. 이 결과로 문자열 길이 이상의 숫자는 인덱싱할 수 없다는 사실을 알게 되었습니다. 그럼 0보다 작은 −1은 가능할까요? 인덱싱 해보겠습니다.

```
a = 'Hello'
a[-1]

'o'
```

실행 결과를 살펴보니 오류 없이 마지막 문자인 'o'가 출력됐습니다. 문자열의 인덱스는 양수라면 정방향, 음수라면 역방향으로 인덱싱합니다. 'Hello' 문자열에 −5를 인덱싱 해보겠습니다.

```
a = 'Hello'
a[-5]

'H'
```

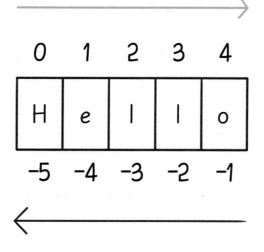

실행 결과를 살펴보니 생각했던 대로 'H' 문자가 출력됐습니다. 이번에는 −5보다 작은 수인 −6으로 인덱싱 해보겠습니다.

```
a = 'Hello'
a[-6]

IndexError: string index out of range
```

실행 결과를 살펴보니 역시나 앞의 결과와 동일하게 인덱스 범위를 벗어났다는 IndexError가 발생했습니다. 이로써 음수도 첫 번째 문자를 가리키는 −5까지만 사용이 가능하다는 걸 알게 되었습니다. 순서를 앞에서부터 설정하는 게 편하다면 양수로, 뒤에서부터 설정하는 게 편하다면 음수로 인덱싱하면 됩니다.

그런데 연속해서 여러 문자를 출력하고 싶다면 어떻게 해야 할까요? 'Hello Python' 문자열에서 'Hello'라는 문자열만 출력해 'Hello World'로 문자열을 바꿔 보겠습니다. 'Hello'는 'Hello Python'의 0부터 4까지의 인덱스에 해당합니다.

```
a = 'Hello Python'    # 원래 문자열
b = a[0]+a[1]+a[2]+a[3]+a[4]+' World'     # 'Hello'와 'World' 문자열을 합침
print(b)

Hello World
```

실행 결과를 살펴보니 결과는 오류 없이 잘 출력됐지만 코드에 + 연산자가 너무 많아 지저분해 보입니다. 이때 슬라이싱(Slicing) 기능을 이용하면 연속으로 위치한 여러 문자를 한 번에 출력해 코드를 깔끔하게 정리할 수 있습니다. 작성 방법은 인덱스와 마찬가지로 대괄호([ ])를 사용합니다. 단, 대괄호 안에 콜론(:)을 이용해 범위를 지정하고 콜론의 앞뒤로 시작 인덱스와 마지막 인덱스를 넣습니다.

> 문자열[시작 인덱스:마지막 인덱스]

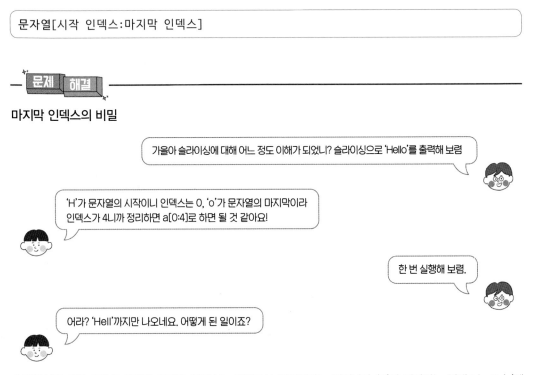

문제 해결

마지막 인덱스의 비밀

가을아 슬라이싱에 대해 어느 정도 이해가 되었니? 슬라이싱으로 'Hello'를 출력해 보렴

'H'가 문자열의 시작이니 인덱스는 0, 'o'가 문자열의 마지막이라 인덱스가 4니까 정리하면 a[0:4]로 하면 될 것 같아요!

한 번 실행해 보렴.

어라? 'Hell'까지만 나오네요. 어떻게 된 일이죠?

슬라이싱의 가장 중요한 특징은 마지막 인덱스는 범위에서 제외된다는 것입니다. 'H'에 해당하는 인덱스는 0, 'o'에 해당하는 인덱스는 4입니다. 범위가 0부터 4까지이기 때문에 시작 인덱스, 마지막 인덱스를 각각 0과 4로 넣으면 어떤 결과가 출력되는지 코드를 작성해 확인해 보겠습니다.

```
a = 'Hello Python'
a[0:4]

'Hell'
```

실행 결과를 살펴보니 인덱스가 4인 'o'는 제외되고 0부터 3까지의 문자열인 'Hell'만 출력됐습니다. 슬라이싱 뿐만 아니라 파이썬에서 범위를 나타낼 때 마지막 숫자가 제외되는 경우가 많습니다. 프로그래밍 언어에서는 실제 숫자 범위를 표시하는 방식과 다르기 때문에 코드 작성 시 유의하며 코드의 결과로 제외된 'o'를 되찾기 위해 마지막 인덱스로 숫자 5를 입력해 줍니다.

슬라이싱의 작성 방법을 확인했다면 슬라이싱을 활용해 코드를 깔끔하게 정리해 보겠습니다.

```
a = 'Hello Python'
print(a[0:5] + ' World')    # 'Hello' + 'World'

Hello World
```

실행 결과를 살펴보니 의도했던 대로 'Hello'가 슬라이싱 됐습니다.

슬라이싱의 원리를 이해했다면 조금 더 간편하게 사용할 수도 있습니다. 먼저, 첫 번째 문자부터 슬라이싱 하는 방법입니다. 이 경우 첫 번째에 해당하는 인덱스인 0을 생략할 수 있으며 작성 방법은 다음과 같습니다.

문자열[: 마지막 인덱스]

만약 'Hello Python'을 슬라이싱하여 'Hello'를 출력하고 싶다면 콜론 뒤에 마지막 인덱스인 5만 넣습니다.

```
a = 'Hello Python'
a[ :5]

'Hello'
```

실행 결과를 살펴보니 원하는 결괏값이 잘 출력됐습니다. 콜론 뒤의 마지막 인덱스 5는 '첫 문자부터 5개의 문자를 출력하겠다'는 의미로 생각하면 좀 더 쉽게 이해할 수 있습니다. 두 번째 마지막 문자까지 슬라이싱할 때 콜론 뒤에 인덱스를 생략할 수 있습니다. 작성 방법은 다음과 같습니다.

문자열[시작 인덱스 :]

'Hello Python'을 슬라이싱하여 'Python'만 출력하고 싶다면 시작 인덱스로 −6을 넣습니다.

```
a = 'Hello Python'
a[-6: ]

'Python'
```

실행 결과를 살펴보니 원하는 결괏값이 잘 출력됐습니다. 콜론 앞의 시작 인덱스 −6은 '마지막 문자부터 6개의 문자를 출력하겠다'는 의미입니다. 그러면 시작 인덱스도 마지막 인덱스도 작성하지 않은 경우도 있을까요? 물론입니다.

```
a = 'Hello Python'
a[ : ]

'Hello Python'
```

위 코드의 실행 결과를 살펴보면 문자열의 모든 문자가 출력된 것을 확인할 수 있습니다. 시작 인덱스와 마지막 인덱스가 공란으로 비어있다는 것은 모든 문자를 선택하겠다는 의미입니다.

6-4 문자열에 종속된 문자열 함수

예제 소스 06-4.ipynb

이제부터 소개할 함수들은 문자열 자료형에서만 사용 가능한 함수들입니다. 다른 자료형의 함수들과 함수 이름이 같을 때도 있지만 전혀 다른 함수입니다. 특정 자료형에 종속된 함수는 자료형 뒤에 마침표와 함수를 추가한 형태로 사용합니다. 작성 방법은 다음과 같습니다.

```
자료형.함수( )
```

문자열 함수는 문자열 데이터를 간편하게 처리할 수 있도록 파이썬에서 제공하는 편의 기능에 가깝습니다. 행맨(HANG MAN) 게임을 예로 들어 문자열에 필요한 기능들을 살펴보겠습니다.

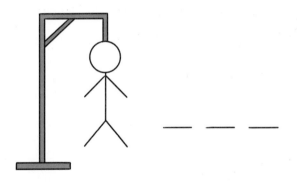

이 게임을 간단하게 요약하면 영어 단어 맞추기 게임으로 문제를 출제하는 사람과 맞히는 사람이 있습니다. 문제 출제자는 영어 단어를 하나 정해서 단어에 포함된 알파벳 개수만큼 빈칸을 만듭니다. 맞히는 사람은 빈칸을 보고 답으로 적합한 단어의 알파벳을 하나씩 제시하며 완성하는 게임입니다. 여기서 문제 출제자가 해야 할 일은 다음과 같습니다.

- 상대방이 제시한 알파벳이 단어에 포함되는지 확인하기
- 제시한 알파벳이 포함된다면 몇 개 있는지 확인하기
- 알파벳이 단어 내에서 몇 번째 순서에 위치하는지 확인하기

만약 단어의 알파벳 개수가 20개 이상이라면 한눈에 단어가 들어오지 않아 게임 진행이 어렵습니다. 그러나 걱정하지 마세요. 프로그래밍에서는 문자열 자료형에 대해 편의를 제공하는 함수를 만들어 놓아 알파벳이 100개, 1000개라도 쉽게 처리할 수 있습니다. 어떤 편의 기능을 사용해야 일을 편하게 끝낼 수 있을지 알아보도록 하겠습니다.

① 특정 문자의 포함 유무 확인하기

먼저 알파벳(문자)이 단어(문자열)에 있는지 확인해 주는 find 함수를 사용합니다. 문자열 뒤에 마침표, 함수 형태로 사용해 함수의 인자로 찾길 원하는 문자열을 넣습니다. 작성 방법은 다음과 같습니다.

문자열.find(찾을 문자열)

작성 방법을 확인했다면 'Hello' 문자열에 'o'의 유무를 확인하는 코드를 작성해 보겠습니다. 먼저 'Hello'를 변수로 저장하고 find 함수의 인자로 'o'를 넣습니다

```
a = 'Hello'
a.find('o')

4
```

find 함수의 결괏값은 찾을 'o'의 인덱스입니다. 다섯 번째 문자이기 때문에 4를 결괏값으로 출력합니다. 만약 코드에 없는 문자열을 찾으면 어떻게 될까요? find 함수의 인자로 'x'를 넣어 실행해 보겠습니다.

```
a = 'Hello'
a.find('x')

-1
```

실행 결과를 살펴보니 코드에 문자열이 없어 결괏값으로 −1을 출력했습니다. −1이 마지막 문자의 인덱스를 의미하긴 하지만 find 함수에서는 문자열을 찾지 못했을 때 출력하는 값으로 약속되어 있습니다. 이제 여러분은 문자열('Hello') 내에 특정 문자('o', 'x')의 유무를 짧은 코드의 실행만으로 확인할 수 있습니다.

② 특정 문자의 개수 확인하기

문자열 안에 특정 문자의 개수를 확인하기 위해서는 count 함수를 사용합니다. 문자열 뒤에 마침표, 함수 형태로 사용해 함수의 인자로는 개수 확인이 필요한 문자열을 넣습니다. 작성 방법은 다음과 같습니다.

```
문자열.count(개수 확인할 문자열)
```

작성 방법을 확인했다면 'Hello'에서 'l'의 개수를 세어 보도록 하겠습니다. 'Hello'를 변수로 저장하고 count 함수의 인자로 'l'을 입력합니다.

```
a = 'Hello'
a.count('l')
2
```

실행 결과를 살펴보니 'l'이 2개 있기 때문에 결괏값으로 2가 출력됐습니다. 문자열을 찾을 수 없다면 결괏값은 어떻게 될까요? 'x'를 count 함수의 인자로 넣어 실행해 보겠습니다.

```
a = 'Hello'
a.count('x')
0
```

실행 결과를 살펴보니 0개이기 때문에 결괏값으로 0이 출력됐습니다.

③ 특정 문자의 위치 확인하기

특정 문자의 위치는 find 함수로도 확인이 가능하지만 index 함수로도 알 수 있습니다. 다른 함수와 비슷하게 문자열 뒤에 마침표, 함수 형태로 사용해 함수의 인자로 위치 확인을 원하는 문자열을 넣습니다. 작성 방법은 다음과 같습니다.

```
문자열.index(위치를 확인할 문자열)
```

find 함수와 index 함수의 기능은 비슷하지만 실행 결과는 조금 다릅니다. 찾으려는 문자가 문자열 안에 있다면 find 함수와 똑같이 인덱스를 결과로 출력할 겁니다. 작성 방법을 확인했다면 'Hello'에서 'H'의 위치를 확인하기 위해 index 함수의 인자로 'H'를 입력합니다.

```
a = 'Hello'
a.index('H')
0
```

실행 결과를 살펴보니 find 함수처럼 위치(인덱스)를 결괏값으로 출력했습니다.

그러면 문자열 안에 없는 문자의 위치를 묻는다면 어떻게 될까요? index 함수의 인자로 'x'를 추가해 실행해 보겠습니다.

```
a = 'Hello'
a.index('x')
ValueError: substring not found
```

실행 결과를 살펴보니 문자열을 찾을 수 없다는 ValueError가 발생했습니다. find 함수가 문자열 데이터의 유무를 확인하는 것이 주 역할이라면 index 함수는 이미 문자열이 있다고 가정한 상태에서 코드를 작성하는 함수이기에 이런 차이가 발생한 겁니다. 그래서 index 함수는 오류를 피하기 위해 반드시 문자열이 존재할 때만 사용해야 합니다.

문제 해결

여러 문자의 위치를 알고 싶다면?

> 아빠, 'Hello'에서 find, index 함수를 사용해서 'l'의 위치를 찾으면 2만 나와요. 2랑 3이 나와야 하는 것 아닌가요?

> 함수가 가진 단점을 가을이가 잘 찾아냈구나. 안타깝게도 이 함수들은 가장 먼저 나오는 문자의 인덱스만 출력하기로 약속되어 있어.

find, index 함수는 문자열 내에 찾고자 하는 문자열이 여러 개 있을 때는 순서상 가장 앞에 있는 문자열의 위치만 반환합니다. 'Hello' 문자열에 find, index 함수를 쓰고 인자로 'l'을 넣어 코드를 작성해 보겠습니다.

```
a = 'Hello'
a.find('l')

2
```

```
a.index('l')


2
```

안타깝게도 'l'의 모든 위치를 알려주는 간편한 함수는 존재하지 않습니다. 그러한 기능을 만들기 위해서는 반복문을 활용해야 합니다. 반복문은 [챕터 5]에서 자세히 학습할 예정이니 참고해 주세요.

행맨 게임을 쉽게 풀어가기 위한 세 가지 기능(함수) 외 유용한 함수들을 마저 소개해드리겠습니다.

④ 특정 문자 찾아 바꾸기

앞에서 다룬 함수 외에도 알아두면 좋은 함수가 몇 가지 더 있습니다. replace 함수는 문서 편집 프로그램에서 '찾아 바꾸기' 기능을 구현해 주는 함수입니다. 이 함수를 사용하면 특정 단어를 원하는 단어로 한 번에 교체하거나 특정 문자열이 제거되도록 할 수 있습니다. replace 함수는 괄호 안에 찾을 문자열, 바꿀 문자열을 차례로 넣습니다. 작성 방법은 다음과 같습니다.

```
문자열.replace(찾을 문자열, 바꿀 문자열)
```

작성 방법을 확인했다면 'Hello'에서 대문자인 'H'를 소문자 'h'로 변경하겠습니다. replace 함수의 인자로 'H'와 'h'를 넣어 코드로 작성합니다.

```
a = 'Hello'
a.replace('H', 'h')    # 'H'를 'h'로 바꿈

'hello'
```

실행 결과를 살펴보니 원하는 대로 결괏값이 잘 출력됐습니다. replace 함수는 찾을 수 없는 문자열을 찾아 바꿔 달라고 하면 오류 대신 원래 문자열을 그대로 결괏값으로 출력합니다.

```
a = 'Hello'
a.replace('x', 'h')

'Hello'
```

실행 결과를 살펴보니 코드에 작성한 값이 그대로 출력된 걸 확인할 수 있습니다. replace 함수를 사용할 때 특히나 초보자들은 실수할 확률이 높아 코드 작성 시 유의해야 합니다. 이어서 replace 함수로 'Hello'를 'hello'로 만든 다음 변수에 저장된 문자열을 출력해 보겠습니다.

```
a = 'Hello'
a.replace('H', 'h')
print(a)

Hello
```

실행 결과를 살펴보니 분명히 'hello'로 바뀌었는데 다시 'Hello'가 출력됐습니다. 그 이유는 replace 함수로 바뀐 문자열은 임시로 생성된 데이터이기 때문입니다. 쉽게 얘기해서 이전에 저장되어 있던 문서를 편집 프로그램으로 실컷 수정했는데 저장을 하지 않고 꺼버린 것과 마찬가지입니다. 다시 그 문서를 열면 수정 사항이 반영되어 있지 않습니다. replace 함수를 사용해 생성된 데이터(문자열)는 임시 데이터이기 때문에 반드시 변수에 저장해 줘야 합니다. replace 함수의 결괏값을 다시 변수 a에 저장하는 과정을 추가하여 실행해 보겠습니다.

```
a = 'Hello'
a = a.replace('H', 'h')
print(a)

hello
```

실행 결과를 살펴보니 수정이 반영된 데이터가 출력된 것을 확인할 수 있습니다. 물론 어떤 함수들은 실행했을 때 수정과 동시에 데이터를 변수에 자동으로 업데이트하기도 하지만 replace 함수는 그렇지 않습니다.

⑤ 특정 문자열 분리하기

split 함수는 특정 문자열을 기준으로 문자열을 분리하는 함수입니다. 예를 들면 'Hello Python' 문자열을 띄어쓰기(' ') 기준으로 나누어 'Hello'와 'Python'으로 분리할 수 있습니다. split 함수의 결괏값은 여러 개의 문자열이기 때문에 이들을 묶어 새로운 자료형으로 출력합니다. [챕터 3]에서 학습할 이 자료형을 리스트(list) 자료형이라고 하는데 문자열뿐만 아니라 여러 자료형을 한 번에 모아 놓은 자료형입니다. split 함수는 나누고 싶은 기준 문자열을 함수의 인자로 넣습니다. 작성 방법은 다음과 같습니다.

```
문자열.split(기준 문자열)
```

작성 방법을 확인했다면 'Hello Python' 문자열을 띄어쓰기를 기준으로 나누기 위해 split 함수의 인자로 ' '를 넣어 코드를 작성해 보겠습니다.

```
a = 'Hello Python'
a.split(' ')

['Hello', 'Python']
```

실행 결과를 살펴보니 띄어쓰기를 기준으로 양쪽에 있는 문자열 'Hello'와 'Python'을 대괄호로 묶은 리스트의 형태가 출력됐습니다. split 함수는 문자열 함수 중에서도 활용도가 매우 높은 함수입니다. 일상 속에서 데이터를 처리해야 하는 경우 원시 데이터(Raw Data)가 다음과 같은 형식인 경우가 많습니다.

```
사람, 점수
영희, 30
철수, 90
```

외부 파일에서 데이터를 받아오면 보통 하나의 문자열로 되어 있습니다. 위의 데이터를 문자열 코드로 작성하면 다음과 같습니다.

```
'사람, 점수₩n영희, 30₩n철수, 90'
```

데이터를 용도에 맞게 잘 가공할 수 있어야 훌륭한 프로그래머가 될 수 있습니다. 보통 이런 경우에는 여러 번에 걸쳐 데이터를 나누는데 1차는 줄 바꿈 기준으로 데이터를 나눕니다. split 함수의 인자로 '₩n'을 추가해 주세요.

```
a = '사람, 점수₩n영희, 30₩n철수,90'
a.split('₩n')
```
```
['사람, 점수', '영희, 30', '철수, 90']
```

split 함수의 결괏값이 '사람 이름, 점수' 형태이기 때문에 2차로 '사람 이름', '점수'로 분리해서 데이터를 정리해야 하지만 아직 리스트를 다루는 방법을 배우지 않았기 때문에 여기까지 하고 리스트 자료형에 대해 배운 뒤에 데이터를 정리해 보겠습니다.

⑥ 문자열에 변수 삽입하기

format 함수는 문자열의 함수 중 가장 중요한 함수입니다. 이 함수는 문자열 안에 변수(안에 저장된 데이터)를 넣고 싶을 때 사용합니다. 변수를 학습할 때 예제로 현재 시각을 표시하는 코드를 만들었습니다.

```
hour = 8
min = 3
print('현재 시각은', hour, '시', min, '분입니다.')
```

변하지 않는 내용을 문자열로, 변하는 내용을 숫자형 변수로 작성한 후 그것들을 하나씩 나열해 print 함수로 출력했습니다. 하지만 코딩에 익숙하지 않은 초보자라면 다음과 같은 코드를 작성했을지도 모릅니다. 문자열 안에 변수인 hour와 min을 그대로 추가한 코드입니다.

```
print('현재 시각은 hour시 min분입니다.')
```
```
현재 시각은 hour시 min분입니다.
```

실행 결과에서도 확인할 수 있듯이 문자열 내에 별도의 조치 없이 변수의 이름을 추가하면 변수로 인식되지 않고 문자열로 인식됩니다. hour와 'hour'의 차이라고 볼 수 있습니다. hour가 단순한 문자열이 아니라 변수라는 것을 컴퓨터에게 인식시키려면 특별한 조치를 해야하고 그 역할을 바로 format 함수가 담당하고 있습니다. format 함수도 다른 문자열 함수와 마찬가지로 문자열 뒤에 마침표, 함수 형태로 사용합니다. 다만 문자열 내에 변수가 들어가는 자리에 중괄호를 추가해야 하며 작성 방법은 다음과 같습니다.

중괄호가 들어간 문자열.format(변수1, 변수2)

작성 방법을 확인했다면 다음과 같이 세 개의 문자열 사이에 두 개의 변수가 들어가는 문자열을 출력하고자 합니다.

문자열1<변수1>문자열2<변수2>문자열3

먼저 문자열 내의 변수가 들어갈 위치에 빈 중괄호를 2개를 추가합니다.

문자열1{}문자열2{}문자열3

이어서 format 함수의 인자로 순서에 맞게 변수를 추가합니다.

문자열1{}문자열2{}문자열3.format(변수1, 변수2)

코드 원리를 이해했다면 다시 현재 시각을 출력하는 코드로 되돌아가 보겠습니다. 현재 시와 분에 해당하는 변수가 들어갈 위치에 중괄호를 추가하고 코드를 작성해 보겠습니다.

```
print('현재 시각은 {}시 {}분입니다.')
현재 시각은 {}시 {}분입니다.
```

실행 결과를 살펴보니 format 함수가 없는 경우 중괄호도 평범한 문자열로 인식되어 결괏값으로 출력됐습니다. 코드에 작성된 중괄호가 평범한 기호가 아니라는 것을 알려주기 위해 문자열 뒤에 마침표와 format 함수를 사용해 중괄호 자리에 들어갈 변수를 인자로 넣습니다.

```
hour = 8
min = 3
print('현재 시각은 {}시 {}분입니다.'.format(hour, min))
```
현재 시각은 8시 3분입니다

실행 결과를 살펴보니 결괏값이 잘 출력됐습니다. format 함수로 간편하게 변수를 문자열에 집어넣을 수 있게 되었지만 이보다 더 간편한 방법이 있습니다. 먼저 마침표와 format 함수를 삭제하고 대신 문자열 앞에 f를 추가합니다.

```
f'현재 시각은 {}시 {}분입니다.'
```

다음 중괄호 안에 변수를 넣습니다.

```
f'현재 시각은 {hour}시 {min}분입니다.'
```

코드 원리를 이해했다면 이 문사열을 print 함수를 사용해 코드를 작성해 보겠습니다.

```
hour = 8
min = 3
print(f'현재 시각은 {hour}시 {min}분입니다.')
```
현재 시각은 8시 3분입니다.

실행 결과를 살펴보니 format 함수를 사용한 것과 똑같은 효과를 확인할 수 있습니다. 문자열 앞에 f를 붙이는 걸 f-string이라고 부르는데 파이썬 3.6버전 이상에서만 지원하고 있습니다. colab 환경에서는 이보다 높은 버전의 파이썬을 사용하고 있기 때문에 f-string을 사용할 수 있습니다.

format 함수나 f-string처럼 문자열 내에 데이터를 추가하는 것을 포매팅이라고 합니다. 다른 프로그래밍 언어에서는 비교적 자료형에 엄격한 편이기 때문에 문자열 안에 추가하고 싶은 변수의 자료형에 따라 코드가 달라지고 파이썬에서는 format 함수로 자료형에 관계없이 유연하게 코드를 작성할 수 있어 format 함수나 f-string을 사용하는 것을 추천합니다.

반대로 자료형에 따라 달라지는 포매팅 방법도 소개해 보겠습니다. 다음 문장을 출력하고자 합니다.

나는 오늘 3개의 사과를 1.5초 만에 먹었다.

상황에 따라 문장의 내용이 조금씩 달라진다면 문자열에 포매팅을 해야 합니다. 포매팅하고자 하는 내용은 다음과 같습니다.

- 주어인 '나'를 '너'와 같은 특정 인물로 바꿀 수 있습니다.
- 사과의 개수 3을 다른 숫자(정수)로 바꿀 수 있습니다.
- 시간에 해당하는 1.5를 다른 숫자(실수)로 바꿀 수 있습니다.

앞에서 작성한 코드를 참고하여 작성하면 format 함수에서는 변수가 들어갈 자리에 자료형과 관계없이 중괄호를 추가해 표시했습니다.

```
who = '나'
num = 3
sec = 1.5
print('{}는 오늘 {}개의 사과를 {}초 만에 먹었다.'.format(who, num, sec))
```
나는 오늘 3개의 사과를 1.5초 만에 먹었다.

그리고 f-string을 이용한 표시 방법은 조금 더 간편합니다.

```
who = '나'
num = 3
sec = 1.5
print(f'{who}는 오늘 {num}개의 사과를 {sec}초 만에 먹었다.')
```
나는 오늘 3개의 사과를 1.5초 만에 먹었다.

이와 다르게 자료형을 지정해서 변수를 포매팅하기 위해서는 중괄호 대신 다음과 같이 적습니다.

- 문자열 : %s
- 정수 : %d
- 실수 : %f

이것을 서식 지정자라고 하는데 %알파벳 형태입니다. 현재 시각을 출력하는 코드에 중괄호 대신 서식 지정자를 추가해 코드를 작성해 보겠습니다.

```
print('%s는 오늘 %d개의 사과를 %f초 만에 먹었다.')
%s는 오늘 %d개의 사과를 %f초 만에 먹었다.
```

실행 결과를 살펴보니 별도의 조치가 없었기 때문에 %와 알파벳이 문자 그대로 출력됐습니다. 포매팅을 목적으로 서식 지정자를 사용했다는 것을 컴퓨터에게 인식시켜야 합니다. 문자열 뒤에 %변수를 입력합니다. 작성 방법을 다음과 같습니다.

서식 지정자가 포함된 문자열 % 변수

만약 변수가 여러 개라면 변수들을 괄호로 모두 묶어줍니다.

서식 지정자가 포함된 문자열 % (변수1, 변수2, 변수3)

문자열 뒤에 %와 변수를 포함하여 포매팅 양식을 지킨 문자열을 print 함수로 출력합니다.

```
who = '나'
num = 3
sec = 1.5
print('%s는 오늘 %d개의 사과를 %f초 만에 먹었다.' % (who, num, sec))
나는 오늘 3개의 사과를 1.500000초 만에 먹었다.
```

실행 결과를 살펴보니 실수의 경우 의도했던 것보다 많은 소수점 자릿수가 표시됐습니다. format 함수나 f-string을 사용했을 때는 볼 수 없는 결과입니다.

```
print(f'{who}는 오늘 {num}개의 사과를 {sec}초 만에 먹었다.')
```
나는 오늘 3개의 사과를 1.5초 만에 먹었다.

%f는 기본 옵션으로 소수점 아래 여섯 자리까지 표시하도록 약속되어 있습니다. 별도의 조치를 취해야 표시되는 소수점 자릿수를 조정합니다. %와 f 사이에 .1을 넣어 %.1f로 변경하면 소수점 첫째 자리까지만 표시됩니다.

```
print('%s는 오늘 %d개의 사과를 %.1f초 만에 먹었다.' % (who, num, sec))
```
나는 오늘 3개의 사과를 1.5초 만에 먹었다.

실행 결과를 살펴보니 결괏값이 잘 출력됐습니다. 이렇게 서식 지정자로 format 함수나 f-string을 사용하지 않고도 포매팅을 할 수 있습니다. 이 방식은 상대적으로 기억해야 할 규칙이 많습니다. 그래서 문자열 포매팅을 할 때 적극 추천하지 않습니다. 다만 인터넷에서 찾은 참고해야 할 코드에 지정 서식자가 포함되어 있는 경우에 내용을 알고 있는 것이 도움이 되기 때문에 이런 것이 있다 정도만 알고 넘어가도 좋습니다.

 **핵심정리**

05 데이터를 담는 그릇, 변수

❶ 변수는 데이터를 저장하는 공간입니다. 변수를 데이터에 담아 처리하는 것은 프로그래밍에서의 약속입니다.

❷ (변수 = 데이터) 형태로 데이터를 변수에 저장합니다. =(등호)는 할당 연산자로 우변의 데이터를 좌변의 변수에 저장(할당) 하는 연산자입니다.

❸ 프로그래밍에서 변수를 사용하는 이유는 여러 가지가 있습니다.

· 새로 생성된 데이터가 사라지는 것을 막기 위해서 사용합니다.

· 상황에 따라 변하는 값을 표현하기 위해서 사용합니다.

· 관계가 있는 여러 데이터를 연동해 한 번에 데이터를 업데이트하기 위해서 사용합니다.

06 데이터의 종류, 자료형

❶ 자료형은 데이터의 형식이자 종류입니다. 본문에서는 숫자의 특성을 갖고 있는 숫자형과 문자가 여러 개 나열되어 있는 문자열에 대해 배웠습니다. 데이터의 자료형을 확인하기 위해서 type 함수를 사용합니다.

❷ 숫자형은 정수와 실수 자료형으로 나뉩니다. 이 둘은 소수점 여부에 따라 구분됩니다. 사칙 연산, 크기 비교, 반올림과 같은 숫자의 특성이 숫자형에 반영되어 있습니다.

· 산술 연산자 +, −, *, /, //, %, **를 이용해서 숫자형끼리 사칙 연산을 포함한 여러 연산을 할 수 있습니다.

· round 함수로 반올림합니다. 이때 실수 자료형이 정수 자료형으로 변환됩니다. 이 밖에 int 함수는 실수를 정수로, float 함수는 정수를 실수로 변환합니다.

❸ 문자열은 문자 여러 개가 합쳐져 있는 자료형입니다. 어떤 문자가 조합되어 있는지, 총 몇 개의 문자가 문자열 안에 있는지, 문자가 어떤 순서로 나열되어 있는지가 중요합니다. 문자열 데이터를 처리하고 분석하기 위해 주어진 여러 편의 기능들이 있습니다.

· 문자열은 양 끝에 작은따옴표나 큰따옴표를 붙여 표시하도록 약속되어 있습니다.

· 줄바꿈을 문자열 안에 넣고 싶다면 이스케이프 코드 '₩n'를 사용합니다.

· str 함수를 이용해서 숫자형을 문자열로 변환할 수 있습니다.

· 문자열도 산술 연산자를 사용할 수 있습니다. 문자열을 합치기 위해서 + 연산자를, 문자열을 여러 번 합치기 위해서 * 연산자를 사용합니다.

· 문자열의 길이(문자의 개수)를 확인하기 위해서 len 함수를 사용합니다.

- 문자열 안에 나열되어 있는 문자의 위치는 인덱스(숫자)로 나타냅니다. 특정 위치에 있는 문자를 뽑는 것을 인덱싱이라 하며 연속된 여러 문자를 뽑는 것을 슬라이싱이라고 합니다.

- find 함수는 문자열 안에서 특정 문자를 찾기 위해 사용합니다. 문자가 있다면 인덱스를, 없다면 −1을 결과 값으로 내보냅니다.

- count 함수는 문자열 안에 특정 문자가 몇 개 있는지 확인할 때 사용합니다. 문자의 개수를 결괏값으로 내보 냅니다.

- index 함수는 find 함수와 거의 동일합니다. 하지만 없는 문자를 찾으려고 하면 오류가 발생합니다.

- replace 함수는 문자열 안에 있는 특정 문자를 찾아 다른 문자로 바꿀 때 사용합니다. 바뀐 문자열을 결괏값으로 내보냅니다.

- split 함수는 문자열 안에 있는 특정 문자를 기준으로 데이터를 쪼갤 때 사용합니다. 쪼개진 여러 데이터를 리스트로 묶어 결괏값으로 내보 냅니다.

- format 함수는 문자열 안에 변수를 집어넣어 결괏값으로 내보 냅니다. format 함수가 사용된 코드를 조금 더 간편하게 하기 위해 f-string 형태로 바꿀 수 있습니다.

팩트체크

Q. 파이썬에서 코드를 작성할 때 띄어쓰기를 반드시 해줘야 하나요?

A. 띄어쓰기가 반드시 들어가야 하는 경우도 있고 그렇지 않은 경우도 있습니다. 데이터(변수), 연산자(알파벳으로 이루어진), 예약어(for, if 등)는 서로 붙여 쓰게 되면 컴퓨터가 다른 이름으로 인식합니다.

1) a in ABC : ABC(변수) 안에 a(변수)가 있으면 True, 없으면 False를 반환
2) ainABC : ainABC(변수)를 지칭

하지만 이미 띄어쓰기나 쉼표를 통해 데이터, 연산자, 예약어가 구분되어 있다면 띄어쓰기를 여러 번 해도 상관 없습니다.

1) a=1 : a(변수),=(연산자),1(데이터)로 이미 구분되어 있으므로 띄어쓰기가 가능합니다.
→ a = 1

2) for i in range(3) : for(예약어), i(변수), in(알파벳 연산자), range(3)(데이터)가 이미 띄어쓰기로 구분되어 있어 추가로 띄어쓰기가 가능합니다.
→ for   i   in   range(3)

Q. 변수에 데이터를 저장할 때 꼭 변수 = 데이터 형태로 코드를 작성해야 하나요?

A: 네, 반드시 순서를 지켜야 합니다. 데이터 = 변수 형태로 코드를 작성하게 되면 오류가 발생합니다. 우변에 있는 데이터를 좌변의 변수에 저장하는 코드라는 것을 기억해 주세요.

Q. 변수 이름으로 print, input 같은 함수 이름을 쓸 수 있나요?

A. 사용할 수 있습니다. 처음에 print, input은 함수의 이름으로 지정되어 있지만 다른 데이터를 저장하게 되면 이 함수들은 사라지게 됩니다. print 변수에 1을 저장하고 print 함수를 사용해 보면 오류 문구를 확인할 수 있습니다. 이처럼 이미 존재하고 있는 함수 이름을 실수로 변수이름으로 사용하면 그 함수를 사용할 수 없기 때문에 이런 변수 이름은 피하는 것이 좋습니다.

Q. 문자가 여러 개 있어야만 문자열이 될 수 있나요?

A. 문자가 한 개여도 문자열입니다. 문자가 아예 없는 ''도 문자열에 해당합니다. type 함수를 이용해서 확인할 수 있습니다. 이 책에서는 문자열 중 길이(개수)가 1인 경우 '문자'로 부르고 있습니다. 엄밀하게는 문자열로 표현하는 것이 맞으나 이해하기 쉽게 설명하기 위해 '문자'라는 표현을 차용하고 있다는 점 참고바랍니다.

Q. 문자열에 종속된 함수(자료형.함수())와 라이브러리 함수(라이브러리.함수())의 형태가 비슷한데 같은 건가요?

A. 다른 종류의 함수입니다. 문자열에 종속된 함수의 경우 외부 파일로부터의 도움 없이 바로 쓸 수 있는 반면, 라이브러리 함수는 외부 파일과 작성 중인 코드와 연결(import)이 필요합니다. 물론 마침표를 사용했기 때문에 자료형 또는 라이브러리 속에 정의되어 있는 함수라는 것은 공통점이라 할 수 있습니다.

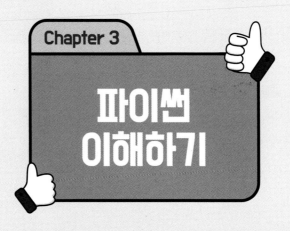

Chapter 3

파이썬
이해하기

> 숫자형과 문자열만으로는 코딩의 필요성을 잘 모르겠어요. 덧셈과 뺄셈은 계산기로 하면 되고 문자열 수정은 워드 프로세서 프로그램으로 가능한 거 같아서요.

아들

> 그래. 무언가를 학습한 후 활용 방법에 대해 생각해 보는 건 아주 좋은 접근 방식이야. 아마도 그 의문점은 리스트, 튜플, 딕셔너리 자료형까지 배우게 되면 모두 풀릴 거야.

아빠

> 자료형이 더 있었군요. 그것들을 배우면 코딩이 왜 필요한지 알 수 있다는 거죠?

아들

> 그럼. 이 자료형들은 다양한 데이터가 담긴 자료형으로 여러 데이터를 반복 작업하는데 많이 쓰이지

아빠

 Keyword   #리스트 #인덱스 #튜플 #딕셔너리 #키 #밸류

무엇이든 담는 장바구니, 리스트

파이썬에서 데이터들을 한 군데에 모아 관리할 때
'리스트(List)'를 사용합니다. 이번 장에서는 리스트를 만드는 방식과
리스트 안의 데이터를 어떻게 처리하는지 살펴보겠습니다.

7-1 리스트의 요소

예제 소스 07-1.ipynb

장바구니에 구매할 물건을 담는 것처럼 리스트에는 데이터를 담습니다. 여러 군데 흩어진 비슷한 계열의 데이터를 모아 관리할 때 주로 활용하며 대괄호 안에 각각의 데이터를 쉼표로 구분합니다. 작성 방법은 다음과 같습니다.

[데이터1, 데이터2, 데이터3]

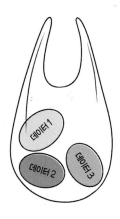

작성 방법을 확인했다면 과일 장바구니의 리스트를 작성해 보겠습니다.

```
fruit = ['딸기', '사과', '메론', '바나나']
print(fruit)
```
```
['딸기', '사과', '메론', '바나나']
```

실행 결과를 살펴보니 대괄호 안에 과일 데이터끼리 잘 모여 있는 걸 확인할 수 있습니다. 파이썬에서는 리스트의 데이터를 요소(Element)라 부릅니다. 문자열뿐만 아니라 숫자형도 모두 요소가 될 수 있습니다. 이어서 1에서 5까지의 수로 구성된 리스트를 작성해 보겠습니다.

```
num = [1, 2, 3, 4, 5]
print(num)
```
```
[1, 2, 3, 4, 5]
```

실행 결과를 살펴보니 대활호 안에 숫자 요소가 잘 모여 있는 걸 확인할 수 있습니다. 그리고 리스트도 리스트의 요소가 될 수 있는데 이어서 리스트가 요소로 된 리스트를 작성해 보겠습니다.

```
a = [1, 2, 3]      # 1, 2, 3을 요소로 하는 리스트 a 생성
b = [1, 2, 3, 4, 5, a]      # b의 마지막 요소를 a로 지정
print(b)
```
```
[1, 2, 3, 4, 5, [1, 2, 3]]
```

실행 결과를 살펴보니 리스트가 요소로 포함된 리스트가 출력됐습니다. 각 코드를 작성하며 살펴봤듯이 다양한 자료형이 모두 리스트의 요소가 될 수 있어 효율적인 데이터 관리가 가능합니다. 예를 들어 학교 출석부를 살펴보겠습니다. A반에 '철수', '영희', '민호', '민지' 네 명의 학생 이름(데이터)을 문자열로 변수에 저장하는 코드를 작성합니다.

```
name_1 = '철수'
name_2 = '영희'
name_3 = '민호'
name_4 = '민지'
```

7-2 del 키워드

예제 소스 07-2.ipynb

학생 수가 적을 때는 변수의 이름을 'name_숫자' 형태로 간편하게 표현할 수 있지만 만약 '민호'가 전학을 가고 새로운 학생 '형철'이 오면 어떻게 해야 할까요? 코드의 name_3 변수를 삭제하고 name_5 변수를 만들어 이름을 다시 저장해야 합니다. 변수 삭제는 del 키워드를 사용하며 작성 방법은 다음과 같습니다.

```
del 변수
```

작성 방법을 확인했으면 name_3 변수를 삭제하고 name_5에 친구의 이름을 저장하는 코드를 작성해 보겠습니다.

```
del name_3
name_5 = '형철'
```

이전까지는 name 다음에 붙은 숫자로 전체 학생의 수를 가늠할 수 있었는데 데이터가 많아진다면 삭제된 변수와 추가된 변수를 모두 기억하기 어려워 다량의 데이터를 관리할 때 변수의 사용은 적합하지 않습니다. 그래서 우리는 name이라는 이름의 리스트를 작성해 학생의 이름을 요소로 넣어 저장해 보겠습니다.

```
name = ['철수', '영희', '민호', '민지']
```

작성된 코드를 살펴보니 변수보다 깔끔하게 코드가 작성된 걸 확인할 수 있습니다. 쇼핑할 때 장바구니에 물건을 담는 것도 중요하지만 필요할 땐 꺼낼 줄도 알아야 합니다. 문자열 자료형에서 학습한 인덱싱(Indexing)을 리스트 자료형에 적용해 두 번째 요소의 '영희' 이름을 출력하는 코드를 작성해 보겠습니다.

```
name = ['철수', '영희', '민호', '민지']
name[1]

'영희'
```

실행 결과를 살펴보니 인덱스를 1로 설정해 결괏값으로 '영희'가 출력된 것을 확인할 수 있습니다. 앞 챕터에서 리스트의 인덱싱으로 특정 요소를 선택할 수 있었는데 그렇다면 연속하는 요소들도 한꺼번에 선택할 수 있을까요? 가능합니다. 문자열에서처럼 슬라이싱(Slicing) 기능을 활용하면 됩니다. 다음 예제를 통해 슬라이싱에 가까이 접근해 보겠습니다.

최단 거리 이동하기

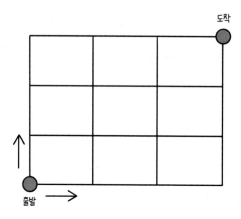

그림의 출발 지점에서 도착 지점까지 가는 최단 경로를 찾으려고 합니다. 시원하게 가로질러 이동하면 좋겠지만 반드시 선을 따라 움직여야 한다는 규칙이 있습니다. 가장 먼저 임의의 방향으로 한 칸씩 이동하는 로직을 만들었는데 정해진 방향 없이 움직이다 보니 생각보다 긴 경로로 도착하게 됐습니다. 도착 경로를 리스트 형태로 path 변수에 저장하고 방향은 문자열로 작성해 순서대로 리스트에 추가합니다.

```
path = ['up', 'right', 'right', 'right', 'down', 'left', 'right', 'up', 'up', 'up']
```

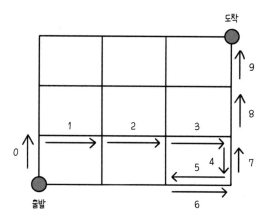

최단 경로라면 총 6번(가로 3번, 세로 3번)만 이동하면 되는데 10번의 이동 끝에 겨우 도착했습니다. 리스트를 최단 경로로 만들기 위해 path 안에 필요 없는 요소(이동)를 찾아서 삭제합니다.

```
# 삭제해야 하는 요소
path = ['up', 'right', 'right', 'right', 'down', 'left', 'right', 'up', 'up', 'up']
```

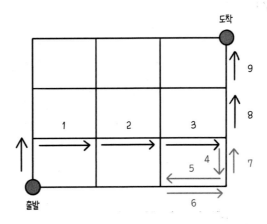

del 키워드를 이용해 요소를 하나씩 삭제하거나 반대로 필요한 요소만 선택(인덱싱)하면 되지만 이 경우 연속으로 위치한 여러 요소를 한 번에 선택해야 하기에 슬라이싱을 사용하는 것이 가장 좋습니다.

먼저 필요 없는 구간을 기준으로 정해 삭제할 요소의 앞과 뒤를 슬라이싱하여 변수(path_1, path_2)에 저장하는 코드를 작성합니다.

```
path_1 = path[:4]  # 처음부터 3까지 필요요하므로 마지막 인덱스를 4로 지정
path_2 = path[-2:]  # -2부터 끝까지 필요하므로 시작 인덱스를 -2로 지정
```

다음 두 리스트(path_1, path_2)를 덧셈 연산으로 합해 최단 거리 경로 리스트(path_new)를 새로 만듭니다(리스트의 덧셈 연산 결과는 두 리스트의 요소를 모두 합하는 것입니다. 7-3에서 좀 더 자세히 다룰 예정입니다).

```python
path_new = path_1 + path_2    # path_1과 path_2를 덧셈 연산
print(path_new)
```

```
['up', 'right', 'right', 'right', 'up', 'up']
```

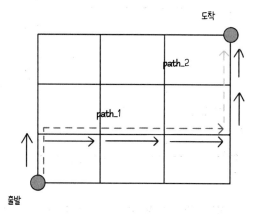

실행 결과를 살펴보니 최단 거리 경로 리스트가 잘 출력됐습니다. 이처럼 리스트에 연속으로 위치한 여러 요소들을 선택해야 할 때 슬라이싱을 활용하면 간편하게 데이터를 처리할 수 있습니다.

7-3 리스트의 연산

예제 소스 07-3.ipynb

문자열과 마찬가지로 리스트에서도 덧셈 연산을 할 수 있습니다. 문자열과 리스트의 덧셈이 어떤 차이를 보이는지 확인해 보겠습니다.

먼저 + 연산자를 사용해 'L', 'I', 'S', 'T'의 각 문자를 하나의 문자열로 합하는 코드를 작성해 보겠습니다.

```
'L'+'I'+'S'+'T'

'LIST'
```

실행 결과를 살펴보니 생각했던 대로 결괏값이 잘 출력됐습니다. 이번에는 + 연산자를 이용해 리스트 끼리 더해보도록 하겠습니다. 코드의 작성 방법은 다음과 같습니다.

```
데이터1+데이터2+데이터3+데이터4
```

작성 방법을 확인했다면 [L], [I], [S], [T]를 모두 합하여 하나의 리스트로 만드는 코드를 작성해 보겠습니다.

```
['L']+['I']+['S']+['T']

['L', 'I', 'S', 'T']
```

실행 결과를 살펴보니 각 리스트에 있던 요소가 하나의 리스트 안에 모이는 것을 확인할 수 있습니다. 리스트는 문자열처럼 덧셈 연산뿐만 아니라 곱셈 연산도 가능합니다. 코드의 작성 방법은 다음과 같습니다.

```
[데이터] * 숫자형
```

'Hello' 문자열에 2를 곱하면 결괏값이 'HelloHello'가 되었는데 [Hello] 리스트에 2를 곱하면 어떤 값이 출력될까요? 코드를 작성해 보겠습니다.

'Hello' * 2	['Hello'] * 2
'HelloHello'	['Hello', 'Hello']

실행 결과를 살펴보니 똑같은 요소가 2개인 리스트가 결괏값으로 출력됐습니다. 보면 볼수록 문자열과 리스트는 서로 닮은 구석이 꽤 많아 보입니다.

7-4 len 함수

예제 소스 07-4.ipynb

전체 학생 수를 파악하기 위해 앞 챕터에서는 변수의 개수를 일일이 확인해야 했지만, 이제는 리스트 요소의 개수를 확인하면 됩니다. 리스트 요소의 개수 확인은 문자열에서처럼 len 함수를 사용합니다. 리스트로 작성한 학생의 수를 출력하는 코드를 작성해 보겠습니다.

```
name = ['철수', '영희', '민호', '민지']
len(name)
```
```
4
```

실행 결과를 살펴보니 리스트에 작성된 학생의 수가 빠르게 출력됐습니다.

── 문제 해결 ──

복잡한 리스트의 길이

아빠, 아까 만들었던 [1, 2, 3, 4, 5, [1, 2, 3]] 리스트의 길이를 확인해 보니까 6으로 나와요. 왜 8개가 아닌 거죠?

리스트의 마지막 요소인 [1, 2, 3] 리스트는 데이터 1개로 취급된단다. 앞에 있는 1, 2, 3, 4, 5는 각 사람 다섯 명, 뒤에 있는 [1, 2, 3]은 몸집이 있는 사람 한 명이라고 생각하면 이해가 되겠지?

len 함수는 데이터의 개수를 확인하는 함수입니다. 만약 다음과 같이 리스트 안에 리스트가 추가된 형태라면 하나의 데이터로 취급합니다.

```
b = [1, 2, 3, 4, 5, [1, 2, 3]]    # [1,2,3]을 하나의 데이터로 취급
len(b)
```

```
6
```

리스트 요소의 특정 리스트 속 데이터의 개수를 확인하고 싶다면 해당하는 요소를 선택(인덱싱)해 len 함수를 사용해 코드를 작성하면 됩니다.

```
len(b[-1]) #len([1, 2, 3])
```

```
3
```

문자열 역시 길이(문자의 개수)가 있는 데이터이지만 리스트의 요소로 들어갈 때는 1개의 데이터로 취급됩니다.

```
fruit = ['딸기', '사과', '메론', '바나나'] # 각 문자열을 하나의 데이터로 취급
len(fruit)
```

```
4
```

마지막 요소인 '바나나'의 길이를 확인하고 싶다면 인덱싱한 뒤 len 함수를 사용해 코드를 작성합니다.

```
len(fruit[-1])    # fruit[-1] == '바나나'
```

```
3
```

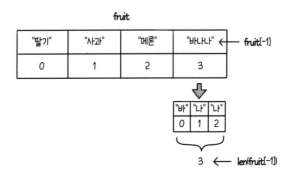

del 키워드를 사용해 변수를 삭제했던 것처럼 이번에는 del 키워드로 리스트의 요소를 삭제해 보겠습니다. 작성 방법은 다음과 같습니다.

```
del 리스트[인덱스]
```

작성 방법을 확인했다면 '민호' 문자열을 리스트 안에서 삭제하는 코드를 작성해 보겠습니다.

```
del name[2]    # ['철수', '영희', '민호', '민지']에서 '민호' 제거
print(name)
```
```
['철수', '영희', '민지']
```

실행 결과를 살펴보니 리스트 안의 요소를 삭제했기 때문에 개수도 자동 변경됐습니다. 이어서 len 함수를 사용해 리스트의 개수를 확인해 보겠습니다.

```
len(name)    # ['철수', '영희', '민지']
```
```
3
```

실행 결과를 살펴보니 리스트 안에 작성된 요소의 개수가 잘 출력됐습니다.

7-5 리스트의 함수

예제 소스 07-5.ipynb

append 함수

리스트의 요소를 삭제하는 방법을 알아봤으니 추가하는 방법도 함께 살펴보겠습니다. 리스트에 요소를 추가할 때는 append 함수를 사용합니다. append 함수는 함수의 인자로 추가할 데이터를 작성하며 작성 방법은 다음과 같습니다.

```
리스트.append(추가할 데이터)
```

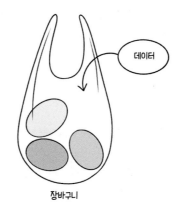

데이터

장바구니

작성 방법을 확인했다면 '형철'을 name 리스트에 추가하고 리스트와 리스트의 개수를 출력하는 코드를 작성해 보겠습니다.

```
name.append('형철')
print(name, len(name))    # name과 길이 동시에 출력
['철수', '영희', '민지', '형철'] 4
```

코드를 살펴보니 리스트의 요소로 '형철'이 추가되었고 len 함수의 실행 결과 요소의 개수는 4입니다. append 함수로 추가된 데이터는 리스트의 가장 마지막에 위치합니다.

만약 리스트의 요소를 삭제하고 추가하는 방법이 번거롭다면 리스트를 수정하는 방법도 있습니다. 변수에 데이터를 저장하듯 리스트의 요소를 인덱싱해 수정을 원하는 데이터를 저장하며 작성 방법은 다음과 같습니다.

```
변수 = 데이터
리스트[인덱스] = 바꿀 데이터
```

작성 방법을 확인했다면 기존 리스트의 민호가 있던 자리(인덱스:2)에 형철을 저장해 출력하는 코드를 작성해 보겠습니다.

```
name = ['철수', '영희', '민호', '민지']
name[2] = '형철'   # 원래 name[2]는 '민호'
print(name)
```

['철수', '영희', '형철', '민지']

리스트의 수정은 리스트[인덱스]를 마치 하나의 변수처럼 취급해 데이터를 저장할 수 있다는 것이 큰
특징입니다. 그래서 다량의 데이터를 리스트로 관리하면 효율적인 관리가 가능합니다. 또한, 리스트
는 간단한 슈팅 게임에서도 활용할 수 있습니다. 만약 Space bar 를 누를 때마다 미사일이 발사된다면
발사된 미사일 데이터를 리스트로 관리할 수 있습니다.

방법은 간단합니다. Space bar 를 누를 때 append 함수로 생성된 미사일을 리스트에 추가하고 적을 맞
히거나 화면 밖으로 미사일이 사라지면 더 이상 미사일 데이터가 필요 없기 때문에 del 키워드로 리스
트에서 제거합니다. 미사일 데이터의 총개수는 미리 예측할 수 없어 생성될 때마다 리스트의 요소를
저장하면 깔끔하게 처리할 수 있습니다.

여기까지 일아본 리스트는 이전에 배운 문자열과 공통점이 많아 보입니다. 인덱싱으로 특정 문자(문자
열), 요소(리스트)를 선택할 수 있고, len 함수로 데이터의 개수도 확인할 수 있습니다. 문자열과 리스
트처럼 다양한 데이터가 모인 자료형을 반복 가능한(iterable) 자료형이라고 합니다. 이 자료형들은 [챕
터 5]에서 학습할 반복문과 환상의 호흡을 자랑하기 때문에 추후 반복문까지 학습을 끝내면 더욱 강력
한 힘을 발휘하게 될 겁니다. 기대해 주세요.

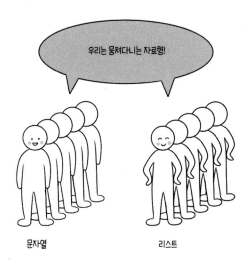

append 함수를 좀 더 깊숙이 살펴보겠습니다. 실전에서 자주 사용되고 중요한 함수이니 집중해 주세요.

리스트 자료형은 완전한 데이터의 경우 처음 작성한 리스트 요소 그대로 코드가 진행되기도 하지만 상황에 따라 요소를 추가해야 될 때도 있습니다. 후자의 상황이라고 가정해 1부터 5까지의 숫자를 차례로 추가하여 리스트를 작성해 보겠습니다. 먼저 요소가 없는 빈 리스트를 만들어 num 변수에 저장해 줍니다(학습한 내용을 떠올리며 작성 순서를 생각해 주세요).

```
num = [ ]    # 대괄호 안에 요소가 없는 리스트
```

다음 append 함수를 사용해 1부터 5까지의 수를 차례로 추가하는 코드를 작성합니다.

```
num.append(1)    # 리스트에 1 추가
num.append(2)    # 리스트에 2 추가
num.append(3)    # 리스트에 3 추가
num.append(4)    # 리스트에 4 추가
num.append(5)    # 리스트에 5 추가
print(num)
```
```
[1, 2, 3, 4, 5]
```

실행 결과를 살펴보니 원하는 대로 결과가 잘 출력됐습니다. 코드를 작성하며 느꼈겠지만 비슷한 코드가 반복되고 있는 걸 눈치채셨나요? 'num.append()'의 형태는 똑같고 인자의 수만 달라지고 있습니다. 또한 append 함수의 매우 중요한 특징 중 하나는 함수 실행 시 리스트의 원본 데이터를 변경한다는 것입니다. append 함수를 사용 할 때 주의를 기울여야 하며 또한, [챕터 2]에서 학습한 숫자형 덧셈 연산과 자주 비교되는데 다음 예제를 통해 그 차이를 확인해 보겠습니다.

숫자형 덧셈 VS 리스트의 append

[챕터 2]에서 숫자형 변수에 1을 더하기 위해서는 덧셈 연산의 결괏값은 다시 변수에 저장해야 된다고 학습했습니다. 만약 덧셈만 하고 그 결괏값을 저장하지 않는다면 데이터는 사라집니다. 변수 a에 초깃값 1을 저장한 후 덧셈 연산을 진행해 보겠습니다.

```
a = 1      # a의 초깃값 1
a + 1      # a에 저장된 값과 1을 더함
print(a)
```
```
1
```

실행 결과를 살펴보니 a의 결괏값이 여전히 초깃값으로 설정한 1인 것을 확인할 수 있습니다. 변수에 저장된 값을 변경하고 싶다면 덧셈의 결과를 변수에 저장해 줘야 합니다. a에 1을 더한 결괏값을 a에 저장하도록 코드를 수정해 보겠습니다.

```
a = 1
a += 1     # a + 1을 a에 저장 (a = a + 1)
print(a)
```
```
2
```

실행 결과를 다시 살펴보니 초깃값 1에서 벗어나 결괏값이 2로 잘 출력된 것을 확인할 수 있습니다. 이렇게 숫자형의 덧셈 연산은 새로운 데이터를 작성한 후 반드시 결괏값을 변수에 저장해 줘야 합니다.

이번에는 리스트의 append 함수를 살펴보겠습니다. 이때 함수의 실행 결과는 따로 저장하지 않고 a를 출력합니다. append 함수는 아시다시피 변수로 저장하는 과정이 없어서 [1] 리스트를 작성하고 변수 a에 저장한 후 append 함수를 사용해 요소 2를 추가하는 코드를 작성해 보겠습니다.

```
a = [1]    # a의 초깃값 [1]
a.append(2)    # a 리스트에 요소 2 추가
print(a)
```
```
[1, 2]
```

실행 결과를 살펴보니 변수에 결괏값을 따로 저장하지 않아도 a가 [1, 2]로 변경됐습니다. 숫자형 덧셈은 기존 데이터를 유지한 채 결괏값을 데이터로 출력하며 이를 '반환(Return)'이라 합니다. 이렇게 반환된 데이터는 기존 데이터와 관계없는 새 데이터로 어딘가 저장하지 않으면 사라집니다. 반면에 리스트의 append 함수는 기존 데이터(리스트)를 변경하도록(요소를 추가) 약속되어 있습니다.

명령(나)	명령 번역	대답(컴퓨터)	행동(컴퓨터)
a = 1 a +1	a에 1을 저장해라. a에 저장된 값(1)과 1을 더하면 어떤 값일지 대답해라.	2	덧셈 결과(2)를 대답하고 데이터는 사라짐
a = [1] a.append(2)	a에 [1]을 저장해라. a에 2를 추가해라.	없음	a를 [1]에서 [1, 2]로 바꿈

하나의 규칙이 변동 없이 계속 적용되면 좋겠지만 안타깝게도 파이썬은 그렇지 않습니다. 영어 단어에서 동사 원형에 '-ed'를 붙이면 동사의 과거형이 된다는 규칙이 있지만 그 규칙을 무시하는 불규칙 동사가 있듯이 경우에 따라 함수가 동작하는 방식이 달라질 수 있기 때문에 항상 주의해야 합니다.

만약 리스트가 저장되어 있던 변수 a에 함수의 결괏값을 저장하고 a를 출력하면 어떻게 될까요? 코드를 작성해 보겠습니다.

```
a = [1]
a = a.append(2)     # append 함수 결괏값을 a에 저장
print(a)
```
```
None
```

실행 결과를 살펴보니 값이 없음을 의미하는 None이 출력됐습니다. 값이 저장되어 있지 않은 빈 변수를 출력할 때 컴퓨터는 None으로 대답합니다. append 함수라면 그래도 [1]을 [1, 2]로 바꿔줘야 하는 거 아닐까요? 맞습니다. 분명히 a.append(2)가 실행될 때까지만 해도 [1]이던 a가 [1, 2]로 바뀌었습니다. 하지만 append 함수의 결괏값을 다시 a에 저장하는 순간, 이전에 저장되어 있던 데이터 [1, 2]가 사라지면서 변수는 빈 상태가 되어 None이 출력됩니다.

a에 저장된 데이터를 None이 되지 않도록 함수의 결괏값을 a에 저장하지 않고 새로운 변수 b에 저장한 후 a와 b를 각각 출력해 보겠습니다.

```
a = [1]
b = a.append(2)      # append 함수 결괏값을 b에 저장
print(a, b)
```

```
[1, 2] None
```

실행 결과를 살펴보니 a는 append 함수의 실행으로 [1, 2]로 바뀌었습니다. 여전히 append 함수의 결괏값은 None 이지만 이번에는 b에 저장되어 a가 무사히 [1, 2]로 출력될 수 있었습니다. 숫자형 덧셈 연산과 append 함수의 차이 를 이제 확실히 알게 됐나요? 내 것으로 만들기 위해 한 번 더 복습할 것을 권장합니다.

remove 함수

append 함수와 정반대의 기능을 가진 함수도 있습니다. 바로 리스트의 요소를 찾아 제거하는 remove 함수입니다. remove 함수는 함수의 인자로 제거할 요소를 넣으며 작성 방법은 다음과 같습니다.

리스트.remove(제거할 데이터)

작성 방법을 확인했다면 과일 장바구니 리스트에 섞인 과일이 아닌 요소를 remove 함수로 제거하는 코드를 작성해 보겠습니다.

```
fruit = ['바나나', '딸기', '감', '나무']
fruit.remove('나무')    # fruit 요소 중 '나무' 제거
print(fruit)
['바나나', '딸기', '감']
```

실행 결과를 살펴보니 '나무' 요소가 제거되어 결괏값으로 과일 요소만 잘 출력됐습니다.

> **참고**
>
> remove 함수가 아니더라도 del 키워드로도 요소를 제거할 수 있습니다.
>
> ```
> fruit = ['바나나', '딸기', '감', '나무']
> del fruit[-1]    # 리스트의 마지막 요소 제거
> print(fruit)
> ['바나나', '딸기', '감']
> ```

remove 함수도 append 함수처럼 기존의 데이터를 변경하기 때문에 변수에 실행 결과를 저장할 필요가 없습니다.

remove 함수가 오류를 일으켜요

> 아빠, remove 함수를 한 번 더 실행하니까 오류가 발생했어요.

> remove 함수는 요소에 없는걸 지워달라고 하면 오류를 발생한단다.
> 처음 실행했을 때는 '나무' 요소가 있었으니까 지워 주지만 그 다음에는
> 요소가 없으니 오류가 발생한 거야.

```
# 리스트에 '나무'가 없는 상태에서 remove 함수 실행
fruit.remove('나무')

ValueError: list.remove(x): x not in list
```

실행 결과를 살펴보니 리스트에 없는 요소를 지워달라고 명령해 ValueError가 발생했습니다. remove 함수의 오류를 피하고 싶다면 제거하길 원하는 요소가 리스트 안에 있는지 반드시 확인해야 합니다. 뒤에서 학습할 count 함수를 참고해 주세요.

리스트의 중요한 특징 중 하나는 요소들의 순서가 정해져 있다는 겁니다. 리스트의 요소 순서는 인덱스를 통하여 확인할 수 있으며 리스트의 요소 순서를 변경하고 싶다면 다음에 소개하는 sort 함수를 사용합니다.

sort 함수

sort 함수는 리스트의 요소를 오름차순(숫자형)과 가나다순(문자열)으로 정렬하는 함수입니다. sort 함수의 작성 방법은 다음과 같습니다.

```
리스트.sort( )
```

과일 장바구니 리스트입니다. 리스트의 요소를 출력하는 코드를 작성해 보겠습니다.

```
fruit = ['바나나', '딸기', '감']
print(fruit)
['바나나', '딸기', '감']
```

실행 결과를 살펴보니 리스트 요소의 순서와 동일하게 결괏값이 출력됐습니다. 이 요소의 순서를 가나다순으로 변경하고 싶다면 리스트에 sort 함수를 추가합니다. 다음 리스트 순서를 변경하는 코드를 작성해 보겠습니다.

```
fruit.sort( )    # 리스트의 모든 요소를 가나다순으로 정렬
print(fruit)
['감', '딸기', '바나나']
```

실행 결과를 살펴보니 가나다순으로 결괏값 순서가 변경된 것을 확인할 수 있습니다(참고로 알파벳으로 만들어진 문자열에 대해서는 ABC 순으로 정렬됩니다). sort 함수도 기존의 리스트를 변경하기 때문에 변수에 결괏값을 저장할 필요가 없습니다.

가나다 순서를 다시 역순(거꾸로)으로 변경하고 싶다면 sort 함수의 매개변수에 인자를 지정해 줍니다. 작성 방법은 다음과 같습니다.

```
리스트.sort(reverse=True)
```

작성 방법을 확인했다면 reverse 매개변수에 True 인자를 지정하는 코드를 작성해 보겠습니다.

```
fruit.sort(reverse=True)
print(fruit)
['바나나', '딸기', '감']
```

sort 함수의 인자를 추가하지 않으면 기본 옵션으로 reverse 매개변수는 False로 지정됩니다. 우리는 역순으로 작성해야 하기에 reverse를 True로 지정했습니다.

reverse 함수

reverse는 sort 함수의 매개변수이기도 하지만 리스트 요소의 순서를 뒤집는 함수의 이름이기도 합니다. 작성 방법은 다음과 같습니다.

리스트.reverse( )

작성 방법을 확인했다면 1부터 5까지의 숫자로 구성된 리스트의 순서를 뒤집는 코드를 작성해 보겠습니다.

```
num = [1, 2, 3, 4, 5]
num.reverse( )    # num 리스트 요소 순서 뒤집기
print(num)

[5, 4, 3, 2, 1]
```

실행 결과를 살펴보니 코드의 리스트 요소로 작성한 순서가 완전히 뒤집힌 것을 확인할 수 있습니다. reverse 함수도 기존 리스트를 변경하는 함수로 결괏값을 변수에 저장하지 않습니다.

index 함수

리스트의 구성을 확실하게 알고 있다면 리스트 안에 요소를 인덱싱하여 선택할 수 있지만, 위치(인덱스)를 알 수 없다면 어떻게 해야 할까요? 이럴 때를 대비해 만들어진 함수가 index 함수입니다. 문자열 함수 index와 동일한 이름의 함수이며 기능도 똑같습니다. 함수의 결괏값으로 요소의 인덱스가 반환되며 작성 방법은 다음과 같습니다.

리스트.index(인덱스 확인할 요소)

작성 방법을 확인했다면 앞에서 reverse 함수의 결과로 순서가 뒤집힌 num에 2의 위치를 확인하는 코드를 작성해 보겠습니다.

```
num.index(2)    # [5,4,3,2,1]에서 2의 인덱스
3
```

실행 결과를 살펴보니 2의 인덱스를 정확하게 알려주고 있습니다. index 함수는 앞에서 학습한 리스트 함수와는 성격이 조금 다릅니다. append, remove, sort, reverse가 기존의 리스트를 변경하는 함수였다면 index는 리스트의 정보를 출력하는 함수로 함수의 결괏값을 활용하려면 반드시 변수에 저장해 줘야 합니다.

참고

매개변수와 인자

매개변수도 변수의 일종으로 함수에서 사용하는 임시 변수입니다. 이때 변수에 저장되는 데이터를 인자라고 합니다. 자소서(자기소개서)의 이름 칸에 '김초보'라고 작성하면 '이름(항목)'은 매개변수, '김초보'는 인자에 해당합니다.

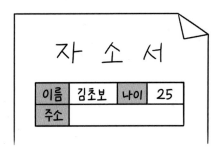

함수의 괄호 안에는 보통 인자만 들어가지만 여러 매개변수 중 특정한 매개변수(reverse)에 대해 인자를 지정해야 할 때 '='로 매개변수와 인자를 연결합니다.

수학 및 과학 점수는 누가 가장 높을까?

힘들었던 시험 기간이 지나고 점수가 발표되었습니다. 학생 중 누구의 점수가 가장 높을까요? 표를 참고해 데이터를 변수에 저장해 보겠습니다.

이름	수학	과학
지우	63	57
현우	94	86
서연	80	75
지은	77	72
성민	87	80
미영	71	66
태호	83	77
지혜	59	54
상우	90	82
선영	75	70

학생의 이름과 시험 성적을 데이터로 변환해 각 리스트의 요소로 추가한 후 코드를 작성합니다.

```
#이름
name = ['지우', '현우', '서연', '지은', '성민', '미영', '태호', '지혜', '상우', '선영']
#수학 점수
math = [63, 94, 80, 77, 87, 71, 83, 59, 90, 75]
#과학 점수
science = [57, 86, 75, 72, 80, 66, 77, 54, 82, 70]
```

리스트로 코드를 작성해 보니 개인별 수학 및 과학 점수를 빠르게 확인할 수 있습니다. '지우'의 경우 name의 0번 요소에 해당하기 때문에 math[0], science[0]을 보면 '지우'의 수학 및 과학 점수를 알 수 있습니다. 만약 순서를 지키지 않고 리스트를 작성했다면 정확한 결과 확인이 어려웠을 겁니다.

'수학을 잘하는 학생은 과학도 잘 할까요?' 물음에 대한 해답을 확인하기 위해 수학 점수가 가장 높은 친구를 찾아 보겠습니다. 수학 점수 리스트를 내림차순으로 정렬하면 맨 위에 가장 높은 성적이 옵니다. 수학 점수 변수인 math에 sort 함수를 추가해 코드를 작성한 후 리스트를 정렬하고 이어서 내림차순 정렬을 위해 reverse 매개변수를 True로 저장합니다.

```
math.sort(reverse = True)     # math를 내림차순으로 정렬
print(math)

[94, 90, 87, 83, 80, 77, 75, 71, 63, 59]
```

실행 결과를 살펴보니 맨 앞에 출력된 94가 가장 높은 성적인 걸 확인할 수 있습니다. 그런데 문제가 생겼습니다. math의 순서가 변경되어 name과 science의 정렬이 뒤죽박죽되어 버린 겁니다. 이럴 땐 임시 데이터를 만들어 해결할 수 있습니다.

math를 다시 기존의 데이터로 돌려 저장합니다. 다음 math_temp라는 임시 데이터를 저장할 변수를 새로 만들어 math를 저장합니다. math_temp에 내림차순 정렬을 하고 결과를 출력해 보겠습니다.

```
math = [63, 94, 80, 77, 87, 71, 83, 59, 90, 75]     # 원래 데이터로 복구
math_temp = math     # math와 똑같은 리스트 생성
math_temp.sort(reverse = True)     # math_temp만 내림차순으로 정렬
print(math_temp)

[94, 90, 87, 83, 80, 77, 75, 71, 63, 59]
```

실행 결과를 살펴보면 임시 데이터만 건드려 (내림차순 정렬) 필요한 정보(가장 높은 성적)만 얻었습니다. 하지만 정말 임시 데이터만 건드린 게 맞을까요? 기존 데이터인 math를 출력해 보겠습니다.

```
print(math)     # 원래 데이터 출력

[94, 90, 87, 83, 80, 77, 75, 71, 63, 59]
```

math도 내림차순 정렬되어 있는데 이유는 math_temp와 math는 변수의 이름만 다를 뿐 똑같은 데이터를 가리키고 있기 때문입니다.

[94, 90, 87, 83, 80, 77, 75, 71, 63, 59]

[63, 94, 80, 77, 87, 71, 83, 59, 90, 75]

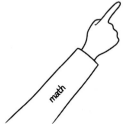

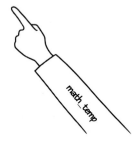

겉보기에 값은 같지만 서로 연결되어 있지 않은 데이터를 만들려면 어떻게 해야 할까요? 다양한 방법이 있지만 슬라이싱을 이용하면 됩니다. math를 그대로 math_temp에 저장하는 게 아니라 math의 모든 요소를 슬라이싱해 저장하는 겁니다. 마찬가지로 math_temp를 내림차순으로 정렬하는 코드를 작성해 보겠습니다.

```
math = [63, 94, 80, 77, 87, 71, 83, 59, 90, 75]
math_temp = math[ : ]      # math의 모든 요소 슬라이싱하여 math_temp에 저장
math_temp.sort(reverse=True)
```

이후 math_temp와 math를 각각 출력하여 비교해 보겠습니다.

```
print(math_temp)
```
```
[94, 90, 87, 83, 80, 77, 75, 71, 63, 59]
```

```
print(math)
```
```
[63, 94, 80, 77, 87, 71, 83, 59, 90, 75]
```

실행 결과를 살펴보니 이전과 다르게 데이터 사이의 연결이 끊어져서 다른 값이 출력된 것을 확인할 수 있습니다. 리스트를 슬라이싱하면 새로운 데이터를 만드는 것이어서 math와 math_temp의 연결고리가 끊어진 겁니다. math와 math[:]는 언뜻 보기에 값이 같지만 저장된 위치는 다른 데이터임을 알 수 있습니다.

[63, 94, 80, 77, 87, 71, 83, 59, 90, 75]

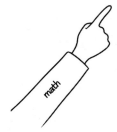

[94, 90, 87, 83, 80, 77, 75, 71, 63, 59]

[63, 94, 80, 77, 87, 71, 83, 59, 90, 75]

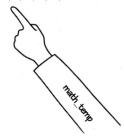

이제 가장 높은 수학 점수를 받은 학생이 누구인지, 그 학생의 과학 성적은 어떤지 확인해 보겠습니다.

우선 가장 높은 수학 점수를 변수에 저장한 후 내림차순으로 정렬된 임시 데이터 math_temp의 첫 번째 요소를 인덱싱해 변수(math_1)에 저장합니다.

```
# math_temp의 첫번째 요소는 가장 높은 수학 성적
math_1 = math_temp[0]
```

수학 과목의 가장 높은 점수인 94가 math_1에 저장되었습니다.

다음 가장 높은 수학 점수의 기존 데이터 위치를 확인하고 index 함수를 사용해 94점(math_1)이 math 리스트에서 몇 번째 요소인지 확인한 후 index 함수의 결괏값인 인덱스를 index_1 변수에 저장합니다.

```
index_1 = math.index(math_1) # 가장 높은 수학 성적은 math에서 몇 번째에 위치하는지
# math = [63, 94, 80, 77, 87, 71, 83, 59, 90, 75]
```

math 변수에서 94의 인덱스는 1이고 따라서 index_1에 1이 저장됩니다. name 리스트 안에서 인덱스가 1인 요소는 수학 성적을 높게 받은 학생의 이름이며 science 리스트 안에서 인덱스가 1인 요소는 그 학생의 과학 성적입니다.

똑같은 위치에서 학생의 이름과 과학 성적을 확인해 봅니다. name, science 리스트를 인덱싱(index_1)하여 이름과 과학 점수를 변수(name_1, science_1)에 저장하고 문자열 f-string을 이용해 학생 이름과 수학, 과학 성적을 동시에 출력합니다.

```
name_1 = name[index_1]    # 인덱스가 index_1인 이름
science_1 = science[index_1]    # 인덱스가 index_1인 과학 성적
print(f'{name_1}의 수학 성적은 {math_1}, 과학 성적은 {science_1} 입니다.')
현우의 수학 성적은 94, 과학 성적은 86입니다.
```

실행 결과를 살펴보니 '현우'의 과학 성적도 꽤 높은 걸 알 수 있습니다. 과학 성적도 수학 성적과 마찬가지로 내림차순으로 정렬해 86점이 어느 정도 위치인지 확인해 보겠습니다. 기존의 데이터를 건드리지 않기 위해 코드에 임시 데이터를 만들고 정렬합니다.

```
science_temp = science[ : ]    # science와 같은 값을 갖는 임시 데이터 생성
science_temp.sort(reverse=True)    # 내림차순으로 정렬
prinl(science_temp)
[86, 82, 80, 77, 75, 72, 70, 66, 57, 54]
```

실행 결과를 살펴보니 과학 점수 중 가장 높은 점수가 86점인 것을 확인할 수 있고 '현우'는 수학 및 과학 과목에서 모두 1등을 차지했습니다.

sort 함수를 이용해 리스트의 최댓값과 최솟값을 찾는 방법 외에 조금 더 쉬운 방법을 알려드리겠습니다. 인자로 추가한 데이터의 최댓값과 최솟값을 찾아내는 max, min 함수를 사용하는 것입니다. 작성 방법은 다음과 같습니다.

> 함수(데이터1, 데이터2, ...)

작성 방법을 확인했다면 수학 점수의 최댓값과 최솟값을 출력하는 코드를 작성해 보겠습니다. 함수의 인자로 모든 수학 점수를 넣습니다.

```
max(63, 94, 80, 77, 87, 71, 83, 59, 90, 75)
94
```

```
min(63, 94, 80, 77, 87, 71, 83, 59, 90, 75)
59
```

실행 결과를 살펴보니 생각했던 대로 결과가 잘 출력됐습니다. 여러 데이터를 코드에 모두 나열하지 않고 데이터가 담긴 리스트를 함수의 인자로 넣을 수도 있습니다. 작성 방법은 다음과 같습니다.

함수(리스트)

작성 방법을 확인했다면 수학 점수가 저장되어 있는 math 리스트를 함수의 인자로 추가한 코드를 작성해 살펴보겠습니다.

```
math = [63, 94, 80, 77, 87, 71, 83, 59, 90, 75]
max(math)

94
```

```
min(math)

59
```

실행 결과를 살펴보니 하나의 리스트를 대상으로 했음에도 최댓값과 최솟값이 정상적으로 출력됐습니다. 이렇게 max, min 함수는 여러 데이터 중 최대 또는 최솟값을 찾아주거나 리스트의 요소 중 최대 또는 최솟값을 찾는 기능을 갖고 있습니다. 함수를 실행하는 것만으로 기존 데이터를 바꾸지 않아 임시 데이터가 필요 없으므로 더욱 간결한 코드 작성이 가능합니다.

count 함수

리스트에는 특정 요소의 개수를 확인할 수 있는 함수도 있습니다. 바로 count 함수입니다. count 함수는 함수의 인자로 개수를 확인할 요소를 넣습니다. 작성 방법은 다음과 같습니다.

리스트.count(개수 확인할 요소)

작성 방법을 확인했다면 수학 시험 점수 리스트를 예로 100점 맞은 학생 수를 확인하는 코드를 작성해 보겠습니다.

```python
result = [90, 80, 100, 70, 80, 90, 90, 100, 80, 70]    # 시험 점수 리스트
hundred = result.count(100)    # 100의 개수
print(hundred)
```
```
2
```

실행 결과를 살펴보니 2가 결괏값으로 출력됐습니다. 100점을 맞은 학생이 2명이나 있다는 뜻입니다. 만약 어떤 요소가 리스트 안에 있는지 확인하고 싶다면 count 함수의 결괏값이 0이 아닌지 확인하면 됩니다. count 함수도 기존 리스트를 변경하지 않고 리스트의 정보를 출력하는 함수이기 때문에 결과로 생성된 데이터를 변수에 저장해 줍니다.

리스트는 파이썬에서 자주 사용하는 자료형으로 사용 방법과 각각의 기능들을 잘 활용할 줄 알아야 합니다. 기능이 많아 한 번에 다 외우는 건 무리지만 반복해 사용하면 자연스레 암기될 겁니다. 그전까지는 dir 함수를 활용하면 많은 도움을 받을 수 있습니다(dir 함수는 자료형이 갖는 함수와 변수를 확인하는 함수로 [챕터 2]에서 학습했습니다). 리스트에 사용 가능한 함수 이름이 잘 떠오르지 않는다면 dir 함수를 사용하면 됩니다. 다음 dir 함수로 리스트 함수를 불러오는 코드를 작성해 보겠습니다.

```python
# 빈 리스트를 dir 함수의 인자로 넣음
dir([ ])
```
```
[..., 'append', 'clear', 'copy', 'count', 'extend', 'index', 'insert', 'pop', 'remove',
'reverse', 'sort']
```

실행 결과를 살펴보니 많은 함수와 변수의 이름이 리스트로 묶여 결괏값으로 출력됐습니다. 이처럼 리스트 함수 중에서 이름이 정확히 떠오르는 것이 없다면 dir 함수를 통해 금방 찾을 수 있어 dir 함수를 잘 활용하면 코딩 공부에 분명 큰 도움이 될 것입니다.

정해진 건 변할 수 없다, 튜플

튜플은 리스트와 유사하게 여러 데이터를 담는 자료형입니다.
이번 장에서는 튜플의 개념과 사용 방법을 알아보고
리스트와의 차이점에 대해 살펴보겠습니다.

8-1 튜플이란?

튜플은 다양한 데이터를 담는 자료형으로 대괄호 대신 괄호를 사용해 데이터를 포함하며 코드의 작성 방법은 다음과 같습니다.

(데이터1, 데이터2, 데이터3)

데이터를 묶을 때 어떤 기호를 사용하고 있느냐에 따라 자료형이 결정되기 때문에 작성 시 주의해야 합니다.

8-2 튜플과 리스트의 차이점 　　　　　　　　예제 소스 08-2.ipynb

데이터를 하나로 묶어 관리의 편의성을 높여준 리스트와 튜플의 가장 큰 차이는 데이터 작성 후 변경 여부에 따라 나뉩니다. 리스트를 학습할 때 함수로 작성한 데이터를 변경했던 거 기억하시나요? 복습의 의미로 다시 살펴 보겠습니다.

- 리스트[인덱스] = 바꿀 데이터 : 리스트의 특정 요소를 다른 데이터로 교체할 수 있습니다.

- 리스트.append(추가할 데이터) : 리스트에 데이터를 추가할 수 있습니다.

- 리스트.remove(제거할 데이터): 리스트에서 특정 데이터를 제거할 수 있습니다.
- 리스트.sort( ): 리스트를 오름차순, 가나다순으로 정렬할 수 있습니다.
- 리스트.reverse( ): 리스트의 순서를 반대로 뒤집을 수 있습니다.

확인한 것처럼 리스트는 데이터의 교체, 추가, 제거가 자유로운 자료형이지만 튜플은 한 번 작성한 데이터는 영원히 변경할 수 없습니다. '독도는', '우리땅'이라는 2개의 문자열을 담고 있는 튜플의 코드를 작성해 보겠습니다.

```
dokdo = ('독도는', '우리땅')
```

코드 작성을 끝냈더니 누군가 갑자기 튜플의 두 번째 요소인 '우리땅'을 '남의땅'으로 변경해 달라고 요청합니다. 인덱싱을 통해 튜플의 두 번째 요소에 접근한 후 데이터 저장을 시도합니다.

```
dokdo[1] = '남의땅'
TypeError: 'tuple' object does not support item assignment
```

실행 결과를 살펴보니 튜플 자료형은 요소에 데이터 저장을 지원하지 않는다는 TypeError가 발생했습니다. 요소의 변경은 실패로 돌아갔지만 포기하지 않고 튜플의 첫 번째 요소에 del 키워드를 사용해 제거를 시도해 봅니다.

```
del dokdo[0]
TypeError: 'tuple' object doesn't support item deletion
```

실행 결과를 살펴보니 튜플 자료형은 요소를 삭제할 수 없다는 TypeError가 발생했습니다. 계속되는 실패에 오기가 생겨 이번에는 리스트 함수였던 remove 함수를 사용해 요소의 변경을 시도합니다.

```
dokdo.remove('독도는')    # 리스트 함수 remove
AttributeError: 'tuple' object has no attribute 'remove'
```

실행 결과를 살펴보니 튜플 자료형은 remove 함수가 없다는 AttributeError가 발생했습니다. 리스트 함수를 튜플에 적용할 수 있을 거라 생각했지만 역시나 코딩 세계는 호락호락하지 않습니다.

마지막으로 자료형의 특성을 확인할 수 있는 dir 함수를 사용해 튜플 자료형이 갖고 있는 함수를 확인해 보겠습니다.

```
dir(dokdo)    # dokdo는 튜플 자료형

[..., 'count', 'index']
```

튜플은 정말 수정할 수 없나요?

 아빠, 누군가 dokdo 튜플을 처음부터 ('독도는', '남의땅')으로 작성했으면 영원히 고칠 수 없나요?

앞서 살펴봤던 것처럼 튜플은 바꿀 수 없지. 하지만 데이터가 저장되어 있는 변수를 통째로 지우는 건 할 수 있지.

 아, del 키워드로 변수를 아예 지우는 건 가능한 거군요.

맞아. dokdo 변수에 새로운 튜플을 저장하는 방법도 있단다.

튜플의 요소를 수정하는 건 불가능하지만 튜플 요소를 저장한 변수는 del 키워드를 사용해 수정할 수 있습니다. dokdo 튜플을 삭제하는 코드를 작성해 보겠습니다.

```
dokdo = ('독도는', '남의땅')
del dokdo     # del 변수
```

혹은 이전 변수에 저장되어 있던 요소를 무시하고 새로운 데이터를 저장할 수도 있습니다.

```
dokdo = ('독도는', '남의땅')
dokdo = (dokdo[0], '우리땅')    # dokdo[0] == '독도는'
print(dokdo)

('독도는', '우리땅')
```

실행 결과를 살펴보니 원하는 대로 결과가 잘 출력됐습니다. 이 경우 튜플의 요소가 수정된 게 아니라 새로운 튜플 데이터를 생성해 변수에 저장한 겁니다. 참고해 주세요.

실행 결과를 살펴보니 튜플 함수의 결과로 두 개의 함수가 출력됐습니다. 결괏값을 통해 튜플이 리스트와 비교해 사용 가능한 기능이 훨씬 적다는 걸 알 수 있습니다.

8-3 튜플의 함수

예제 소스 08-3.ipynb

튜플 자료형을 직접 작성해 보고 결괏값을 확인하며 튜플은 쉽게 변하지 않는 걸 확실히 알게 되었을 겁니다. 그럼 이즈음에서 데이터 수정이 불가능한 자료형을 왜 만들었는지 의문이 들 수 있습니다. 가장 큰 이유는 리스트 자료형보다 가벼워 빠른 실행이 가능하다는 것입니다. 리스트는 다양한 기능 때문에 메모리 공간을 많이 차지하는데 튜플은 상대적으로 메모리 공간을 적게 차지해 리스트보다 빠르게 동작합니다. 마치 종이 한 장을 자르기 위해 무거운 맥가이버 칼이 아닌 커터 칼을 사용하는 것과 일맥상통합니다.

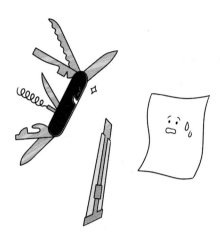

그런데 메모리 용량이 넘치는 이 시대에도 굳이 튜플을 알아야 하나요? 당연하죠. 여러 함수에서 이미 튜플 자료형을 활용하고 있기 때문에 직접 튜플 요소를 작성하지 않더라도 함수의 실행 결과로 튜플 형태의 데이터가 출력될 때도 있어 반드시 알아둬야 합니다.

divmod 함수

divmod 함수는 인자를 나눗셈하여 몫과 나머지를 튜플 요소로 묶어 결과를 출력하는 함수입니다. 예를 들어 10을 3으로 나눠야 한다면 함수의 인자로 10과 3을 넣습니다. 코드로 작성해 보겠습니다.

```
divmod(10, 3)   # 10 나누기 3
(3, 1)
```

실행 결과를 살펴보니 10과 3을 나눈 몫과 나머지가 괄호로 묶여 출력됐습니다. 결괏값이 튜플인지 확인하기 위해 함수의 결괏값을 변수에 저장한 후 type 함수를 추가합니다.

```
result = divmod(10, 3)
type(result)

tuple
```

실행 결과를 살펴보니 divmod 함수의 결괏값이 튜플인 게 확인됐습니다. 튜플 데이터가 생성되면 하나의 변수에 저장할 수 있지만 튜플의 요소를 여러 변수로 나눠서 저장할 수도 있습니다. 코드의 작성 방법은 먼저 인덱싱 기능을 사용해 튜플의 요소를 변수에 저장해 줍니다.

```
result = divmod(10, 3)
q = result[0]    # 튜플[인덱스]
r = result[1]
```

튜플도 문자열, 리스트처럼 대괄호에 인덱스를 추가해 인덱싱이 가능합니다. 슬라이싱도 가능하지만 실제로 튜플에 사용할 일은 많지 않습니다.

앞에서 살펴본 인덱싱 외에도 튜플의 요소를 여러 변수에 저장할 수 있습니다. 각 변수를 쉼표로 구분해 좌변에 추가하고 우변에는 데이터를 추가하며 작성 방법은 다음과 같습니다.

변수1, 변수2, ... = 튜플 데이터

괄호 안에 추가된 요소를 풀어서 변수에 저장하는 걸 언패킹(Unpacking)이라고 합니다. 언패킹 하려면 변수의 개수가 튜플 안에 추가된 요소의 개수와 같아야 합니다. divmod 함수의 결괏값인 튜플 요소를 각각 q, r 변수에 저장하는 코드를 작성해 보겠습니다.

```
q, r = divmod(10, 3)
```

이전에는 데이터를 변수에 저장할 때 좌변에 하나의 변수만 추가했지만 데이터가 튜플이라면 여러 변수를 추가할 수 있습니다. 그런데 만약 튜플 안의 데이터 개수와 변수의 개수가 다르다면 어떻게 될까요?

```
q, r, a = divmod(10, 3)

ValueError: not enough values to unpack (expected 3, got 2)
```

실행 결과를 살펴보니 언패킹 값이 충분하지 않다는 ValueError가 발생했습니다. 결괏값을 통해 언패킹 시 변수의 개수와 튜플 요소의 수는 같아야 한다는 걸 알 수 있습니다.

list 함수

언패킹은 튜플뿐만 아니라 리스트 자료형에서도 똑같이 사용할 수 있습니다. 튜플 자료형은 list 함수를 사용해 리스트 자료형으로 변환해 주며 코드 작성 방법은 다음과 같습니다.

```
list(튜플 자료형)
```

divmod 함수의 결괏값을 list 함수를 사용해 리스트 자료형으로 변환하고, 튜플 자료형과 동일하게 여러 변수에 요소를 저장해 보겠습니다.

```
result = divmod(10, 3)
q, r = list(result)
```

실행 결과를 살펴보니 리스트 자료형도 튜플과 동일한 방식으로 변수에 요소가 저장된 걸 확인할 수 있습니다. 이처럼 튜플과 리스트는 공통적인 속성이 참 많은데요. 리스트 자료형은 tuple 함수를 사용해 다시 튜플 자료형으로도 변환이 가능합니다. 코드 작성 방법은 다음과 같습니다.

```
tuple(리스트 자료형)
```

작성 방법을 확인했다면 나눗셈 결과인 [3, 1]을 튜플 자료형으로 다시 바꾸기 위해 tuple 함수로 코드를 작성해 보겠습니다.

```
tuple([3, 1])
```

```
(3, 1)
```

실행 결과를 살펴보니 함수의 사용만으로 리스트와 튜플의 자료형 변환이 잘 이루어진 걸 확인할 수 있습니다. 파이썬 이용자가 튜플을 사용하는 또 다른 이유는 형식의 자유로움도 있는데요. 괄호 안에 요소를 추가하는 게 튜플의 기본 형태라고 했습니다만 사실 괄호를 작성하지 않아도 되며 작성 방법은 다음과 같습니다.

변수 = 데이터1, 데이터2, 데이터3, ...

작성 방법을 확인했다면 공간상의 2차원 위치를 표현하는 튜플 자료형을 작성해 보겠습니다. x방향 위치가 2, y방향 위치가 4라면 2와 4를 그대로 변수에 저장하는 코드입니다.

```
pos = 2, 4    # (2, 4)
print(pos)
(2, 4)
```

실행 결과를 살펴보니 괄호를 사용하지 않아도 오류 없이 변수에 저장된 것을 확인할 수 있으며 결괏값에 괄호가 표기됩니다. 튜플 자료형이 맞는지 확인하기 위해 type 함수를 사용해 보겠습니다.

```
type(pos)
tuple
```

실행 결과를 살펴보니 tuple 결과가 잘 출력됐습니다. 그리고 튜플의 언패킹 특성을 활용하면 위치 좌표를 하나의 변수가 아닌 여러 변수에 데이터로도 저장할 수 있습니다. x, y 변수에 방향별 위치를 저장하는 코드를 작성해 보겠습니다.

```
# 2를 x에, 4를 y에 저장
x, y = 2, 4
```

요소를 2와 4로 작성했지만 컴퓨터는 (2, 4) 튜플로 인식하고 언패킹되어 x, y에 각각 2와 4가 저장됩니다. 만약 x와 y의 위치를 잘못 알려줘서 서로 값이 바뀐다면 원래 상태로 복귀할 수 있을까요? 작성한 언패킹 코드를 응용해 보겠습니다.

```
# y에 저장되어 있던 4를 x에 저장, x에 저장되어 있던 2를 y에 저장
x, y = y, x
print(x, y) # x와 y를 출력
```
```
4 2
```

실행 결과를 살펴보니 x와 y에 저장된 요소가 서로 변경된 것을 확인할 수 있습니다. 코드에 print 함수 뒤에 (x, y)가 있다고 이걸 튜플로 오해하면 안 됩니다. print(x, y)는 x와 y에 저장된 데이터를 차례로 출력하겠다는 뜻입니다. 함수 뒤 괄호는 함수의 인자가 들어가는 공간으로 만약 x, y를 튜플 형태로 출력하고 싶다면 다음 코드와 같이 x와 y에 괄호를 한 번 더 감싸주면 됩니다.

```
print((x, y))    # (x, y)를 출력
```
```
(4, 2)
```

> **참고**
>
> **괄호의 활용**
>
> 파이썬에서는 괄호를 굉장히 많이 사용하기 때문에 현재 코드에서 괄호가 어떤 용도로 사용되고 있는지 빠르게 파악하는 건 매우 중요합니다. 파이썬의 괄호 쓰임을 정리해 보겠습니다.
>
> - 함수 뒤에 인자를 전달하는 역할로 사용됩니다.
>   print('Hello Python')
> - 연산의 우선순위를 지정할 때 사용됩니다.
>   (2 + 3) * 5
> - 튜플 자료형을 만들 때 사용됩니다.
>   ('독도는', '우리땅')

8-4 튜플의 요소

예제 소스 08-4.ipynb

자주 사용하는 형태는 아니지만 요소가 하나인 특수한 튜플을 만들 수도 있습니다. 먼저 괄호 안에 요소를 작성한 후 쉼표를 추가합니다. 작성 방법은 다음과 같습니다.

(데이터,)

쉼표가 추가되면 컴퓨터는 튜플 자료형으로 인식하고 만약 쉼표 뒤에 요소가 더 추가된다면 추가된 만큼 인식하고 없다면 요소가 하나인 튜플로 인식합니다. 숫자 1이 추가된 튜플을 작성해 보겠습니다.

```
a = (1,)
print(a)
(1, )
```

실행 결과를 살펴보니 입력한 대로 결괏값에 괄호와 쉼표가 함께 출력된 것을 확인할 수 있습니다. type 함수로 튜플 자료형이 맞는지 확인해 보겠습니다.

```
type(a)
tuple
```

실행 결과를 살펴보니 tuple 결괏값으로 튜플 자료형이 맞는다는 것을 확인할 수 있습니다. 예제를 통해 튜플 자료형에 대해 더 자세히 알아보겠습니다.

성적표 정렬하기

학생들의 시험 성적 데이터를 정리하는 업무를 담당하게 되었습니다. 현우, 나래, 다온 총 3명의 학생이 시험에 응시했고 응시 과목은 국어, 영어, 수학입니다.

이름	국어	영어	수학
현우	90	85	78
나래	79	92	83
다온	65	71	88

먼저 학생 이름을 기준으로 가나다 순 정렬을 합니다. 표의 이름만 가나다순으로 변경하면 되는 게 아니라 각 과목의 점수까지 학생의 이름에 따라 변경해야 하기 때문에 쉽지 않습니다. 빠르게 문제를 해결하기 위해 튜플 자료형을 활용해 보겠습니다.

우선 이름, 국어, 영어, 수학을 각각 튜플 요소로 작성해 변수에 저장합니다.

```
data1 = ('현우', 90, 85, 78)     # 이름, 국어점수, 영어점수, 수학점수순으로 저장
data2 = ('나래', 79, 92, 83)
data3 = ('다온', 65, 71, 88)
```

다음 세 개의 요소를 하나의 리스트로 만든 후 print 함수를 사용해 데이터가 잘 저장되었는지 확인합니다.

```
exam = [data1, data2, data3]
print(exam)
```
```
[('현우', 90, 85, 78), ('나래', 79, 92, 83), ('다온', 65, 71, 88)]
```

실행 결과를 살펴보니 모든 요소가 exam 리스트에 잘 추가되었습니다. 데이터를 리스트로 작성했다면 어떤 함수를 이용해야 가나다순으로 정렬할 수 있을까요? 맞습니다. sort 함수를 사용해야 합니다.

마지막으로 exam 리스트에 sort 함수를 사용해 가나다순으로 정렬해 줍니다.

```
exam.sort( )
print(exam)
```
```
[('나래', 79, 92, 83), ('다온', 65, 71, 88), ('현우', 90, 85, 78)]
```

실행 결과를 살펴보니 학생의 이름을 기준으로 요소가 가나다순 정렬됐습니다. 리스트의 sort 함수는 정렬 대상(요소)이 튜플처럼 여러 데이터를 포함하고 있는 자료형이라면 첫 번째 요소('이름')를 기준으로 정렬하라고 약속되어 있어 원하는 형태로 정렬이 가능합니다. 또한, 튜플 자료형의 내용은 변경되지 않기에 안심하고 정렬 함수를 사용할 수 있습니다.

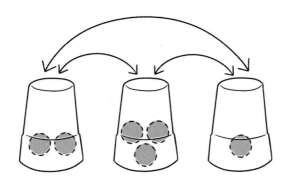

컵의 위치는 바뀔 수 있어도 컵 안의 내용물은 바뀌지 않는다.

짝꿍과 함께, 딕셔너리

지금까지 리스트와 튜플에 대해 살펴보았다면
이번 장에서는 리스트와 튜플처럼 여러 데이터를 저장하는 자료형인
딕셔너리(Dictionary)에 대해 알아보겠습니다.

9-1 딕셔너리와 키, 밸류

예제 소스 09-1.ipynb

딕셔너리는 '사전'이란 뜻으로 사전에서 단어를 찾으면 의미와 해설이 나오듯 딕셔너리 자료형에서는 키(Key)를 찾으면 밸류(Value)가 나옵니다.

리스트가 대괄호, 튜플이 괄호로 요소를 묶었다면 딕셔너리는 콜론으로 관계가 엮인 키와 밸류를 쉼표로 구분하여 중괄호로 묶습니다. 작성 방법은 다음과 같습니다.

{ 키1 : 밸류1, 키2 : 밸류2, 키3 : 밸류3, ... }

작성 방법을 확인했다면 과일을 한글 이름으로 검색했을 때 그에 대응되는 영어 이름를 찾아주는 딕셔너리를 작성해 보겠습니다.

---

fruit

사과 apple

딸기 strawberry

포도 grape

```
fruit = {'사과' : 'apple', '딸기' : 'strawberry', '포도' : 'grape'}
```

키 '사과'에 대응되는 밸류는 'apple'입니다. '사과'로 검색해 'apple'이라는 결괏값을 찾고 싶다면 인덱싱 기능을 활용합니다. 인덱싱은 리스트와 튜플처럼 대괄호를 사용하면 되지만 딕셔너리의 경우 대괄호 안에 인덱스를 추가하는 것이 아니라 키값을 추가하도록 약속되어 있습니다. 작성 방법은 다음과 같습니다.

> 딕셔너리[키]

작성 방법을 확인했다면 '딸기'에 대응되는 밸류를 출력하는 코드를 작성해 보겠습니다.

```
fruit['딸기']
'strawberry'
```

실행 결과를 살펴보니 검색 엔진에서 단어를 검색해 결과가 나오는 것처럼 인덱싱의 결과로 키에 대응되는 밸류가 출력됐습니다. 키 대신 인덱스(순서)를 추가하면 어떻게 될까요? 딸기는 두 번째 요소로 대괄호 안에 숫자 1을 추가해 보겠습니다.

```
fruit[1]
KeyError: 1
```

실행 결과를 살펴보니 대괄호 안에 키가 들어가야 하는데 숫자 1이 들어가서 KeyError가 발생했습니다. 쉽게 얘기하면 1이라는 키가 fruit 딕셔너리에 없어서 오류가 발생한 겁니다. 결과를 통해 딕셔너리는 인덱스 기준으로 인덱싱할 수 없다는 사실을 확인하게 됐습니다.

9-2 딕셔너리의 특징

딕셔너리는 순서가 정해지지 않은 자료형으로 사전의 단어 위치가 크게 중요하지 않은 것처럼 딕셔러 니 자료형 역시 키와 밸류의 위치는 중요하지 않아 키의 작성 순서는 무시합니다.

리스트와 튜플은 요소를 포함하고 있지만 딕셔너리는 키와 밸류의 쌍으로 구성된 자료형이라 동일한 자료형으로 연결 짓기 어려울 수 있습니다. 이해를 돕기 위해 RGB를 구성하는 세 가지 색깔의('red', 'green', 'blue') 컬러 리스트를 작성해 보겠습니다.

```
color = ['red', 'green', 'blue']
```

컬러 리스트는 세 개의 문자열 데이터를 담고 있으며 요소로 접근하기 위해 인덱싱 기능을 활용했습니다.

color[0]	color[1]	color[2]
'red'	'green'	'blue'

인덱스에 해당하는 0, 1, 2는 리스트에 명시적으로 표현되어 있지 않지만 리스트가 만들어짐과 동시에 자동으로 부여된 숫자입니다. 인덱스를 딕셔너리의 키로 요소를 밸류로 설정하면 딕셔너리 자료형으로 만들 수 있습니다. 설명한 내용을 바탕으로 키는 0, 1, 2, 밸류는 'red', 'green', 'blue'로 코드를 작성해 보겠습니다.

```
color_dict = {0:'red', 1:'green', 2:'blue'}
```

코드 작성이 완료되면 이제 키인 0, 1, 2를 통해서 밸류에 접근할 수 있습니다.

color_dict[0]	color_dict[1]
'red'	'green'

코드를 살펴보면 0, 1이 마치 리스트의 인덱스처럼 사용되었지만 딕셔너리 자료형의 키라는 점을 기억해야 하며 순서 상관없이 단지 밸류에 대응되는 키로만 의미가 있습니다. 정확한 확인을 위해 슬라이싱을 시도해 보겠습니다. 리스트 자료형이라면 슬라이싱을 이용해 'red'와 'green'만 출력할 수 있습니다.

```
# 인덱스 기준 0~1번 요소 선택
color[:2]
['red', 'green']
```

실행 결과를 살펴보니 생각했던 대로 결과가 잘 출력됐습니다. 이번에는 딕셔너리 자료형에도 슬라이싱을 시도해 보겠습니다.

```
color_dict[:2]
TypeError: unhashable type: 'slice'
```

실행 결과를 살펴보니 딕셔너리 자료형에는 슬라이싱을 사용할 수 없다는 TypeError가 발생했습니다. 딕셔너리는 작성된 키와 밸류에 순서가 없어 앞서 배운 리스트, 튜플과 차이가 있다는 점을 알아야 합니다.

그러면 딕셔너리는 주로 어떤 상황에서 사용할까요? 주로 여러 가지 정보를 포함하고 있는 데이터를 처리할 때 사용되는데 다음 예제를 통해 딕셔너리 자료형에 대해 더 자세히 알아보겠습니다

딕셔너리 자료형으로 정리하기

앞에서 세 학생의 시험 성적을 요소로 저장하고 정렬했으며 학생의 이름과 '국어', '영어', '수학' 점수를 성적순으로
튜플과 리스트로 만들었습니다.

이름	국어	영어	수학
현우	90	85	78
나래	79	92	83
다온	65	71	88

이전에 튜플로 표 안의 데이터를 정리했는데 주석을 통해 각 요소가 어떤 의미를 갖는지 표시할 수 있습니다. 이 데
이터를 딕셔너리 자료형으로 정리해 보겠습니다.

```
data1 = ('현우', 90, 85, 78)    # (이름, 국어, 영어, 수학)
data2 = ('나래', 79, 92, 83)
data3 = ('다온', 65, 71, 88)
exam = [data1, data2, data3]
```

딕셔너리 자료형은 우선 키와 밸류를 정해줘야 합니다. '나래'는 키와 밸류 중 어떤 것에 해당할까요? 만약 키라면
'나래'를 검색했을 때 '이름'이 나와야 할 것이고 밸류라면 '이름'을 검색했을 때 '나래'가 출력되어야 합니다.

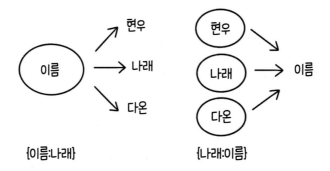

{이름:나래}　　　　　　　{나래:이름}

160

따라서 '이름'이 키이고 '나래'가 밸류입니다. 성적도 동일하게 '국어', '영어', '수학'이 키에 해당하고 79, 92, 83이 밸류에 해당합니다. 정리한 내용을 참고해 코드로 작성해 보겠습니다.

data2 = {'이름':'나래', '국어':79, '영어':92, '수학':83}

코드를 살펴보니 데이터가 좀 더 눈에 잘 들어옵니다. data2가 어떤 사람의 자료인지 확인하고 싶다면 '이름' 키로 인덱싱해서 밸류를 확인하면 됩니다.

data2['이름']   # 딕셔너리[키]

'나래'

각 과목의 시험 점수도 키로 인덱싱하여 접근할 수 있습니다.

data2['국어']

79

data2['영어']

92

data2['수학']

83

튜플로 코드를 작성했을 때보다 데이터 파악은 쉬워졌지만 아직 완벽하지는 않습니다. data2의 아쉬운 점은 학생 이름과 과목 이름('국어', '영어', '수학')의 분류가 정교하지 않은 것입니다. '국어', '영어', '수학'은 과목 이름이라는 공통된 특성이 있지만 학생 '이름'은 그렇지 않습니다. 그래서 '국어', '영어', '수학'을 '성적'이라는 카테고리로 묶어 정리해 보겠습니다.

이름	국어	영어	수학
현우	90	74	78
나래	79	92	83
다온	65	71	88

이름	성적		
	국어	영어	수학
현우	90	74	78
나래	79	92	83
다온	65	71	88

먼저 학생 '이름' 키에 대응되는 밸류는 '나래'로 딕셔너리 자료형으로 코드를 작성하면 다음과 같습니다.

```
data_2 = {'이름':'나래'}
```

다음 '성적' 키에 대응되는 밸류 또한 어떤 데이터로 쌍이 되어야 하는데 쉽게 파악이 안 되어 일단 '어떤 데이터'로 두겠습니다.

```
'성적':어떤 데이터
```

코드의 어떤 데이터는 무엇일까요? 맞습니다. 바로 '국어', '영어', '수학' 성적이 작성된 데이터입니다. 이 데이터를 딕셔너리 자료형으로 작성하면 다음과 같습니다.

```
grade_2 = {'국어':79, '영어':92, '수학':83}
```

이어서 '어떤 데이터'를 grade_2로 저장했기 때문에 이제 '성적' 키에 대한 밸류를 정의할 수 있습니다.

```
data_2 = {'이름':'나래', '성적':grade_2}
```

코드 작성이 끝나면 data_2를 출력해 실행 결과를 살펴봅니다.

```
print(data_2)
{'이름':'나래','성적':{'국어':79, '영어':92, '수학':83}}
```

실행 결과를 살펴보니 딕셔너리 안에 딕셔너리가 들어간 형태로 실전에서도 데이터의 수준을 맞추기 위해 많이 사용합니다. 이제 data_2로 원하는 데이터를 출력해 주는 코드를 작성해 보겠습니다.

data_2['이름']	data_2['성적']['국어']
'나래'	79

data_2['성적']['영어']	data_2['성적']['수학']
92	83

성적의 경우 이중 딕셔너리로 인덱싱도 '성적'과 '과목' 이름으로 두 번 진행해야 밸류의 접근이 가능합니다.
다른 학생들의 데이터 역시 동일한 방식으로 접근할 수 있습니다.

```
data_1 = {'이름':'현우', '성적':{'국어':90, '영어':74, '수학':78}}
data_3 = {'이름':'다온', '성적':{'국어':65, '영어':71, '수학':88}}
```

만약 학생들의 데이터가 더 추가되어 기존 데이터를 수정하고 싶다면 가능할까요? 가능합니다. 다음 표에서처럼 '나래'의 학년과 과학 점수가 추가되었다고 가정해 보겠습니다.

이름	학년	과학
나래	1	90

딕셔너리에 데이터를 추가하는 것은 마치 원래 데이터가 있었던 것처럼 키를 인덱싱해서 밸류를 저장하면 되고 작성 방법은 다음과 같습니다.

```
딕셔너리[새로운 키] = 새로운 밸류
```

작성 방법을 확인했다면 '학년'은 '이름', '성적'과 같은 수준의 데이터로 '학년'이라는 키를 만들어 밸류인 1을 저장해 주면 됩니다.

```
data_2['학년'] = 1
```

다음 과학 점수는 '성적' 안에 있는 '국어', '영어', '수학'과 같은 수준의 정보이기 때문에 '성적'을 인덱싱해서 밸류인 {'국어':79, '영어':92, '수학':83}을 grade_2 변수에 저장합니다. 이어서 grade_2에 대하여 '과학'이라는 키를 만들어 밸류인 90을 저장하는 코드를 작성합니다.

```
grade_2 = data_2['성적']    # {'국어':79, '영어':92,'수학':83}
grade_2['과학'] = 90
```

'나래'에 대한 정보인 data_2를 출력하는 코드를 다음과 같이 작성합니다.

```
print(data_2)
{'이름':'나래','성적':{'국어':79, '영어':92, '수학':83, '과학':90},'학년':1}
```

이번 시험은 1학년만 진행했기 때문에 '학년'에 대한 정보는 필요 없다고 합니다. 그럼 추가한 데이터를 삭제하는 것도 가능할까요? 물론입니다. 리스트에서 요소를 삭제하는 방식 중 하나와 동일한데요. 리스트에서는 다음 두 가지 방식으로 요소를 제거할 수 있었습니다.

- del 리스트[인덱스]
- 리스트.remove(제거할 데이터)

del 키워드로는 몇 번째(인덱스)에 위치한 요소를 삭제할 수 있고 remove 함수로는 데이터(요소)를 지정해서 삭제할 수 있었습니다. 딕셔너리에서 키:밸류 쌍을 삭제하는 방법은 del 키워드를 사용합니다.

```
del 딕셔너리[키]
```

'학년':1 데이터를 삭제하고 싶다면 다음과 같이 코드를 작성합니다.

```
del data_2['학년']
print(data_2)

{'이름':'나래','성적':{'국어':79, '영어':92, '수학':83, '과학':90}}
```

실행 결과를 살펴보니 생각한 대로 결괏값이 출력됐습니다. 딕셔너리 자료형은 간결한 코드 작성이 가능하며 다른 자료형과 비교해 데이터의 추가 및 제거도 쉽습니다. 지금까지 학습한 내용을 여러 번 복습하여 상황에 따라 알맞은 자료형을 선택해 활용할 줄 아는 입문자로 거듭나보세요!

딕셔너리에는 왜 remove 함수가 없을까?

아빠 리스트는 요소를 삭제하는 방법이 두 가지나 있는데 왜 딕셔너리는 하나만 있을까요?

파이썬에서 기능을 만들지 않은 이유는 첫 번째 필요하지 않거나 두 번째 만들 수 없어서, 둘 중의 하나야. 딕셔너리는 어디에 해당할 거 같니?

글쎄요. 너무 어려운데요? 그냥 가르쳐 주세요.

그래. 딕셔너리에는 왜 remove 함수가 없는지, 설명해 줄게.

리스트의 remove 함수는 요소를 직접 지정하여 제거했습니다. 만약 리스트 안에 동일한 요소가 여러 개 있다면 파이썬에서는 가장 맨 앞의 요소를 제거하도록 약속되어 있습니다. 예를 들어 1이 여러 개인 리스트를 만들어 remove 함수로 1을 제거하는 명령을 내리겠습니다.

```
data_list = [1, 2, 1, 2, 1, 2]
data_list.remove(1)    # 리스트.remove(제거할 데이터)
print(data_list)

[2, 1, 2, 1, 2]
```

실행 결과를 살펴보니 결괏값 맨 앞의 1만 제거되고 나머지는 그대로 출력됐습니다. 리스트의 remove 함수는 특정 상황에 '가장 앞의 요소를 제거한다'는 해결 방법을 갖고 있기 때문입니다. 딕셔너리의 경우는 어떨까요? 밸류에 중복값이 있는 딕셔너리를 작성해 보겠습니다.

```
data_dict = {'Jan':31, 'Feb':28, 'Mar':31, 'Apr':30, 'May':31}
```

딕셔너리에 remove 함수가 있었다면 아마도 밸류를 인자로 추가해 제거할 겁니다. 딕셔너리 안에서 밸류가 31인 데이터를 제거하라는 명령을 내리면 컴퓨터는 어떻게 반응할까요? 가장 앞에 있는 'Jan':31 를 제거해 줄까요? 아마 어려울 겁니다. 딕셔너리는 리스트와 다르게 순서가 없는 자료형이기 때문입니다. 'Jan':31이 적힌 순서대로 따지자면 가장 앞에 있긴 하지만 컴퓨터의 입장에서는 순서가 따로 정해지지 않아 어떤 것을 기준으로 데이터를 지워야 할지 혼동이 옵니다. 즉, 딕셔너리의 경우 '만약 데이터가 여러 개라면'이라는 예외적인 상황에서 리스트와 달리 '여러 개의 데이터 중무엇을 지워야 할지' 답을 낼 수 없습니다. 그래서 딕셔너리 자료형에는 remove 함수가 따로 없는 겁니다.

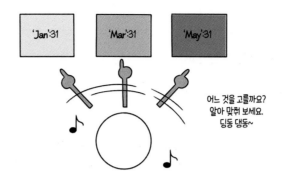

어느 것을 고를까요?
알아 맞춰 보세요.
딩동 댕동~

9-3 딕셔너리의 함수, keys

예제 소스 09-3.ipynb

딕셔너리는 데이터가 많을수록 키와 밸류의 정확한 구분이 어려워 빠르게 구조를 파악하기 힘듭니다. 이러한 문제를 해결하기 위해 파이썬에서는 딕셔너리의 함수 keys를 사용해 키만 뽑아내는 기능을 제공합니다. 작성 방법은 다음과 같습니다.

```
딕셔너리.keys( )
```

작성 방법을 확인했다면 이전에 사용한 딕셔너리 데이터(data_dict)의 키를 출력하는 코드를 작성해 보겠습니다.

```
data_dict = {'Jan':31, 'Feb':28, 'Mar':31, 'Apr':30, 'May':31}
key_list = data_dict.keys( )
print(key_list)

dict_keys(['Jan', 'Feb', 'Mar', 'Apr', 'May'])
```

실행 결과를 살펴보니 키가 리스트의 형태로 출력됐습니다. 리스트가 아닌 '리스트의 형태'라고 말한 이유는 여러 데이터를 저장해 리스트와 비슷해 보이지만 정확히 리스트는 아니라는 뜻입니다. key_list의 자료형을 확인하기 위해 type 함수를 작성해 보겠습니다.

```
type(key_list)
```
```
dict_keys
```

실행 결과를 살펴보니 결괏값이 dict_keys 자료형으로 출력됐습니다. 딕셔너리의 키를 표현하기 위해 만들어진 특수한 자료형인데 무엇 때문에 keys 함수의 결괏값을 리스트로 만들지 않고 dict_keys라는 자료형으로 만들었을까요? 아마 튜플을 사용하는 이유와 비슷할 겁니다. 리스트 자료형을 사용하면 메모리 사용량을 최적화할 수 있어 리스트 대신 사용했다고 보면 됩니다.

```
# key_list의 첫 번째 요소 접근 시도
key_list[0]
```
```
TypeError: 'dict_keys' object is not subscriptable
```

그런데 실행 결과로 dict_keys 자료형은 인덱싱할 수 없다는 오류가 발생했습니다. 슬라이싱도 시도해 보면 오류가 발생할 겁니다. key_list의 데이터를 조회해 보고 싶다면 list 함수를 사용해 리스트 자료형으로 변환하면 되고 정리한 내용으로 코드를 작성해 보겠습니다.

```
key_list = list(key_list)
key_list[0]
```
```
'Jan'
```

실행 결과를 살펴보니 리스트 자료형으로 변경되어 인덱싱 기능을 사용해 데이터에 접근할 수 있습니다. dict_keys 자료형의 기능이 부족한 경우에는 리스트 자료형으로 변환하면 됩니다. 키뿐만 아니라 밸류도 리스트의 형태로 출력할 수 있는데 딕셔너리의 함수 중 values를 활용하며 작성 방법은 다음과 같습니다.

```
딕셔너리.values( )
```

작성 방법을 확인했다면 코드를 참고해 data_dict의 모든 밸류를 출력해 보겠습니다.

```
data_dict = {'Jan':31, 'Feb':28, 'Mar':31, 'Apr':30, 'May':31}
value_list = data_dict.values( )
print(value_list)

dict_values([31, 28, 31, 30, 31])
```

실행 결과를 살펴보니 모든 밸류가 리스트 형태로 모여 중복이 가능한 것으로 보입니다. 자료형 확인을 위해 type 함수를 사용하여 확인해 보겠습니다.

```
type(value_list)

dict_values
```

실행 결과를 살펴보니 결괏값이 dict_value가 출력됐습니다. dict_keys와 마찬가지로 딕셔너리의 밸류를 표현하기 위해 만들어진 특수한 자료형입니다. 리스트와 매우 유사하지만 리스트가 아닌 자료형으로 출력된다는 것만 기억하고 넘어갑니다.

> **참고**
>
> 파이썬 2까지만 해도 keys, values 함수의 결과는 리스트 자료형이었습니다. 파이썬 3으로 오면서 메모리 사용을 절감하기 위해 위해 dict_keys, dict_values 자료형이 추가됐습니다.

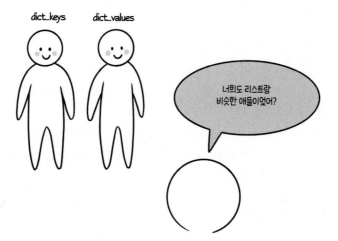

07 무엇이든 담는 장바구니, 리스트

❶ 리스트는 여러 데이터를 한 번에 저장할 수 있는 자료형입니다. 주로 비슷한 유형의 데이터를 저장합니다.

❷ 리스트 안에 들어가 있는 데이터를 요소라고 합니다. 요소가 저장되어 있는 순서를 인덱스라고 하며 0부터 시작됩니다.

08 정해진 건 변할 수 없다, 튜플

❶ 튜플은 리스트와 비슷하게 여러 데이터를 저장하는 자료형입니다. 다만 한 번 만들고 나서 수정할 수 없다는 특징이 있습니다.

❷ 리스트 대신 튜플을 사용하는 이유는 메모리 공간을 효율적으로 사용하기 위함입니다.

09 짝꿍과 함께, 딕셔너리

❶ 딕셔너리 자료형은 리스트, 튜플처럼 여러 데이터를 담고 있습니다. 사전에서 단어와 뜻이 짝을 이루듯이 딕셔너리에서는 키와 밸류가 짝을 이루고 있습니다.

❷ 데이터를 키 : 밸류 형태로 저장하며 중괄호를 이용해 데이터를 표시합니다.

❸ 딕셔너리는 순서가 없기 때문에 리스트처럼 인덱스를 이용해서 인덱싱할 수 없습니다. 오직 키로만 인덱싱할 수 있습니다. 동일한 이유로 슬라이싱도 할 수 없습니다.

01 두 개의 숫자를 입력받아 숫자의 합을 구하는 프로그램을 만들어 주세요. 예를 들어 1과 3을 입력 받았을 때 '1, 3의 합은 4입니다.'라는 문장이 출력되면 됩니다(**힌트** input, f-string).

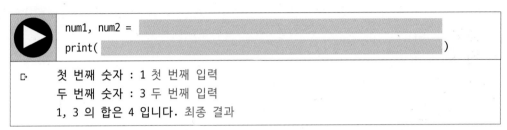

```
num1, num2 =
print(                                                    )
```

> 첫 번째 숫자 : 1 첫 번째 입력
> 두 번째 숫자 : 3 두 번째 입력
> 1, 3 의 합은 4 입니다. 최종 결과

02 다음은 가을이가 쓴 일기입니다. 일기의 내용을 조금 더 읽기 편하도록 한 줄에 한 문장만 들어가도록 수정한 후 출력해 주세요(**힌트** replace).

> 오늘은 아빠와 함께 코딩을 배우는 시간을 가졌다. 나는 아빠가 가르쳐준 간단한 코드를 작성하는 것을 배웠다. 이전에는 이것이 얼마나 어려울까 걱정했었는데, 실제로는 그렇게 어렵지 않았다. 아빠는 선생님처럼 나를 가르쳐주었고, 나는 아빠의 지도를 받으며 열심히 코딩을 배웠다. 아빠와의 코딩 수업은 정말 즐거웠다. 앞으로도 더 많은 것을 배우고 싶다.

[변경 전]

```
print(diary)
```

> 오늘은 아빠와 함께 코딩을 배우는 시간을 가졌다. 나는 아빠가 가르쳐준 간단한 코드를…

[변경 후]

```
print(diary)
```

> 오늘은 아빠와 함께 코딩을 배우는 시간을 가졌다.
> 나는 아빠가 가르쳐준 간단한 코드를 작성하는 것을 배웠다.
> 이전에는 이것이 얼마나 어려울까 걱정했었는데, 실제로는 그렇게 어렵지 않았다.
> 아빠는 선생님처럼 나를 가르쳐주었고, 나는 아빠의 지도를 받으며 열심히 코딩을 배웠다.
> 아빠와의 코딩 수업은 정말 즐거웠다.
> 앞으로도 더 많은 것을 배우고 싶다.

03 어느 웹 사이트에서 게시물의 첫 번째 문장을 볼 수 있는 미리 보기 기능을 만들려고 합니다. 문자열로 저장된 데이터(data)의 첫 번째 문장만 출력해 주세요(**힌트** split).

```
data = '''I am a boy.
You are a girl.
We like coding.'''
```

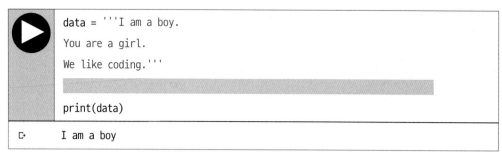

```
data = '''I am a boy.
You are a girl.
We like coding.'''


print(data)
```
```
I am a boy
```

04 가을이와 아빠가 카드 게임을 하고 있습니다. 규칙은 가장 큰 숫자의 카드를 갖고 있는 사람이 이기는 게임입니다. 예를 들어 가을이가 1, 4, 7을 갖고 있고 아빠가 2, 3, 6을 갖고 있다면 가장 큰 숫자인 7을 갖고 있는 가을이가 이깁니다. 가을이가 갖고 있는 카드가 a, 아빠가 갖고 있는 카드가 b에 저장되어 있을 때 가장 높은 숫자를 출력해 주세요(**힌트** max).

```
a = [1, 4, 7]
b = [2, 3, 6]
```

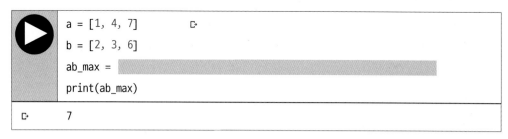

```
a = [1, 4, 7]
b = [2, 3, 6]
ab_max =
print(ab_max)
```
```
7
```

05 1부터 5까지 숫자를 순서대로 a부터 e에 저장해달라고 신입사원 김초보에게 부탁했습니다. 하지만 파이썬에 익숙하지 않은 김초보는 다음과 같이 데이터를 저장했습니다.

a	b	c	d	e
1	2	4	3	5

c와 d의 값이 서로 바뀌어 있는 이 상태에서 데이터를 단 한 줄의 코드로 수정해 주세요(**힌트** 언패킹).

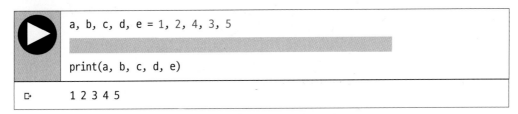

```
a, b, c, d, e = 1, 2, 4, 3, 5


print(a, b, c, d, e)
```
⊳   1 2 3 4 5

06 각 나라의 수도가 다음과 같이 정리되어 있습니다.

한국	미국	영국
서울	워싱턴	런던

나라의 데이터를 입력받아 수도를 출력해주는 프로그램을 만들어 주세요. 예를 들어 '미국'을 입력하면 '미국의 수도는 워싱턴입니다.'라는 문장이 출력되어야 합니다(**힌트** 딕셔너리).

```
cap_dict = {                                    }
nation = input('나라 이름 : ')
result =
print(f'                                        ')
```
⊳   나라 이름 : 미국 입력
     미국의 수도는 워싱턴입니다. 최종 결과

Chapter 4

참과 거짓, 조건문

> 아빠! 숫자를 입력하면 입력된 숫자에 1을 더하는 프로그램을 만들었어요!

아들

> 엇… 아빠가 실수로 1 대신 q를 입력했더니 오류가 발생했구나.

아빠

> 저는 오류가 너무 싫은데 q를 입력해도 오류가 발생하지 않게 할 수 없을까요?

아들

> 가을이가 아주 훌륭한 생각을 했구나. 이제부터 배울 조건문을 사용하면 이런 돌발 상황도 잘 대처할 수 있을거야.

아빠

 Keyword   #불자료형 #비교연산 #논리연산 #조건문

자료형의 신호등, 불 자료형

마지막으로 소개할 자료형은 불(bool) 자료형입니다.
불 자료형을 간단하게 설명하면 참(True), 거짓(False)을 나타내는 자료형입니다.
이번 장에서는 불 자료형에 대해 자세히 알아보겠습니다.

10-1 참 또는 거짓, 불 자료형

예제 소스 10-1.ipynb

참과 거짓만 구분하는 자료형이니 설명이 간단할 것 같지만 그렇지 않습니다. 불 자료형은 뒤에서 학습할 조건문에서 아주 큰 역할을 담당하기 때문에 집중해야 합니다. 조건문은 주로 언제 사용되며, 그 과정에서 불 자료형은 어떤 역할을 하는지 살펴보겠습니다.

조건문을 학습하지 않은 우리는 아직 직진만 할 줄 아는 초보 운전자와 같습니다. 앞에서 열심히 변수, 숫자형, 문자열, 리스트, 튜플 등등 파이썬 학습을 끝마치고 왔는데 다시 초보자 취급이라니 황당한 분들도 있을 겁니다. 그러한 분들을 위해 몇 가지 예를 들어 설명해 보겠습니다.

만약 '현재 온도는 ○○입니다'라는 결괏값을 출력해야 하는 코드를 작성한다면 먼저 input 함수를 작성해 변수에 저장하고 데이터를 문자열에 집어넣기 위해 f-string을 작성해 줍니다.

```
temperature = input( )  # 입력받은 데이터를 temperature에 저장
print(f'현재 온도는 {temperature}입니다.')

25   ← 입력 데이터
현재 온도는 25입니다.   ← 최종 결과
```

실행 결과를 살펴보니 '25'라는 온도를 입력하면 결괏값으로 원하는 문장이 출력되는 걸 확인할 수 있습니다. 그런데 만약 온도가 10 이하일 때 '추워요'가 출력되도록 하려면 지금까지 학습한 내용을 바탕으로 원하는 결과를 출력할 수 있을까요?

아쉽지만 아직은 어렵습니다. 우리는 줄곧 데이터 형태가 정해진 코드를 작성하고 결과를 출력했기 때문입니다. 그렇다고 언제까지 직진만 할 수는 없죠. 데이터 조건에 따라 방향 전환을 도와주는 불 자료형과 조건문에 대해 살펴보고 직접 코드를 작성해 보겠습니다.

불 자료형의 형태를 본격적으로 살펴보기 전에 먼저 불 자료형의 연산 과정을 이해해야 합니다. 차근차근 설명할 테니 천천히 따라와 주세요.

누군가 '온도가 10 이하라면 '추워요''라는 결괏값을 출력해 달라는 요청이 왔습니다. '추워요'라는 결과를 출력하기 위해선 코드에 작성된 온도 데이터가 10과 비교해 같거나 낮아야 하며 우리는 이 경우를 'True'라 생각하고 높으면 'False'로 생각합니다. 즉 'True'라면 '추워요' 결과가 출력되고 'False'라면 아무 일도 발생하지 않습니다.

데이터의 조건에 따라 'True'와 'False'로 생각하게 된 연산 과정을 이해했다면 불 자료의 형태에 대해 살펴보겠습니다.

불 자료형은 조건문에서 많이 사용되지만 가끔 함수의 인자 역할을 할 때도 있습니다(**Link** [챕터 3] sort 함수를 참고해 주세요).

> 리스트.sort(reverse=True)

sort 함수는 오름차순 정렬이 기본 옵션이지만 데이터를 내림차순으로 정렬할 때는 reverse 함수의 매개변수를 True로 지정해 줘야 합니다. 이때 지정한 True는 불 자료형으로 함수의 인자로 사용되기도 합니다.

10-2 불 자료형의 형태

예제 소스 10-2.ipynb

코드에 작성된 온도와 10을 비교해 이하인지(True) 초과인지(False) 구분하기 위해서는 비교 연산자 '<='를 사용하며 작성 방법은 다음과 같습니다.

> 입력된 온도 <= 10

비교 연산자는 단순히 좌변과 우변의 관계를 표현하는 게 아니라 좌변과 우변의 값을 비교해 맞으면 'True', 틀리면 'False'로 데이터를 생성하는 비교 연산자입니다. 따라서 원리를 확인했다면 온도 데이터와 10을 비교 연산하는 코드를 작성해 보겠습니다.

```
temperature = 8      # 10보다 작은 값
temperature <= 10    # 8<=10(참)

True
```

```
temperature = 12     # 10보다 큰 값
temperature <= 10    # 12<=10(거짓)

False
```

실행 결과를 살펴보니 조건에 따라 True와 False의 결괏값이 잘 출력됐습니다. '<='를 포함하여 두 데이터의 값을 비교하는 비교 연산자는 총 여섯 가지이며 다음과 같습니다.

비교 연산자	비교 대상	결과
==	두 변의 크기가 같은지 비교합니다.	같으면 True, 다르면 False
!=	두 변의 크기가 다른지 비교합니다.	다르면 True, 같으면 False
⟨	좌변이 우변보다 작은지 비교합니다.	작으면 True, 크거나 같으면 False
⟩	좌변이 우변보다 큰 지 비교합니다.	크면 True, 작거나 같으면 False
⟨=	좌변이 우변보다 작거나 같은지 비교합니다.	작거나 같으면 True, 크면 False
⟩=	좌변이 우변보다 크거나 같은지 비교합니다.	크거나 같으면 True, 작으면 False

꺾쇠(⟨, ⟩)는 수학에서 부등호 기호로도 사용되고 있어 우리에게 익숙하지만 '==' 또는 '⟩='처럼 자주 사용하지 않는 연산자 형태는 코드 작성 시 실수를 유발하기도 합니다.

수학
3 = 1+2
4 ≧ 3

파이썬
3 == 1+2
3 >= 4

특히, 등호(=)는 파이썬에서 우변의 데이터를 좌변의 변수에 저장하는 할당 연산자로 자주 사용하는 연산자이기에 '='와 '=='를 혼동하여 많이 실수하니 꼭 주의해서 사용해 주세요.

순서가 중요해요

 아빠, 비교 연산자를 사용하려고 코드를 만들어 봤는데 오류가 발생했어요.

어떤 코드를 실행했는지 알려주겠니?

 '10 =< 11'를 입력하고 코드를 실행했어요. 10보다 11이 크니까 당연히 True가 나올 줄 알았는데 오류가 출력됐어요!

연산자를 작성하는 순서가 잘못되어 오류가 발생한 거란다.

파이썬에서 비교 연산자를 작성할 때는 순서가 매우 중요합니다. 같음의 의미를 포함하는 비교 연산자 '<=', '>='는 꺾쇠 뒤에 등호를 작성하도록 약속되어 있으며 작성 방법은 다음과 같습니다.

```
데이터1 <= 데이터2
데이터1 >= 데이터2
```

만약 등호와 꺾쇠의 순서를 마음대로 바꿔 코드를 작성하면 오류가 발생합니다.

```
10 =< 11

SyntaxError: cannot assign to literal
```

실행 결과를 살펴보니 문법을 지키지 않아 SyntaxError가 발생했습니다. 오류 메시지 뒤에 이어진 내용은 변수가 아닌 상수 데이터(literal)에 데이터를 저장할 수 없다는 뜻으로 파이썬은 '='를 비교 연산자가 아닌 할당 연산자로 이해해 좌변의 10이라는 데이터에 어떤 값을 저장하기 위해 시도했다고 판단한 겁니다. 오류를 피하고 싶다면 파이썬의 규칙을 떠올려 규칙에 맞게 코딩해 주세요.

10-3 논리 연산자, and

예제 소스 10-3.ipynb

이번에는 '온도가 10보다 높고 20보다 낮으면 '선선하네요''라는 문구가 출력되어야 하는 경우를 살펴보겠습니다. 이전과 다르게 '온도가 10보다 높고', '온도가 20보다 낮다'의 온도 데이터 조건이 두 개입니다. 두 조건을 동시에 만족해야만 '10보다 높고 20보다 낮다'로 출력할 수 있습니다. 온도가 15일 때를 가정하여 비교 연산자를 사용해 코드를 작성해 보겠습니다.

```
temperature = 15
temperature > 10
```
```
True
```

```
temperature < 20
```
```
True
```

실행 결과를 살펴보니 작성된 두 코드의 결괏값이 모두 True이기 때문에 '10보다 높고 20보다 낮다'는 말은 참입니다. 이와 같이 두 가지 조건이 모두 참이면서 True를 결괏값으로 출력하는 코드를 파이썬에서는 논리 연산자 'and'를 사용하며 작성 방법은 다음과 같습니다.

> 불 자료형 and 불 자료형

논리 연산자 and는 좌변에 있는 불 자료형과 우변에 있는 불 자료형이 모두 True라면 연산의 결괏값으로 True를 출력합니다. 작성 방법을 확인했다면 온도가 15일 때 두 데이터의 조건 결과를 and로 연산하는 코드를 작성해 보겠습니다.

```
temperature = 15
(temperature > 10) and (temperature < 20)    # True and True
```
```
True
```

실행 결과를 살펴보니 두 조건을 모두 만족하기 때문에 True and True라는 논리 연산의 결괏값으로 True가 출력된 걸 확인할 수 있습니다. 꺾쇠(〉)도 연산자이고 and도 연산자라서 연산의 순서를 명확히 지정하기 위해 괄호를 사용하였고 이로 인해 크기를 비교하는 비교 연산이 먼저 수행된 후 논리 연산이 실행됐습니다. 과정을 간략히 정리하면 다음과 같습니다.

① temperature 〉 10을 연산한 결괏값 True를 내보냅니다.

② temperature 〈 20을 연산한 결괏값 True를 내보냅니다.

③ True and True를 연산한 결괏값 True를 내보냅니다.

만약 온도가 5라면 어떻게 될까요? 코드를 작성해 보겠습니다.

```
temperature = 5
(temperature > 10) and (temperature < 20)     # False and True

False
```

실행 결과를 살펴보니 온도가 10보다 높아야 하는 조건을 만족하지 않아 temperature〉10의 연산 결
괏값은 False입니다. 따라서 두 번째 조건의 결과와 상관없이 and 연산의 결괏값은 False가 출력됐
습니다. 위의 결괏값을 통해 and 연산자는 두 가지 조건을 모두 만족할 때만 True가 출력된다는 걸
알 수 있습니다.

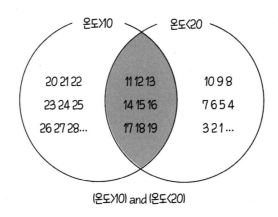

(온도〉10) and (온도〈20)

10-4 논리 연산자, or

예제 소스 10-4.ipynb

이번에는 '온도가 −20 이하이거나 40 이상이면 '이상 기후입니다'라는 문구가 출력되어야 하는 경우를 살펴보겠습니다. 이전과 마찬가지로 온도 데이터 조건은 두 개입니다('온도가 −20보다 같거나 낮다', '온도가 40보다 같거나 높다'). 그런데 앞의 경우는 두 조건을 동시에 만족해야 했지만, 지금은 두 조건 중 하나만 만족해도 '−20 이하이거나 40 이상이다'라고 할 수 있습니다. 온도가 −25일 때를 가정하여 비교 연산자를 사용해 코드를 작성해 보겠습니다.

```
temperature = -25
temperature <= -20
```
```
True
```

```
temperature >= 40
```
```
False
```

실행 결과를 살펴보니 작성된 두 코드의 결괏값 중 하나가 True이기 때문에 '−20 이하이거나 40 이상이다'라는 말은 참입니다. 이와 같이 두 가지 조건 중 하나만 참이어도 True를 결괏값으로 출력하는 코드를 파이썬에서는 논리 연산자 'or'을 사용하며 작성 방법은 다음과 같습니다.

> 불 자료형 or 불 자료형

논리 연산자 or은 좌변에 있는 불 자료형과 우변에 있는 불 자료형 중 하나라도 True라면 연산의 결괏값으로 True를 출력합니다. 작성 방법을 확인했다면 온도가 −25일 때 두 데이터의 조건 결과를 or로 연산하는 코드를 작성해 보겠습니다.

```
temperature = -25
(temperature <= -20) or (temperature >= 40)    # True or False
```
```
True
```

실행 결과를 살펴보니 좌변의 조건(temperature <= −20)이 True이기 때문에 논리 연산의 결괏값으로 True가 출력됐습니다.

만약 온도가 30이라면 어떻게 될까요? 코드를 작성해 보겠습니다.

```
temperature = 30
(temperature <= -20) or (temperature >= 40)     # False or False

False
```

실행 결과를 살펴보니 두 조건 모두 False로 전체 연산의 결괏값은 False가 출력됐습니다. 위의 결괏값을 통해 or 연산자는 두 가지 조건 중 하나만 만족해도 True가 출력된다는 걸 알 수 있습니다.

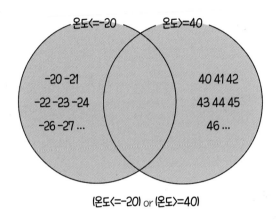

(온도<=-20) or (온도>=40)

10-5 비교 연산자, !=

예제 소스 10-5.ipynb

마지막으로 '온도가 25가 아닐 때 '상온에서 벗어났습니다''라는 문구가 출력되어야 합니다. 앞에서 살펴본 것과 다르게 '온도가 25가 아님'으로 조건이 단 한 개입니다. 이와 같이 한 가지 조건을 비교했을 때 같지 않으면 True를 결괏값으로 출력하는 코드를 파이썬에서는 비교 연산자 '!='을 사용하며 작성 방법은 다음과 같습니다.

```
데이터 != 데이터
```

작성 방법을 확인했다면 온도가 26일 때를 가정하여 비교 연산자로 코드를 작성해 보겠습니다.

```
temperature = 26
temperature != 25    # 26 != 25

True
```

실행 결과를 살펴보니 temperature에 저장된 데이터(26)와 25의 데이터가 같지 않아 결괏값으로 True가 출력됐습니다. '!='도 연산자의 작성 순서가 정해져 있어 '=!'로 사용하지 않도록 주의해야 합니다.

'!=' 외에도 같지 않음을 비교하고 싶다면 '==' 연산자와 not 연산자를 조합하여 사용할 수도 있습니다 (not은 불 자료형을 반대로 바꿔주는 논리 연산자입니다). 작성 방법은 다음과 같습니다.

```
not 불 자료형
```

작성 방법을 확인했다면 불 자료형 앞에 not을 붙여 코드를 작성해 보겠습니다.

```
not True

False
```

```
not False

True
```

실행 결과를 살펴보니 True에 not을 추가해 False가 False에 not을 추가해 True의 결과가 출력됐습니다. 이번에는 not과 비교 연산자 '=='을 조합해 온도 데이터가 25와 같지 않음을 코드로 작성해 보겠습니다. 먼저 온도 데이터가 25와 같은지 비교 연산자 '=='로 연산하고 이어서 연산된 결과에 논리 연산자 not을 붙여 반대로 출력합니다.

```
temperature = 26
not (temperature == 25)    # not False

True
```

실행 결과를 살펴보니 비교 연산의 결과로 False가 출력됐지만 not을 추가해 결괏값이 True로 변경 됐습니다. 이처럼 논리 연산자인 not과 비교 연산자 '=='를 조합하면 '!='을 작성하는 것과 동일한 결 과를 출력할 수 있습니다. 하지만 이 방식은 자칫하면 코드의 가독성을 해칠 우려가 있어 되도록 '!=' 를 사용할 것을 권장합니다.

불 자료형1	논리 연산자	불 자료형2	결괏값
True	and	True	True
True	and	False	False
False	and	False	False
True	or	True	True
True	or	False	True
False	or	False	False
	not	True	False
	not	False	True

참고

파이썬에서는 True와 False의 앞 글자를 대문자로 작성하도록 약속되어 있습니다. 만약 이 규칙을 지키지 않으면 오류가 발생합니다.

```
not true
```

```
NameError: name 'true' is not defined
```

실행 결과를 살펴보니 'true'라는 변수가 정의되지 않았다는 NameError가 발생했습니다. 파이썬은 true를 불 자료형 True가 아닌 변수 이름으로 인식한다는 것을 참고해 주세요.

비행기와 미사일의 충돌 판단하기

게임 제작 과정에서 플레이어가 조종하는 비행기와 미사일의 충돌 로직이 필요하다는 업무 요청이 와서 작성해 보려고 합니다. 먼저 주어진 데이터 조건을 확인합니다.

- 미사일과 비행기는 각각 한 변의 길이가 10, 30인 정사각형의 형태입니다.
- 위치 좌표(x, y)는 좌측 원점(0, 0)으로 하며 우측 아래 쪽으로 갈수록 x, y값이 커집니다.
- 미사일과 비행기의 위치는 사각형의 좌측 꼭짓점을 기준으로 표시합니다.
- 미사일과 비행기를 표현하는 정사각형이 조금이라도 중첩되면 충돌로 판단합니다.

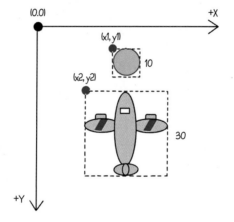

비행기의 위치(x2, y2)가 고정된 상태에서 미사일(x1, y1)이 어느 위치에 있어야 충돌로 판단할 것인지 그림을 그려 보겠습니다.

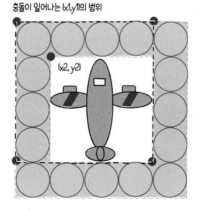

충돌이 일어나는 (x1,y1)의 범위

그림을 통해 미사일의 위치(x1, y1)와 비행기 위치(x2, y2)의 크기를 비교해 두 물체의 충돌을 판단할 수 있습니다. 먼저 x 방향에서의 충돌이 일어나는 범위를 표시해 보겠습니다.

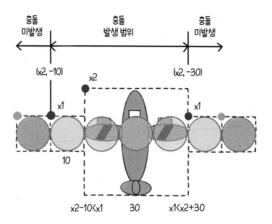

- 충돌이 비행기 좌측에서 일어날 경우 : x2-10 < x1
- 충돌이 비행기 우측에서 일어날 경우 : x1 < x2+30

y 방향에서 충돌이 일어난 범위도 표시해 보겠습니다.

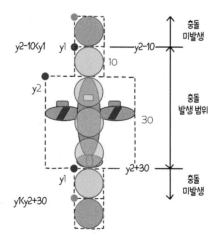

- 충돌이 비행기 위쪽에서 일어날 경우 : y2−10 < y1
- 충돌이 비행기 아래쪽에서 일어날 경우 : y1 < y2+30

종합하면 총 네개의 조건을 만족해야 합니다.
- x 방향 : x2−10 < x1, x1 < x2+30
- y 방향 : y2−10 < y1, y1 < y2+30

동시에 모든 조건을 만족해야 하기 때문에 and 연산자를 사용하며 작성 방법은 다음과 같습니다.

> (x 방향 조건1) and (x 방향 조건2) and (y 방향 조건3) and (y 방향 조건4)

미사일의 위치가 (10, 10)이고 비행기의 위치가 (15, 15)일 때 충돌 가능성을 판별해 보겠습니다. 튜플의 언패킹 특성을 이용해 x, y 방향 위치를 한 번에 저장하는 코드를 작성해 보겠습니다.

```
x1, y1 = 10, 10  # x1, y1에 각각 10, 10을 저장
x2, y2 = 15, 15  # x2, y2에 각각 15, 15를 저장
```

위에서 도출한 네 가지의 조건을 동시에 만족하는지 확인해 보겠습니다.

```
(x2-10 < x1) and (x1 < x2+30) and (y2-10 < y1) and (y1 < y2+30)
# (15-10 < 10) and (10 < 15+30) and (15-10 < 10) and (10 < 15+30)
```

```
True
```

실행 결과를 살펴보니 네 가지 조건을 모두 만족해 결괏값이 True로 출력됐습니다. 따라서 이 위치라면 미사일과 비행기가 서로 충돌했다고 판단할 수 있습니다.

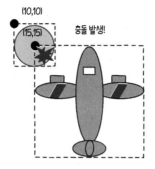

이번에는 미사일의 위치가 (25, 0)이고 비행기의 위치가 (15, 15)일 때 충돌을 판별하는 코드를 작성해 보겠습니다.

```
x1, y1 = 25, 0
x2, y2 = 15, 15
(x2-10 < x1) and (x1 < x2+30) and (y2-10 < y1) and (y1 < y2+30)
# (15-10 < 25) and (25 < 15+30) and (15-10 < 0) and (0 < 15+30)
```

```
False
```

실행 결과를 살펴보니 네 가지 조건 중 하나(y2-10 < y1)가 False로 전체 연산 결과는 False로 출력됐습니다. 따라서 이 경우는 충돌하지 않은 것으로 판단할 수 있습니다.

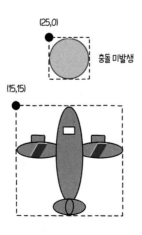

파이썬에서는 세 개 이상의 데이터 조건을 비교 연산하기 위해 and 논리 연산자를 사용했습니다.

(데이터1 < 데이터2) and (데이터2 < 데이터3)

하지만 and 연산자 없이 비교 연산자를 동시에 여러 개 사용할 수도 있습니다.

데이터1 < 데이터2 < 데이터3

x 방향과 y 방향의 비교 연산은 다음과 같이 바뀔 수 있습니다.

- $(x2-10 < x1)$ and $(x1 < x2+30)$ → $x2-10 < x1 < x2+30$
- $(y2-10 < y1)$ and $(y1 < y2+30)$ → $y2-10 < y1 < y2+30$

바뀐 방식으로 코드를 작성해 보겠습니다.

```
x1, y1 = 10, 10
x2, y2 = 15, 15
(x1-30 < x2 < x1+10) and (y1-30 < y2 < y1+10)
```
```
True
```

```
x1, y1 = 25, 0
x2, y2 = 15, 15
(x1-30 < x2 < x1+10) and (y1-30 < y2 < y1+10)
```
```
False
```

실행 결과를 살펴보니 생각했던 대로 결과가 잘 출력됐습니다. 예시처럼 조건이 많아져 코드의 가독성이 떨어지는 경우 비교 연산자를 여러 개 사용해 조건을 표현하는 것도 하나의 방법이 될 수 있으니 활용해 보시기 바랍니다.

예약 손님 명단 확인하기

미디어에 여러 번 노출된 유명한 식당의 예약 손님을 관리하는 일을 담당하게 되었습니다. 오늘 총 10팀의 예약을 받았고 예약 손님이 식당에 도착하면 손님의 이름과 명단을 대조해 확인한 후 자리를 안내합니다(예약 명단에는 예약 손님의 이름과 전화번호 끝 네 자리가 포함되어 있습니다).

이름	전화번호 끝 네 자리
김민지	5839
이수민	2764
박영호	9401
최지은	0172
김현우	4298
박영호	7523
이민수	3150
정윤지	6087
임서영	1932
유은서	8645

가게 영업 시작 시간 전에 예약자 이름을 리스트로 만들고 name 리스트에 예약자 이름을 문자열 형태로 저장합니다.

```
name = ['김민지', '이수민', '박영호', '최지은', '김현우',
'박영호', '이민수', '정윤지', '임서영', '유은서']
```

손님이 가게에 오면 입장 순서 대로 손님의 이름을 여쭈어보고 name 리스트에 있는지 확인하면 됩니다. 첫 번째 손님이 입장하여 이름을 물어봤습니다. 손님의 이름은 '김현욱'이라고 합니다. 리스트에 데이터가 있는지 확인하기 위해 count 함수를 사용하며 작성 방법은 다음과 같습니다.

```
리스트.count(개수 확인할 요소)
```

작성 방법을 확인했다면 리스트를 참고해 count 함수를 사용합니다. 만약 이름이 있다면 count 함수의 결괏값으로 1 이상이 나옵니다. count 함수의 결괏값과 1을 비교 연산하는 불 자료형 코드를 작성해 보겠습니다.

```
name.count('김현욱') >= 1
False
```

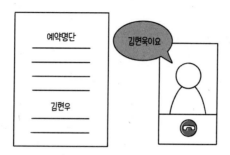

실행 결과를 살펴보니 비교 연산의 결괏값으로 False가 출력됐습니다. count 함수의 결괏값이 1 이상이 아니라는 뜻입니다. count 함수의 결괏값을 직접 확인해 보겠습니다.

```
name.count('김현욱')
```
```
0
```

실행 결과를 살펴보니 결괏값이 0으로 출력됐습니다. name 리스트에는 '김현욱'이라는 요소가 없다는 것을 알 수 있습니다. 따라서 이 손님은 오늘 예약한 손님이 아닙니다. 예약자 명단을 확인해 보니 예약 당시 종업원이 이름을 잘못 들어 '김현우'로 예약되었던 것입니다. 손님에게 사과하고 자리로 안내했습니다.

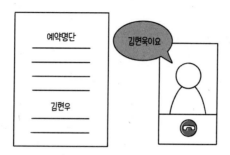

종업원 : 네, 성함이요?

손님 : 김현욱이요.

종업원 : (시끄러워서 잘못 들음) 네, 김현우님 감사합니다.

두 번째로 입장한 예약 손님의 이름은 '박영호'입니다. 동일하게 count 함수를 사용해 '박영호' 요소의 개수가 1 이상인지 확인하는 코드를 작성해 보겠습니다.

```
name.count('박영호') >= 1
```
```
True
```

실행 결과를 살펴보니 결괏값으로 True가 출력됐습니다. '박영호'라는 손님이 한 명 이상은 있다는 것을 알 수 있습니다. 명단을 직접 확인해 보니 '박영호'가 두 명입니다. 전화번호 뒷자리를 대조해 어떤 '박영호'인지 정확히 확인해야 합니다. 지금 입장한 박영호 씨의 전화번호 끝자리는 '7523'입니다. 전화번호가 저장된 phone_num 리스트에서 '7523'을 찾고 그 번호의 주인이 '박영호'가 맞는지 확인해 보겠습니다. 먼저 명단의 전화번호를 리스트로 저장합니다.

```
phone_num = ['5839', '2764', '9401', '0172', '4298',
'7523', '3150', '6087', '1932', '8645']
```

번호 끝자리 '7523'이 phone_num 리스트에서 몇 번째로 위치하는지 인덱스를 출력합니다. 인덱스를 찾으면 name 리스트에서 번호와 같은 위치에 '박영호'가 있는지 확인하면 됩니다. 리스트에서 요소의 인덱스를 확인하는 index 함수를 사용하며 작성 방법은 다음과 같습니다.

```
리스트.index(인덱스 확인할 요소)
```

작성 방법을 확인했다면 phone_num에서 '7523'의 인덱스를 확인하는 코드를 작성히 보겠습니다.

```
i = phone_num.index('7523')
print(i)

5
```

실행 결과를 살펴보니 phone_num에서 '7523'의 인덱스가 5이기 때문에 name 리스트의 인덱스가 5인 요소가 '박영호'인지 비교 연산자 '=='를 사용해 코드를 작성합니다.

```
name[i] == '박영호'

True
```

실행 결과를 살펴보니 True가 결괏값으로 출력되어 이름, 전화번호가 명단과 일치한다고 판단할 수 있습니다. 이처럼 리스트 안에 요소의 확인은 count 함수와 index 함수의 결과로 알 수 있습니다. count 함수는 요소의 개수로 간접 확인이 가능하고 index 함수는 요소가 없는 경우 오류가 발생합니다.

index 함수와 count 함수 외에 좀 더 직관적인 확인을 원한다면 멤버 연산자 in을 활용할 수 있습니다. 영어에서 'A in B'라고 하면 B(큰 것) 안에 A(작은 것)가 있다는 뜻입니다. 따라서 좌변에는 데이터(작은 것), 우변에는 리스트(큰 것)가 위치하며 작성 방법은 다음과 같습니다.

코딩 스킬 레벨업 11

데이터 in 리스트

in 연산자는 좌변의 데이터가 우변의 리스트에 포함될 때 True 결괏값을 출력합니다. in 연산자를 사용해 name 리스트에 '김현욱'과 '박영호'가 있는지 확인하는 코드를 작성해 보겠습니다.

'김현욱' in name	'박영호' in name
False	True

실행 결과를 살펴보니 함수를 사용한 것과 동일한 결괏값이 출력됐습니다. 리스트는 물론 여러 데이터를 저장하는 문자열, 튜플을 대상으로도 멤버 연산이 가능합니다. in 연산자를 활용하여 코드를 다양하게 작성해 보세요.

신호가 들어오면
좌회전, if문

조건문을 사용하면 직진만 하던 초보 운전자에서
방향을 마음대로 전환할 수 있는 운전자로 레벨업하게 됩니다.
불 자료형을 충분히 이해했다면 이번 장에서는 조건문에 대해 자세히 알아보겠습니다.

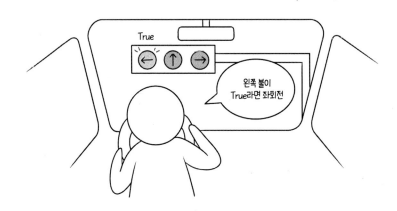

11-1 if문의 개념 및 형태

파이썬에서 if 조건문(이하 if문)은 if문에 설정한 조건이 참일 때 명령문을 실행합니다. 코드의 맨 처음 if문 뒤에 조건을 추가하고 이어서 콜론(:)을 입력한 후 조건 만족 시 실행할 내용을 추가해 줍니다(실행 내용이 한 줄이라면 바로 다음에 실행될 코드를 추가할 수 있습니다). 작성 방법은 다음과 같습니다.

```
if 조건 : 실행할 내용
```

if문이 등장하면 파이썬은 조건문이 시작되는 것을 인식해 작성된 코드가 조건문의 형식을 잘 갖추었는지 확인합니다. 혹시나 조건문에 띄어쓰기를 하지 않았다면 if문을 조건문이 아닌 변수로 인식하기 때문에 반드시 띄어쓰기를 추가해야 하며 조건은 이전에 배운 비교 연산자(==, !=, 〈, 〉, 〈=, 〉=) 또는 논리 연산자(and, or, not), 멤버 연산자(in)의 결괏값인 불 자료형(True나 False)형태입니다.

```
if a (비교 연산자) b
```

콜론은 딕셔너리 자료형에서 키와 밸류를 표시할 때도 사용되었지만 if문에서는 조건의 끝에 추가해 콜론 이후에 나오는 내용은 '조건 만족 시 실행되는 내용'이란 구분도 해줍니다.

만약 실행할 내용이 여러 줄이라면 다음 줄부터 코드를 작성합니다. 이때 실행 내용은 반드시 들여쓰기 하며 코랩에서는 콜론을 붙인 상태에서 Enter를 누르면 자동으로 들여쓰기가 적용됩니다. 실행할 내용이 들여쓰기 되어 있는 건 코드를 묶어 놓은 특별한 구역이 생성된 것과 같습니다. 하나의 구역에 모여 있는 코드들은 if 뒤에 있는 조건을 만족한다면 순서대로 실행됩니다.

잠깐만요

코랩의 자동 들여쓰기를 네 칸으로 변경하기

파이썬에서 콜론 다음 줄은 네 칸 들여쓰기가 표준으로 설정 되어있습니다. 컴퓨터는 두 칸, 네 칸, 여덟 칸을 모두 들여쓰기로 인정해 주지만 다수가 네 칸 들여쓰기를 사용하기에 표준을 따르는 것이 좋습니다. 코랩은 자동 들여쓰기가 기본 두 칸으로 설정된 경우도 있는데 이럴 땐 옵션을 네 칸으로 변경해 줘야 합니다.

① 코랩 환경에서 [도구] 탭 – [설정]을 선택합니다.

② [편집기] 탭에서 들여쓰기 너비(공백 개수)를 4로 수정하고 하단의 [저장] 버튼을 클릭합니다.

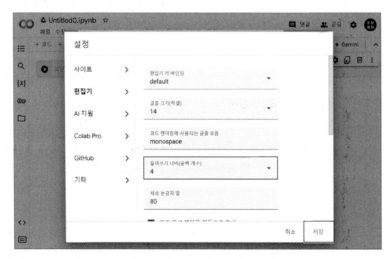

실행할 내용이 여러 줄이면 다음과 같이 모두 네 칸 들여쓰기 해줘야 합니다.

```python
if name.count('박영호') >= 1:
    i = phone_num.index('7523')
    j = name[i]
    print(j)
```

12+1=1?

조건문 작성 방법을 참고해 예제를 살펴보겠습니다 [챕터 2]의 [코딩 스킬 레벨업 2]에서 전광판에 현재 시각과 다음 정각까지 남은 시간을 표시하는 업무를 수행한 적이 있습니다.

```
hour = 8
min = 4
next_hour = hour + 1 # next_hour 변수에 hour(현재시간)에 1을 더한 데이터를 저장
remain_min = 60 - min # remain_min 변수에 60에서 min(현재 분)을 뺀 데이터를 저장
print('현재 시각은', hour, '시', min, '분입니다.',
next_hour, '시까지', remain_min, '분 남았습니다.')
```

현재 시각은 8 시 4 분입니다. 9 시까지 56 분 남았습니다.

현재 시각이 12시이고 다음 정각을 13시(24시간제)가 아니라 1시(12시간제)로 표시하고 싶었는데 [챕터 2]에서는 조건을 구현할 수 없었습니다. 이전에 완성한 코드에 조건문을 적용하여 다음 정각이 13일 때 1로 변경되도록 해 보겠습니다.

- **다음 정각이 13이라면 1로 바꿉니다.**

여기서 조건은 무엇이고 조건 만족 시 실행되어야 할 내용은 어떤 부분일까요? 조건과 실행 내용을 잘 구분하는 것부터가 조건문의 시작입니다. 이 텍스트에서는 '다음 정각이 13이라면'이 조건을 의미하고 '1로 변경'이 실행할 내용입니다. 정리하면 다음과 같습니다.

- 조건 : 다음 정각이 13이라면
- 실행할 내용 : (다음 정각을) 1로 바꿉니다.

다음 정각은 next_hour에 저장되어 있으니 조건에 비교 연산자 '= ='을 사용하여 next_hour과 13이 같은지 비교하는 조건을 작성해 보겠습니다.

- 조건 : next_hour = = 13

조건 만족 시 실행할 내용은 다음 정각인 next_hour을 1로 변경하는 겁니다. next_hour에 1을 저장하는 할당 연산자 '='를 사용해 실행할 내용을 작성해 보겠습니다.

- 실행할 내용 : next_hour = 1

이제 조건문의 형식에 맞춰 코드를 작성해 보겠습니다.

```
if 조건 :
    실행할 내용
```

```
if next_hour == 13 :
    next_hour = 1
```

작성한 조건문은 전체 코드 중 어느 부분에 들어가야 할까요? 조건문의 조건에서는 next_hour와 13을 비교하고 있습니다. 따라서 next_hour가 이미 어떤 값으로 정의된 이후여야 합니다. 그리고 문장이 출력되기 이전에 데이터가 처리되어야 하므로 마지막 줄의 print 함수 이전에 조건문을 추가하겠습니다.

```
hour, min = 8, 4   # 튜플 언패킹 기능 사용하여 hour, min에 각각 8, 4 저장
next_hour = hour + 1   # 9
remain_min = 60 − min
if next_hour == 13 :     # next_hour은 9이므로 조건 만족하지 않음 (False)
    next_hour = 1        # 조건을 만족하지 못하여 실행되지 않음
# f-string 활용하여 문자열 안에 변수 넣기
print(f'현재 시각은 {hour}시 {min}분입니다. {next_hour}시까지 {remain_min}분 남았습니다.')
```

```
현재 시각은 8시 4분입니다. 9시까지 56분 남았습니다.
```

next_hour가 9라면 13과 다르므로 조건을 만족하지 않습니다. 따라서 조건문 안의 코드는 실행되지 않고 통과합니다. 만약 hour을 12로 변경해 next_hour가 13이 된다면 결과는 어떻게 달라질까요?

```
hour = 12
next_hour = hour + 1      # 12+1
if next_hour == 13 :      # next_hour이 13이므로 조건을 만족 (True)
    next_hour = 1         # 조건을 만족하여 코드가 실행됨
print(f'현재 시각은 {hour}시 {min}분입니다. {next_hour}시까지 {remain_min}분 남았습니다.')
```

현재 시각은 12시 4분입니다. 1시까지 56분 남았습니다.

이번에는 next_hour가 13이 되어 조건문의 조건(next_hour= =13)을 만족합니다. 따라서 조건문 안에 있는 코드가 실행되어 next_hour는 1로 변경됩니다.

이 예제는 다음 정각에만 관심이 있어 next_hour가 13일 때 1로 변경하기만 하면 됐지만 마음이 변해 2시간, 3시간 다음까지 관심이 있다면 어떨까요? 이때도 다음 코드처럼 next_hour를 계산하는 코드만 변경하면 될까요?

```
next_hour = hour + 3
```

그럴 수 없습니다. next_hour는 13을 지나 14, 15가 될 수도 있기 때문입니다. 이전까지는 next_hour가 13이 되는 조건만 생각했지만 이제는 다양한 가능성을 열어두고 '14, 15'가 되었을 때도 시각을 12시간제로 표시하는 코드로 업그레이드해 보겠습니다.

- **next_hour가 14, 15가 되었을 때도 시각을 12시간제로 표시합니다.**

12시간제로 표시하기 위해서는 next_hour가 13일 때는 1, 14일 때는 2, 15일 때는 3이 되어야 합니다. 규칙을 찾으셨나요? 원래 숫자에서 12를 빼면 되고 정리하면 다음과 같습니다.

- **next_hour가 12보다 크다면 12를 뺀다.**

조건은 'next_hour가 12보다 크다면'이고 실행할 내용은 '12를 뺀다'입니다. 비교 연산자를 사용해 조건을 코드로 정리하면 다음과 같습니다.

- 조건 : next_hour 〉12
- 실행할 내용 : next_hour = next_hour － 12

정리한 내용을 조건문 형식에 맞춰 코드로 작성해 보겠습니다.

```python
if next_hour > 12 :
    next_hour -= 12    # next_hour = next_hour - 12
```

코드를 살펴보니 next_hour에 저장된 데이터에서 12를 뺀 값을 다시 next_hour에 저장하는 과정이기에 할당 연산자 '-='을 사용하였습니다. next_hour가 15일 때 코드가 잘 동작하는지 확인해 보겠습니다.

```python
next_hour = 15
if next_hour > 12 : # next_hour(15)이 12보다 크므로 조건을 만족 (True)
    next_hour -= 12    # 조건을 만족하여 코드가 실행됨
print(next_hour)
```

```
3
```

실행 결과를 살펴보니 next_hour가 13이 아니더라도 시각이 12시간제로 잘 변환된 것을 확인할 수 있습니다. 추가적으로 2시간, 3시간 후가 아니라 100시간, 1000시간 후는 몇 시인지 궁금하지 않은가요? 이럴 때 우리가 만든 코드를 적용할 수 있을까요? 아쉽지만 어렵습니다. 12를 빼는 것만으로는 부족하기 때문입니다. 여러 방법이 있겠지만 저는 100을 12로 나눈 나머지 값을 사용해 보겠습니다. 작성 방법은 다음과 같습니다.

```
100/12 = 8(몫) ... 4(나머지)
```

몫이 얼마이든 상관없이 나머지가 4라면 4시입니다. 다행히도 나머지를 계산하는 과정은 복잡하지 않습니다. '%' 연산자를 사용하면 쉽게 구할 수 있습니다. next_hour가 12의 배수여서 나머지가 0인 경우를 제외하고 모두 적용할 수 있는 방법입니다. next_hour를 % 연산자를 사용해 변환하고 0인 경우 조건문을 덧붙여 코드를 작성해 보겠습니다.

```
next_hour = 100
next_hour %= 12
if next_hour == 0 : next_hour = 12 # 나머지가 0인경우 12시로 지정
print(next_hour)

4
```

코드를 살펴보니 next_hour를 12로 나눈 나머지를 다시 next_hour로 저장하기 위해 할당 연산자인 '%='를 사용하였습니다. 나머지가 4로 나왔기 때문에 조건문은 건너뛰고 next_hour는 최종적으로 4시로 변환된 것을 알 수 있습니다.

코딩 실력을 업그레이드하기 위해 다음 예제로 바로 넘어가는 것보단 해결한 내용을 확인하며 코드를 다양하게 활용해 보세요. 하나의 문제에 대해 여러 가지 방법으로 접근해 보는 건 매우 중요합니다.

11-2 if-else문

예제 소스 11-2.ipynb

if문으로 조건 만족 시 실행할 내용의 조건문에 대해 살펴봤다면 이번에는 조건을 만족하지 않을 시 실행할 내용의 조건문에 대해 알아보겠습니다. 앞의 학습한 내용을 떠올려 숫자의 홀수와 짝수를 구분하는 코드를 작성해 보며 천천히 접근해 보겠습니다.

먼저 input 함수를 사용해 숫자를 num 변수에 저장합니다. 이때 코드 작성 시 주의할 점은 데이터는 자동으로 문자열 취급을 받기 때문에 데이터를 숫자형으로 변경하고 싶다면 int나 float 함수를 사용해 변경해 줘야 합니다. 지금은 정수 자료형이 필요해 int 함수를 사용하겠습니다.

```
# input 함수를 통해 입력받은 숫자를 num에 저장
num = input( )
# int 함수로 문자열에서 정수 자료형으로 변환
num = int(num)
```

다음 2로 나눈 나머지를 기준으로 num(에 저장된 데이터)이 짝수인지 홀수인지 구분합니다. 만약 나머지가 0이라면 '짝수'를 출력합니다. 텍스트의 조건과 실행할 내용을 구분해 정리하면 조건은 'num을 2로 나눈 나머지와 0이 같다면'이고 실행할 내용은 '짝수를 출력'하는 것입니다. 정리한 내용을 바탕으로 코드를 작성해 보겠습니다.

```
if num%2 == 0 : # num을 2로 나눈 나머지와 0이 같으면 True, 다르면 False
    print('짝수')
```

코드 작성을 완료했다면 각각 2와 3을 결괏값 출력란에 입력해 최종 결과를 살펴보겠습니다.

```
num =input( )
num =int(num)
if num%2 == 0:
    print('짝수')
2 → 코드를 실행한 후 입력
짝수
```

```
num =input( )
num =int(num)
if num%2 == 0:
    print('짝수')
3 → 코드를 실행한 후 입력
```

입력한 숫자가 짝수라면 '짝수'라는 문자열이 출력되고 홀수를 입력하면 아무 일도 발생하지 않습니다. 짝수만 확인하는 게 주된 목적이라면 지금 코드를 유지해도 상관없지만 짝수와 홀수를 구분하기 위해 작성한 코드였다면 조건문을 약간 수정해 줘야 합니다. 이때 필요한 키워드가 바로 '그렇지 않으면'이란 뜻의 영단어 'else'입니다.

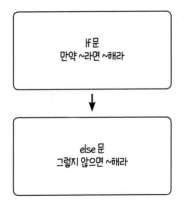

else문은 if문 뒤에 위치하는데 그 이유는 if문의 조건을 만족하지 못할 때 내용이 실행되어야 해 반드시 앞에는 if문이 위치해야 합니다. 작성 방법은 다음과 같습니다.

```
if 조건 :
    실행할 내용 1
else :
    실행할 내용 2
```

작성 방법을 확인해 보니 전체적으로 if문과 유사하지만 else문 다음에는 조건이 추가되지 않았다는 차이점이 있습니다. else문을 학습했으니 앞에서 해결하지 못한 짝수가 아니라면 '홀수'가 출력되도록 코드를 수정해 보겠습니다.

```
num = input( )
num = int(num)
if num%2 == 0 :
    print('짝수')
else :    # num%2 == 0이 False라면
    print('홀수')
3 → 코드를 실행한 후 3을 입력
홀수
```

실행 결과를 살펴보니 이전과 다르게 '홀수'라는 문자열이 출력됐습니다. 이렇게 조건과 실행 내용을 명확히 구분하게 되면 조건문을 작성하기 좋은데 어떤 조건을 if문의 조건으로 추가할지 고민될 수 있습니다. 우리는 짝수인 경우를 if문의 조건으로, 홀수를 else문으로 구분했지만 반대로 코드를 작성해도 됩니다.

```
num = input( )
num = int(num)
if num%2 == 1 :    # 혹은 num%2 != 0
    print('홀수')
else :
    print('짝수')
```

코드 작성을 완료했다면 각각 2와 3을 결괏값 출력란에 입력해 최종 결과를 살펴보기 바랍니다.

이렇게 경우의 수가 반반인 경우는 if의 조건으로 어느 것을 선택해도 상관없습니다. 하지만 특정 조건의 중요도가 더 높다거나 경우의 수가 적을 때는 그 조건을 if의 조건으로 설정하는 것이 좋습니다. 왜냐하면 if문에는 조건이 표시되고 else문에는 조건이 따로 표시되지 않기 때문에 중요한 조건을 if문에 표시해야 코드의 가독성을 높이고 실수도 줄일 수 있습니다.

이어서 3의 배수를 가려내기 위한 코드를 작성했습니다. 이때 if의 조건은 두 가지 방식으로 정할 수 있습니다

```
if 3의 배수가 맞다면 :
    print('3의 배수가 맞음')
else :
    print('3의 배수가 아님')
```

```
if 3의 배수가 아니라면 :
    print('3의 배수가 아님')
else :
    print('3의 배수가 맞음')
```

먼저 3의 배수를 판단하기 위해서는 짝수와 홀수를 구분할 때 2로 나눈 나머지를 확인했던 것처럼 3을 나눈 나머지를 확인하면 됩니다. 만약 어떤 수를 3으로 나눠 나머지가 0이라면 3의 배수이고 0이 아니라면 3의 배수가 아닙니다. 3으로 나눈 나머지를 비교 연산자 '==' 또는 '!='으로 조건문을 작성해 비교해 보겠습니다.

```
num = int(input( ))
if num%3 == 0 :
    print('3의 배수가 맞음')
else :
    print('3의 배수가 아님')
```

```
num = int(input( ))
if num%3 != 0 :
    print('3의 배수가 아님')
else :
    print('3의 배수가 맞음')
```

두 코드 모두 동일한 기능을 갖지만 우측 코드처럼 if문의 조건을 '3의 배수가 아니다'로 설정하게 되면 코드가 어색해집니다. 이 코드의 else문 내용을 해석하면 '3의 배수가 아닌 게 아니면 3의 배수가 맞음을 출력해라'라는 뜻이 됩니다. 이중 부정으로 내용이 뒤섞여 이해가 잘 안됩니다. 코드의 두 가지 조건 중 if의 조건으로 더 어울리는 부분이 있다면 그 조건을 if문 조건으로 설정하는 것이 좋습니다.

else문에서 오류가 발생해요

아빠, 짝수와 홀수를 구분하는 코드에서 else 때문에 'SyntaxError: invalid syntax' 오류가 발생했어요. 형식에 맞지 않게 코딩하면 이런 오류가 발생한다고 들었던 것 같은데…

그래 잘 기억하고 있구나. 혹시 if문을 작성하지 않고 else문만 작성한 것 아니니?

아니에요. else문은 반드시 앞에 if문이 있어야 한다고 해서 잊지 않고 작성했어요!

혹시 들여쓰기는 확인했니?

들여쓰기요? 아빠 제가 작성한 코드 한 번 확인해 주시겠어요?

```
num = int(input( ))
if num%2 == 0 :
    print('짝수')
print('입니다')
else :
    print('홀수')
print('입니다')
```

if문에서 들여쓰기는 매우 중요합니다. 들여쓰기된 코드는 하나의 공간에 모두 묶여 있는 것으로 간주되어 if문의 조건을 만족할 시 같은 공간 안에 있는 코드가 순서대로 실행됩니다. print('짝수') 함수까지는 들여쓰기를 잘 해주다가 다음 줄에 들여쓰기가 없는 코드를 작성하면 컴퓨터는 print('짝수') 함수까지 만을 if문의 공간 안에 있는 코드로 인식하게 됩니다.

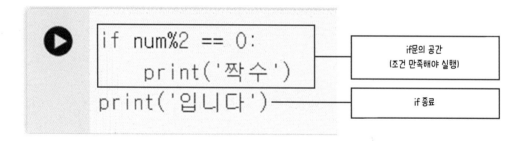

그래서 다음 줄에 else문이 입력되면 파이썬은 앞에서 if문이 마무리되고 새로운 코드가 시작되는 것으로 받아들여 작성된 else문을 if문이 없는 else문이라고 인식해 오류를 발생합니다.

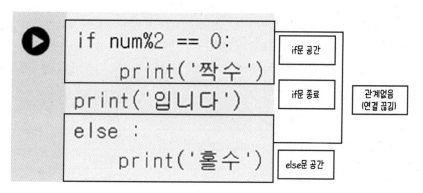

else문을 오류 없이 사용하기 위해서는 불청객인 print('입니다') 함수를 else문까지 모두 끝난 다음에 배치해 줘야 합니다. 위에서 설명한 내용을 바탕으로 코드를 다시 작성한 후 실행 결과란에 '3'을 입력하겠습니다.

```python
num = int(input( ))
if num%2 == 0 :
    print('짝수')
else :
    print('홀수')
print('입니다')
```
```
3
홀수
입니다
```

실행 결과를 살펴보니 if문의 조건을 만족하지 않았기에 else문의 내용이 실행되어 '홀수'가 출력되고 if-else문을 지나 print 함수의 결괏값 '입니다'까지 잘 출력됐습니다.

지금처럼 비교적 코드가 간단한 경우에는 실수할 일이 별로 없겠지만 if문 안에 작성하는 코드의 길이가 길어지면 실수할 확률이 높아집니다. 조건문의 공간 안에 들어가야 하는 코드(실행할 내용)는 반드시 들여쓰기한다는 점과 else문은 꼭 if문을 대동한다는 점을 기억해 주시기 바랍니다.

로그인 시스템 만들기

간단한 로그인 시스템을 만들어 달라는 요청을 받았습니다. 회원가입 시 등록했던 아이디와 비밀번호 데이터가 일 치하면 '로그인 성공' 문구가 출력되고 둘 중 하나라도 데이터가 일치하지 않으면 '아이디 또는 비밀번호가 잘못됨' 이라는 문구를 출력해야 합니다. 시스템에 회원으로 등록된 아이디와 비밀번호를 표로 정리하면 다음과 같습니다.

아이디	비밀번호
xht9842	j7m2c9e8
lzs7298	r5t1a6p9
jmk0923	w3n8r2z7
pfd6315	k2j5d9h7
gqr5746	x6s3t5v2

아이디와 비밀번호 데이터를 효율적으로 저장하기 위해서는 짝꿍 형태로 데이터를 저장할 수 있는 딕셔너리 자료형 을 활용하며 작성 방법은 다음과 같습니다.

```
{아이디1:비밀번호1, 아이디2:비밀번호2, ...}
```

작성 방법을 확인했다면 아이디를 키로 비밀번호를 밸류로 하는 딕셔너리 데이터를 작성해 보겠습니다.

```
member = {'xht9842': 'j7m2c9e8', 'lzs7298': 'r5t1a6p9', 'jmk0923': 'w3n8r2z7',
'pfd6315': 'k2j5d9h7', 'gqr5746': 'x6s3t5v2'}
```

이어서 input 함수를 사용해 '아이디'와 '비밀번호'를 사용자에게 입력받고 인자에 안내 문구를 추가합니다. 작성 방 법은 다음과 같습니다.

```
input(안내문구)
```

아이디는 id 변수에 비밀번호는 pw 변수에 저장하는 코드를 작성해 보겠습니다.

```
id = input('아이디를 입력하세요 : ')
pw = input('비밀번호를 입력하세요 : ')
```

실행 결과를 살펴보니 결괏값으로 아이디와 비밀번호 입력란이 출력됐습니다. 아이디에는 'xht9842'를 비밀번호는 'j7m2c9e8'을 입력합니다.

딕셔너리에서 키를 인덱싱해 밸류를 확인할 수 있는 특성을 이용해 입력된 아이디(id)와 비밀번호(pw)가 member 딕셔너리에 존재하는지 확인해 보겠습니다. 작성 방법은 다음과 같습니다.

딕셔너리[키] -> 밸류

아이디를 키로 인덱싱하면 결괏값인 밸류(비밀번호) 값을 얻을 수 있습니다. 이것을 value 변수에 저장하는 코드를 작성해 보겠습니다.

```python
value = member[id]
```

이어서 value에 저장된 값이 비밀번호와 일치하면 로그인에 성공하고 일치하지 않으면 로그인에 실패하는 것을 if-else 조건문으로 작성합니다. if 조건은 'value와 비밀번호가 같으면'이고 실행할 내용은 '로그인 성공을 출력'하는 것입니다. else문 조건을 만족하지 못한다면 '아이디 또는 비밀번호가 잘못됨'을 출력합니다.

```python
if value == pw :
    print('로그인 성공')
else :
    print('아이디 또는 비밀번호가 잘못됨')
```
```
로그인 성공
```

입력한 아이디와 비밀번호가 딕셔너리 안에 한 쌍으로 묶여 있어 value와 pw의 데이터가 일치합니다. 따라서 if문의 조건을 만족하므로 '로그인 성공' 문구가 출력되고 else문 안의 코드는 실행되지 않았습니다. 딕셔너리의 다른 아이디와 비밀번호를 입력했을 때에도 '로그인 성공' 문구가 잘 출력되는지 확인하기 바랍니다.

만약 비밀번호를 잘못 입력하면 어떻게 될까요?

```
id = input('아이디를 입력하세요 : ')
pw = input('비밀번호를 입력하세요 : ')
```

```
아이디를 입력하세요 : xht9842
비밀번호를 입력하세요 : chobocoding
```

앞에서 진행한 예제와 전혀 다른 비밀번호 데이터를 입력해 코드를 실행합니다.

```
value = member[id] # member['xht9842'] -> 'gjm2c9e8'
if value == pw : # 'gjm2c9e8'과 'chobocoding'이 같다면
    print('로그인 성공')
else : # 'gjm2c9e8'과 'chobocoding'이 같지 않다면
    print('아이디 또는 비밀번호가 잘못됨')
```

```
아이디 또는 비밀번호가 잘못됨
```

실행 결과를 살펴보니 시스템에 저장된 비밀번호(Value)와 입력한 비밀번호(pw) 데이터가 불일치하여 if문의 조건을 만족하지 않다보니 else문 코드가 실행되어 '아이디 또는 비밀번호가 잘못됨'이라는 문구가 출력됐습니다.

지금까지 작성한 코드로는 아이디를 잘못 입력하면 오류가 발생해 수정이 필요합니다. 오류가 발생하는 주요 원인은 '없는 키로 딕셔너리를 인덱싱'하는 것이어서 멤버 연산자 in을 사용해 입력한 아이디가 딕셔너리의 키 중에 있는지 먼저 확인하는 과정을 추가해 오류 상황을 대비합니다. 작성 방법은 다음과 같습니다.

```
데이터 in 딕셔너리
```

작성 방법을 확인했다면 id가 member 딕셔너리 안에 있는지 확인하는 코드를 작성해 보겠습니다.

```
id, pw = 'xht9841', 'j7m2c9e8'
id in member

False
```

실행 결과를 살펴보니 member 딕셔너리 안에 id('xht9841')가 없기 때문에 결괏값은 False가 출력됐습니다.

앞의 코드에서는 아이디와 비밀번호가 잘못 입력된 경우를 하나로 묶어서 처리해 문제가 발생했습니다. 이번에는 '아이디가 없는 경우'와 '비밀번호가 잘못된 경우'로 메시지를 나눠 다르게 출력해 보겠습니다. 과정을 도식화하면 다음과 같습니다.

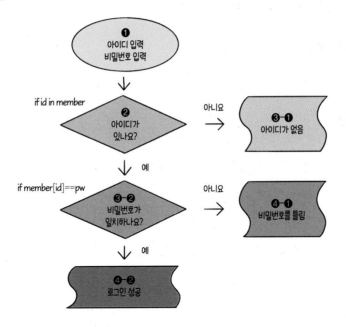

❶ 아이디와 비밀번호를 입력합니다.

❷ 입력한 아이디가 딕셔너리의 키로 존재하는지 확인합니다. 아이디가 없으면 3-1로, 아이디가 있으면 3-2로 이동합니다.

❸-❶ '아이디가 없음' 문구를 출력하고 프로그램을 종료합니다.

❸-❷ 비밀번호가 일치하는지 확인합니다. 비밀번호가 일치하지 않으면 4-1로, 일치하면 4-2로 이동합니다.

❹-❶ '비밀번호를 틀림'을 출력하고 프로그램을 종료합니다.

❹-❷ '로그인 성공'을 출력하고 프로그램을 종료합니다.

이 과정에서 if문 안에 또 다른 if문이 추가됩니다. 이럴 땐 들여쓰기로 같은 공간 안에 있는 코드를 잘 묶어줘야 합니다. 바깥에 있는 if문을 상위 조건문, 안에 있는 if문을 하위 조건문이라 지칭하겠습니다. 먼저 물어보는 질문이 상위 조건문, 나중에 물어보는 질문이 하위 조건문에 해당합니다. id의 유무 문구를 상위에, 비밀번호의 유무 문구를 하위에 배치합니다. 조금 복잡하다고 느껴질 수 있지만 조건문 끝에 콜론(:)을 추가하면 그다음 줄은 반드시 네 칸 들여쓰기 된다는 규칙을 기억하면 어렵지 않습니다. 작성 방법은 다음과 같습니다.

```
if 아이디가 있다면 :     ❸-❷)
    if 비밀번호가 일치한다면 :     ❹-❷)
            '로그인 성공' 출력     # 네 칸 더 들여쓰기
    else :     ❹-❶)
            '비밀번호를 틀림' 출력     # 네 칸 더 들여쓰기
else :     ❸-❶)
    '아이디가 없음' 출력
```

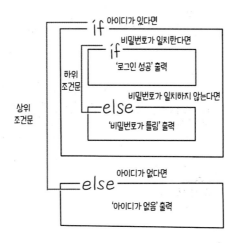

작성 방법을 확인했다면 정리한 내용을 바탕으로 코드를 작성해 보겠습니다.

```
id, pw = 'xht9841', 'j7m2c9e8'
if id in member : # 상위 if문의 조건 : 아이디가 member 딕셔너리 안에 있다면

    # 아이디가 있을 때만 비밀번호가 일치하는지 일치하지 않는지 확인하여 오류 방지

        if member[id] == pw : # 딕셔너리 안에 저장된 비밀번호와 입력한 비밀번호가 일치한다면

            print('로그인 성공')

        else : # 이 else문은 앞에 있는 member[id] == pw 조건이 만족하지 않았을 때 실행

            print('비밀번호가 틀림') # 아이디는 있으나 비밀번호가 틀린 상황

else : # 이 else문은 상위 if문의 조건(id in member)을 만족하지 않았을 때 실행

        print('아이디가 없음')
```

아이디가 없음

실행 결과를 살펴보니 아이디가 없을 때에는 상위 if문의 조건(id in member)을 만족하지 않아 통과하기 때문에 오류가 발생하지 않았고 뒤의 상위 else문에 묶여있는 코드만 실행되어 '아이디가 없음' 문구가 출력됐습니다.

11-3 if-elif문

혹시 스무고개 놀이를 아시나요? 문제 출제자가 생각하고 있는 대상에 대해 최대 20개의 질문을 해 맞히는 수수께끼 놀이로 다음과 같이 질문합니다(편의상 답이 '예', '아니요'로만 나오도록 질문했습니다).

- 이것은 동물인가요? – 네
- 동물이라면 다리가 4개인가요? – 네
- 바다에 사는 동물인가요? – 아니요
- 애완동물로 키울 수 있나요? – 네
- 개인가요? – 아니요
- 고양이인가요? – 네

수수께끼 질문을 if-else 문의 코드로 작성해 보겠습니다.

```
if 이것 == 동물 :   # 조건 만족
    if 다리개수 == 4 :   # 조건 만족
        if 사는곳 == 바다 :   # 조건 불만족
        else :
            if 애완동물 == 가능 :   # 조건 만족
                if 이것 == 개 :   # 조건 불만족
                else :
                    if 이것 == 고양이 :   # 조건 만족
                        정답
```

코드를 살펴보니 '예'라는 답변은 if문의 조건을 만족했지만 '아니요'라는 답변은 if문의 조건을 만족하지 못해 실행된 else문으로 볼 수 있습니다.

질문의 개수가 많아 if문 안에 if문이 연속해 나오는 조건문이 완성되었는데 작성한 조건문을 확인하며 흥미로운 감정과 동시에 코드를 더 깔끔하게 작성하는 방법은 없을지 고민에 빠집니다.

코딩 업무는 타인이 봤을 때도 한눈에 코드의 구조와 내용을 쉽게 이해할 수 있어야 해 if문을 중첩하여 사용하는 건 지양해야 합니다. 그러면 현재 이 코드를 어떻게 수정해야 할까요? 'elif'문을 사용하면 코드를 깔끔하게 정리할 수 있습니다.

elif문은 else의 특성과 if의 특성이 동시에 들어간 조건문입니다.

else의 특성
앞에 조건문의 조건을 만족하지 못하는 경우 코드가 실행됨

if의 특성
elif문의 조건을 만족해야 코드가 실행됨

앞에서 작성한 조건문의 일부를 가져왔습니다. 코드에 작성된 조건문을 함께 살펴보며 elif문으로 수정하는 방법에 대해 알아보겠습니다.

```
if 이것 == 개 :    #조건 불안족
else :
    if 이것 == 고양이 :   #조건 안족
        정답
```

조건문은 이것이 '개'가 맞는지 확인한 후 '개'가 아니라면 '고양이'인지 확인하는 겁니다. if문의 조건(이것==개)을 만족하지 못하면 실행되는 else문이 보이고 그 조건문 안에 또 if문으로 고양이인지 확인하고 있습니다. 복잡하게 이어지는 기존의 코드를 elif문으로 수정해 보겠습니다.

```
if 이것 == 개 :    #조건 불안족
elif 이것 == 고양이 :   #조건 안족
    정답
```

elif문은 항상 조건을 확인하는 게 아니라 if문의 조건을 만족하지 못할 때만(else문의 특성) 조건을 확인(if문의 특성)합니다. 기존 코드는 조건에 따라 else와 if를 반복 사용해 조건문의 단계가 점점 늘어났지만 elif문을 사용하면 if문과 동일한 단계에서 조건문을 작성할 수 있습니다.

꼭 elif문을 사용해야 하나요?

아빠, elif문도 elif 다음의 조건을 만족해야 실행되는 거잖아요.
조건을 물어보는 거라면, 그냥 if를 사용해도 되지 않아요?

elif문이 반드시 필요한 상황도 있기 때문에 꼭 기억해 둬야 한단다.

elif문은 앞에서 설명한 것처럼 else문의 특성을 갖고 있어 elif문 앞에는 반드시 if문이 존재해야 합니다. 다음 elif문으로 작성된 코드를 살펴본 후 if문으로 수정해 보겠습니다.

```
if 이것 == 개 :
elif 이것 == 고양이 :
    정답
```

코드를 살펴보니 elif문은 if문의 이것이 '개'인지 확인해 조건을 만족하지 못하면 elif문의 조건인 '고양이'인지 확인하는 코드가 실행됩니다. 언뜻 보기에는 한 개의 조건만 있는 거 같지만 사실은 두 개의 조건이 작성되어 있는 겁니다. 조건을 정리하면 다음과 같습니다.

- 조건 1 : 이것 != 개 (앞에 있는 if문의 조건 만족하지 못함)
- 조건 2 : 이것 == 고양이 (elif의 조건을 만족)

따라서 if문으로 코드를 수정하려면 두 개의 조건을 비교 연산자 and를 사용해 작성해 줘야 합니다. 정리한 내용을 바탕으로 if문을 작성해 보겠습니다.

```
if 이것 == 개 :
if (이것 != 개) and (이것 == 고양이) :
    정답
```

다시 한번 말하지만, 위의 코드에서처럼 and 연산자로 조건 두 개의 if문을 작성한다고 해서 elif문의 역할을 하게 되는 건 아닙니다. 이렇게 if문을 작성하면 두 if문은 이어지지 못한 채 끊어져 있는 상태입니다.

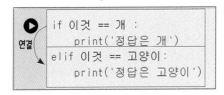

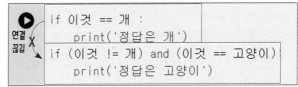

연결이 끊어진 상황에서 elif문이나 else문이 추가되면 실행 조건이 뒤바뀌어 elif문을 확실히 이해한 후 상황에 맞게 활용해 줘야 합니다.

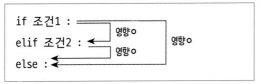

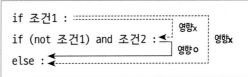

11-4 if-elif-else문

예제 소스 11-4.ipynb

학습한 내용을 바탕으로 양수와 음수를 구분하는 프로그램을 만들어 보겠습니다. 조건문으로 설정할 조건과 실행할 내용을 정리하면 다음과 같습니다.

- 조건(if) : 숫자가 0보다 크다면
- 실행할 내용 : '양수' 출력

- 조건(else) : if조건 만족하지 못하면
- 실행할 내용 : '음수' 출력

정리한 내용을 바탕으로 if-else문을 사용해 코드로 작성해 보겠습니다.

```
num = 1
if num > 0 :    #1>0이므로 True
    print('양수')
else :    #if문의 조건을 만족했기 때문에 실행되지 않음
    print('음수')
```
양수

0보다 큰 숫자인 1을 num에 저장하면 양수를 잘 구분해 줍니다. 만약 0을 num에 저장하면 어떻게 될까요?

```
num = 0
if num > 0 :    #0>0이므로 False
    print('양수')
else :    #if문의 조건을 만족하지 않았기 때문에 실행됨
    print('음수')
```
음수

실행 결과를 살펴보니 if문의 조건을 만족하지 않아 else문이 실행되었고 그 결괏값으로 음수가 출력됐습니다. 0이 추가된 경우까지 고려하지 않고 프로그램을 만들어 버그(bug)가 발생한 겁니다.

잠깐만요

버그

버그는 코드 실행 시 결괏값으로 예상하지 못한 오류나 결과가 출력되는 것을 말합니다. 주로 경우의 수를 충분히 고려하지 못했을 때 발생합니다.

버그를 해결하기 위해서 어떻게 하면 좋을까요? 0을 구분해 주는 조건을 추가하면 됩니다. 결국 이 프로그램은 양수와 음수만 구분하는 게 아니라 0까지 총 세 가지의 조건을 처리할 수 있어야 합니다. if와 else문만으로는 한계가 있기에 elif문을 함께 작성합니다. 코드에 추가할 조건과 실행 내용을 정리하면 다음과 같습니다.

- 조건(if) : 숫자가 0보다 크다면
- 실행될 코드 : '양수' 출력

- 조건(elif) : if문의 조건을 만족하지 못하고 숫자가 0보다 작다면
- 실행될 코드 : '음수' 출력

- 조건(else) : if문의 조건과 elif문의 조건을 모두 만족하지 못하면
- 실행될 코드 : 0 출력

elif문이 추가되어 이제 else문은 앞의 if문과 elif문의 조건을 모두 만족하지 못해야 실행됩니다. 앞에서 조건을 만족하는 조건문이 나온다면 else문까지 차례가 돌아오지 않습니다. 이 형태는 마치 집안에서 좋은 것들은 형들이 다 차지하고 막내는 형들이 선택하지 않은 남은 것만 받는 서글픈 상황과 유사합니다.

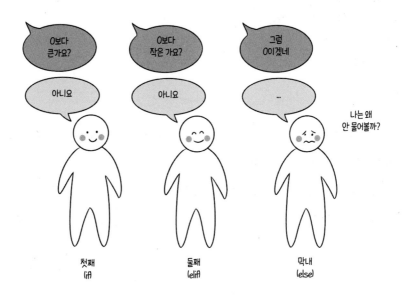

위에서 정리한 조건과 실행 내용을 바탕으로 if-elif-else문으로 구성된 코드를 작성해 보겠습니다.

```
num = 0
if num > 0 :  # 0 > 0 이므로 False
    print('양수')
elif num <0 :  # if문의 조건을 만족하지 않았지만 elif의 조건이 False이므로 실행되지 않음
    print('음수')
else :  # if문의 조건과 elif의 조건을 모두 만족하지 않기 때문에 실행됨
    print(0)
```
```
0
```

실행 결과를 살펴보니 버그 없이 생각했던 대로 결과가 잘 출력됐습니다. 물론 elif문을 else문과 if문으로 나눠서 작성할 수도 있습니다.

```
num = 0
if num > 0 :    # 0 > 0 이므로 False
    print('양수')
else :  # if의 조건을 만족하지 않기 때문에 실행됨
    if num <0 :  # 0 < 0 이므로 False
        print('음수')
    # if의 조건을 만족하지 않기 때문에 실행됨
    else :
        print(0)
```
```
0
```

하지만 조건문의 단계가 늘어나 코드가 복잡해 보일 뿐입니다. 코딩 업무 시에는 코드의 가독성을 높이는 elif문을 활용할 것을 추천합니다.

이제 if-elif-else문을 완벽히 이해했다면 다음 예제를 통해 학습한 조건문을 활용해 보겠습니다. 조금 어렵다고 느낄 수도 있으니 처음에는 가볍게 한 번 훑고 복습할 때 천천히 따라해 보세요.

코딩 스킬 레벨업 14

예약 손님 명단 확인하기(2)

예약자 명단을 만들어 예약 손님을 확인하는 업무를 담당했을 때 이름이 같은 손님이 나타나 당황한 적이 있습니다. 이번에는 동명이인이 있더라도 빠르게 손님을 확인할 수 있는 프로그램을 만들어 보겠습니다. 프로그램을 좀 더 편하게 만들기 위해 '박영호' 두 명의 정보만 있다 가정하고 시작하겠습니다.

이름	전화번호 끝 네 자리
박영호	9401
박영호	7523

다음 예제에서는 '박영호'란 이름만 집중 공략할 것이기 때문에 리스트(phone_num)에 '박영호' 손님의 전화번호 두 개를 저장합니다.

```
phone_num = ['9401', '7523']
```

손님이 알려준 번호를 확인번호(check_num)에 저장합니다.

```
check_num = '9401'
```

확인번호(check_num)와 리스트(phone_num)에 있는 전화번호를 대조해 일치하면 예약 손님으로 판단합니다. 전화번호를 대조하는 과정을 정리해 보겠습니다.

① 확인번호(check_num)가 '9401'인지 확인합니다. 일치하면 예약 손님이 맞다고 안내합니다.

② '9401'이 아니라면 '7523'인지 확인합니다. 일치하면 예약 손님이 맞다고 안내합니다.

③ 둘 다 일치하지 않으면 예약 손님이 아니라고 안내합니다.

정리한 과정을 조건문으로 작성하기 위해 조건과 실행할 내용으로 분류해 다음과 같이 작성해 보겠습니다.

- 조건(if) : 확인번호(check_num)가 '9401'과 일치하면
- 실행할 내용 : '예약 손님이 맞습니다' 출력
- 조건(elif) : 번호가 '9401'이 아니고 '7523'과 일치하면
- 실행할 내용 : '예약 손님이 맞습니다' 출력
- 조건(else) : 둘 다 일치하지 않으면
- 실행할 내용 : '예약 손님이 아닙니다' 출력

정리한 내용을 바탕으로 if-elif-else문으로 조건문을 작성해 보겠습니다. 저장한 전화번호는 check_num이고, '9401' 과 '7523'은 모두 phone_num 리스트의 요소입니다.

```python
if check_num == phone_num[0] :     # '9401'와 같은지
    print('예약 손님이 맞습니다')
elif check_num == phone_num[1] :    # '9401'이 아니고 '7523'과 같은지
    print('예약 손님이 맞습니다')
else :    # '9401'도 '7523'도 아니라면
    print('예약 손님이 아닙니다')
```

손님이 알려준 전화번호를 다르게 입력해 결괏값이 어떻게 달라지는지 확인해 보겠습니다.

```python
check_num = '9401'
if check_num == phone_num[0] :
    print('예약 손님이 맞습니다')
elif check_num == phone_num[1] :
    print('예약 손님이 맞습니다')
else :
    print('예약 손님이 아닙니다')
```

예약 손님이 맞습니다

```python
check_num = '0000'
if check_num == phone_num[0] :
    print('예약 손님이 맞습니다')
elif check_num == phone_num[1] :
    print('예약 손님이 맞습니다')
else :
    print('예약 손님이 아닙니다')
```

예약 손님이 아닙니다

실행 결과를 살펴보니 각각의 조건에 맞게 안내 메시지가 출력되는 걸 확인할 수 있습니다. 하지만 여기서 한 가지 의문점이 생겼습니다. '9401'을 입력해도 '7523'을 입력해도 똑같은 문구가 출력되도록 코드가 구성되어 있기 때문입니다. 코드의 반복을 피하고 정확한 결괏값을 출력하기 위해 if문과 elif문을 사용해 조건문을 하나로 통합해 보겠습니다. 지금까지 작성한 코드의 조건, 실행할 내용을 정리하면 다음과 같습니다(편의상 else는 제외했습니다).

- 조건(if) : 번호가 '9401'과 같다면
- 실행할 내용 : '예약 손님이 맞습니다' 출력
- 조건(elif) : 번호가 '9401'이 아니고 '7523'과 같다면
- 실행할 내용 : '예약 손님이 맞습니다' 출력

if문의 조건을 만족하거나 elif문의 조건을 만족하면 '예약 손님이 맞습니다'를 출력하도록 조건을 수정합니다.

- 조건(if) : 번호가 '9401'과 같거나 '7523'과 같다면
- 실행할 내용 : '예약 손님이 맞습니다' 출력

두 조건을 or 연산하게 되면 하나의 조건으로 통합할 수 있습니다.

- 조건(if) : (입력받은 번호가 '9401'과 같다면) or (입력받은 번호가 '7523'과 같다면)
- 실행할 내용 : '예약 손님이 맞습니다' 출력

정리한 내용을 바탕으로 조건문을 작성해 보겠습니다.

```
if (check_num == '9401') or (check_num == '7523') :
    print('예약 손님이 맞습니다')
```

실행 결과를 살펴보니 원하는 대로 결괏값이 출력됐습니다. 이제 if문 하나로 두 가지 조건을 모두 처리할 수 있게 되었습니다. 여기서 or 연산자를 사용하는 것도 복잡하다면 이전에 배운 멤버 연산자 in을 사용해도 좋습니다. 작성 방법은 다음과 같습니다.

```
데이터 in 리스트
```

작성 방법을 확인했다면 check_num이 phone_num 리스트 안에 있는지 확인합니다. 있는 경우 '예약 손님이 맞습니다'를 출력하도록 코드를 작성해 보겠습니다.

```
if check_num in phone_num : # 입력받은 번호가 phone_num의 요소 중에 있는지
    print('예약 손님이 맞습니다')
```

실행 결과를 살펴보니 예상한 대로 결괏값이 출력됐습니다. 두 개의 번호를 완성된 코드에 적용해 올바르게 작동하는지 확인해 보겠습니다.

```
check_num = '9401'
if check_num in phone_num :
    print('예약 손님이 맞습니다')
else :
    print('예약 손님이 아닙니다')
예약 손님이 맞습니다
```

```
check_num = '7523'
if check_num in phone_num :
    print('예약 손님이 맞습니다')
else :
    print('예약 손님이 아닙니다')
예약 손님이 맞습니다
```

실행 결과를 살펴보니 결괏값이 잘 출력됐습니다. 조건문을 한 번에 깔끔하게 만드는 것은 초보자에게 어려울 수 있습니다. 우선 코드가 복잡하더라도 기능이 충실히 구현된 조건문을 만든 다음 조금씩 수정해 가면서 코드를 간결하게 바꾸는 것도 좋은 방식입니다.

10 자료형의 신호등, 불 자료형

❶ 불은 참(True) 또는 거짓(False)를 출력하는 자료형입니다.

❷ 조건문 내용의 실행 여부를 결정하는 신호등 역할을 합니다.

❸ 불 자료형은 비교 연산, 논리 연산, 멤버 연산의 결과로 만들어질 수 있습니다.

❹ 비교 연산 : 두 개의 데이터를 비교 연산자를 이용해 비교합니다. 비교한 결과 참이면 True, 거짓이면 False를 결 괏값으로 출력합니다. 비교 연산자에는 '= =', '!=', '>', '<', '>=', '<='이 있습니다.

❺ 논리 연산 : 불 자료형 데이터를 논리 연산합니다. 논리 연산자에는 'and', 'or', 'not'이 있습니다. 'and'는 두 데이 터를 모두 만족해야 True이고 'or'은 두 데이터 중 하나만 만족해도 True가 됩니다. not은 불 자료형 데이터 앞에 위치해 True면 False로 False면 True로 전환하는 연산자입니다.

❻ 멤버 연산 : 두 개의 데이터가 포함 관계에 있는지 확인하려면 in 연산자를 사용해 연산합니다. 포함되어 있다면 True, 포함되어 있지 않다면 False를 결괏값으로 출력합니다.

11 신호가 들어오면 좌회전, if문

❶ 조건문은 지정된 조건을 만족하면 코드에 설정한 내용을 실행할 수 있는 기능을 갖습니다. 이때 조건문의 조건은 불 자료형으로 표현됩니다.

❷ 조건문의 가장 기본적인 형태는 if문으로 if 키워드와 조건, 콜론(:), 들여쓰기, 실행할 내용으로 구성됩니다.

❸ 콜론 다음에 오는 실행할 내용은 반드시 네 칸 들여쓰기를 해줘야 합니다. 실행할 내용이 여러 줄이라면 모두 들 여쓰기를 해야 합니다. 만약 들여쓰기가 없다면 if문에 포함되지 않습니다.

❹ if문의 조건을 만족하지 않을 때만 실행하고 싶은 내용이 있다면 if문 뒤에 else문을 추가합니다. else문은 'if문의 조건을 만족하지 않는다면'이라는 조건이 포함되었기 때문에 별도로 조건을 추가하지 않습니다. 이외에는 if문의 형식과 같습니다.

❺ if문, else문 외에 elif문을 사용할 수 있습니다. elif문은 else문과 if문의 특성이 합쳐진 조건문입니다. elif문은 if문 의 조건이 만족하지 않았을 때(else문의 특성) 실행됩니다. 하지만 항상 실행되는 건 아니고 그와 동시에 elif문의 조건을 만족할 때(if문의 특성)만 실행됩니다.

01 숫자 맞히기 게임 프로그램을 만들어 주세요. 규칙은 간단합니다(힌트 비교 연산자).

　① 1부터 50까지의 숫자 중에 마음에 드는 숫자를 고릅니다.

　② 다른 사람이 숫자를 추측해서 말하면 힌트를 줍니다. 추측한 숫자가 작으면 'up', 크면 'down', 같
　　으면 '정답'이라고 말합니다.

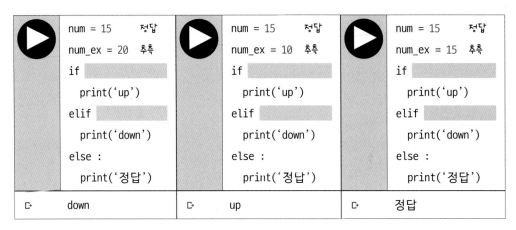

▶	num = 15 　　정답 num_ex = 20 　추측 if ▨▨▨▨▨▨ 　print('up') elif ▨▨▨▨▨▨ 　print('down') else : 　print('정답')	▶	num = 15 　　정답 num_ex = 10 　추측 if ▨▨▨▨▨▨ 　print('up') elif ▨▨▨▨▨▨ 　print('down') else : 　print('정답')	▶	num = 15 　　정답 num_ex = 15 　추측 if ▨▨▨▨▨▨ 　print('up') elif ▨▨▨▨▨▨ 　print('down') else : 　print('정답')
⬠	down	⬠	up	⬠	정답

02 문장에 띄어쓰기가 있는지 확인하는 프로그램을 만들어 주세요. 이 프로그램은 띄어쓰기가 없다면 '띄어쓰기가 없는 문장입니다'를 출력하고 띄어쓰기가 있다면 '띄어쓰기가 n개 들어간 문장입니다' 를 출력합니다(**힌트** split, len).

> 문장1)
> 저는새로운도전과배움을즐기는열정적인사람입니다
>
> 문장2)
> 문제를 해결하고 성공을 경험하는 것을 좋아하는 끈기 있는 성격을 가지고 있습니다

```
text = '저는새로운도전과배움을즐기는열정적인사람입니다'
n =
if
  print('띄어쓰기가 없는 문장입니다')
else :
  print(f'띄어쓰기가 {n}개 들어간 문장입니다')
```
▷   띄어쓰기가 없는 문장입니다

```
text = '문제를 해결하고 성공을 경험하는 것을 좋아하는 끈기 있는 성격을 가지고 있습니다'
n =
if
  print('띄어쓰기가 없는 문장입니다')
else :
  print(f'띄어쓰기가 {n}개 들어간 문장입니다')
```
▷   띄어쓰기가 10개 들어간 문장입니다

03 일정 시간 후의 시각을 계산하는 프로그램을 만들어 주세요. 만약 현재 시각이 '오후 8시'일 때 30시간 뒤를 물어본다면 '오전 2시'를 알려줘야 합니다(**힌트** divmod 함수는 두 데이터의 나눗셈 결과를 몫과 나머지로 내보냅니다).

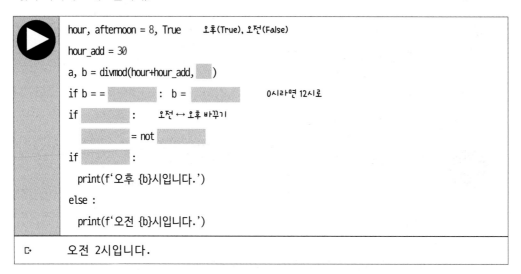

```
hour, afternoon = 8, True       오후(True), 오전(False)
hour_add = 30
a, b = divmod(hour+hour_add,      )
if b = =             :  b =                0시라면 12시로
if            :     오전 ↔ 오후 바꾸기
          = not
if            :
  print(f'오후 {b}시입니다.')
else :
  print(f'오전 {b}시입니다.')
```

▷   오전 2시입니다.

04 주식 가격 알림 프로그램을 만들어 보려고 합니다. 주식의 가격이 낮을 때 사고 높을 때 팔 수 있도록 안내 메시지를 출력하는 프로그램을 만들어 주세요(**힌트** 논리 연산자).

① 주식을 산 상태일 때 현재가가 2200원 이상이 되면 '파세요.' 라는 메시지가 출력됩니다.

② 주식을 판 상태일 때 현재가가 1800원 이하가 되면 '사세요.' 라는 메시지가 출력됩니다.

③ 그 외에 상황에서는 '기다리세요.' 라는 메시지가 출력됩니다.

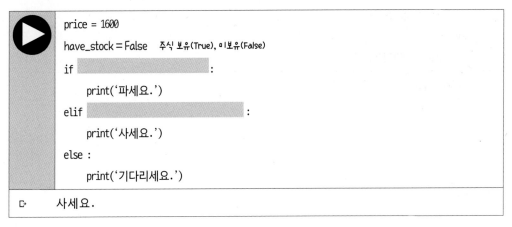

```
price = 1600
have_stock = False    주식 보유(True), 미보유(False)
if                                  :
    print('파세요.')
elif                                    :
    print('사세요.')
else :
    print('기다리세요.')
```

⊏▸   사세요.

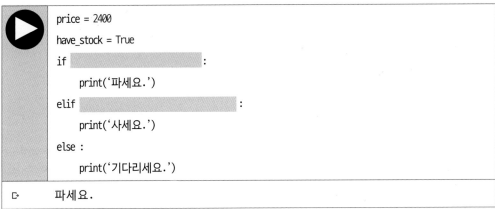

```
price = 2400
have_stock = True
if                                :
    print('파세요.')
elif                                  :
    print('사세요.')
else :
    print('기다리세요.')
```

⊏▸   파세요.

```
price = 2400
have_stock = False
if ▨▨▨▨▨▨▨▨▨▨ :
    print('파세요.')
elif ▨▨▨▨▨▨▨▨▨▨▨▨ :
    print('사세요.')
else :
    print('기다리세요.')
```

⬫ 기다리세요.

memo

Chapter 5

반복의 달인,
반복문

아빠, 조건문을 사용해 로그인하는 프로그램을 만들었는데, 아이디와 비밀번호가 틀렸을 때 다시 로그인할 수 있는 기능을 추가하고 싶어요.

아들

다시 로그인하려면 코드가 반복 실행되어야 하는데 아직 우리가 배운 내용만으로는 그 기능을 추가할 수 없단다.

아빠

조건문을 학습하면 뭐든 다 할 수 있을 거라 생각했는데 아니었네요. 뭘 더 배워야 할까요? 알려주세요.

아들

가을이가 이제 반복문을 배울 준비가 된 거 같구나 아빠와 함께 반복문에 대해 자세히 알아보자.

아빠

Keyword #반복문 #리스트 #조건문

하나씩 꺼내 먹어요, for문

이름처럼 코드를 '반복'하는 반복문은
코드에 반복 기능을 구현할 수 있는 새로운 무기입니다.
이번 장에서는 반복문에 대해 자세히 알아보겠습니다.

12-1 반복문의 개념

조건문을 열심히 학습한 덕분에 우리는 다양한 기능의 프로그램을 만들 수 있었습니다. 하지만 그만큼 확인해야 하는 내용도 많아졌고 코딩 과정도 다소 복잡해졌습니다. 어려운 조건문 챕터를 지나 무사히 여기까지 오신 여러분 정말 대단합니다. 약간의 과장을 더해 반복문까지 학습을 완료한다면 이제 웬만한 프로그램은 다 만들 수 있습니다.

12-2 반복문의 형식

반복문을 본격적으로 학습하기 전에 앞의 내용을 복습하는 시간을 갖겠습니다. 여러분 햄버거 만들었던 거 기억하나요? 햄버거 하나를 만들기 위해 세 가지의 과정을 진행했습니다.

① 빵을 밑에 깐다.　　② 패티를 얹는다.　　③ 빵을 위에 덮는다.

햄버거를 1개 이상 만들려면 ①번부터 ③번까지의 과정을 무수히 반복해야 합니다. 이것을 코드화하면 다음과 같습니다.

```
빵을 밑에 깐다.
패티를 얹는다.
빵을 위에 덮는다.

빵을 밑에 깐다.
패티를 얹는다.
빵을 위에 덮는다.

빵을 밑에 깐다.
패티를 얹는다.
빵을 위에 덮는다.
...
```

코드를 살펴보니 각 과정에 맞춰 계속 복사, 붙여넣기가 진행되었습니다. 이렇게 진행된 코드는 문제가 많아 보이는데요. 정리해 보면 먼저 중복되는 코드가 많아 정확한 내용을 파악하기 어렵고 또, 중간에 코드가 하나라도 누락되면 패티가 없는 햄버거가 만들어질 수도 있고 마지막 햄버거의 주문 개수에 따라 코드의 변화가 너무 큽니다. 이런 문제를 해결해 주는 것이 바로 반복문입니다. 반복문은 실행할 내용을 한 공간에 묶어 몇 번 반복해야 하는지 설정만 해주면 무한대 반복도 가능합니다. 예를 들어 햄버거 100개를 만든다고 가정하면 다음과 같은 형태로 작성하면 됩니다.

```
100번 반복 :
    빵을 밑에 깐다.
    패티를 얹는다.
    빵을 위에 덮는다.
```

프로그램의 코드를 반복문을 사용해 작성하면 코드의 길이가 줄어 내용을 한눈에 파악하기 쉽고, 실수할 위험도 낮아집니다. 파이썬에서 반복문 작성 방법은 다음과 같습니다.

```
반복 조건 :
    실행할 내용1
    실행할 내용2
    실행할 내용3
    ...
```

반복 조건과 콜론(:)을 추가한 후 반복해서 실행할 내용을 다음 줄에 모두 들여쓰기(네 칸)로 작성합니다. 어디서 많이 본 거 같다고요? 맞습니다. 조건문과 작성 방법이 비슷합니다.

```
조건문
조건 :
    실행할 내용
```

```
반복문
반복 조건 :
    실행할 내용
```

조건 다음 콜론을 작성하는 것과 실행할 내용을 들여쓰기 하여 한 공간에 묶어주는 것까지 비슷하지만 사용하는 키워드에서 분명한 차이가 느껴집니다. 조건문은 if, elif, else를 사용하고 반복문은 for 또는 while를 사용합니다. for문과 while문은 반복 조건을 표현하는 방식이 조금씩 달라 연습을 통해 익숙해져야 합니다. 그럼 for문과 while문 중에 먼저 for문을 살펴보겠습니다.

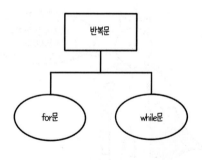

12-3 for문의 형식

예제 소스 12-3.ipynb

반복문은 내용의 반복 횟수와 반복 방법이 제일 중요합니다. 이 두 가지 사항을 머릿속에 입력한 채 for문에 대해 알아보겠습니다. for문은 반복 조건에 리스트를 포함하도록 약속되어 있으며 작성 방법은 다음과 같습니다.

```
for 변수 in 리스트 :   # 반복 조건
    실행할 내용
```

조건문과 비교하면 조건 부분이 조금 복잡해 보일 수 있는데 우선 for는 '~에 대하여'라는 뜻으로 for문의 시작인 for 변수는 '변수에 대하여'라는 의미입니다.

내가 이 반복문의
주인공이다!

변수

변수는 안에 저장된 데이터가 굉장히 중요하며 데이터에 대한 힌트는 for 변수 뒤의 in 리스트에 담겨 있습니다.

for 변수 in 리스트

'리스트 안의 변수'라는 의미로 이 표현을 파이썬은 '리스트 안에 있는 데이터를 변수에 저장하겠다'로 해석합니다. 리스트 안에는 여러 데이터가 저장되어 있는데 그러면 주로 어떤 데이터가 변수에 저장되는 걸까요? 참고로 'for 변수 in 리스트'는 반복문을 만들기 위해 작성된 반복 조건이라는 것을 잊으면 안 됩니다.

> **잠깐만요**
>
> for문에서 사용하는 in은 True, False를 결괏값으로 출력하는 멤버 연산자가 아닙니다. 하나의 키워드가 코드에 따라 다른 용도로 사용되어 헷갈릴 수 있지만 파이썬에서 in은 for문 안에 사용되는 in과 멤버 연산자 in으로 구분해서 기억해 주시기 바랍니다. 파이썬에서 괄호( )가 다양한 용도로 사용되는 것과 비슷한 맥락입니다.

반복문을 실행하면 가장 먼저 변수에 리스트의 첫 번째 요소를 저장한 후 반복문 내용을 실행합니다.

```
# 첫 번째 반복
변수 = 리스트의 첫 번째 요소
반복문의 내용 실행
```

첫 번째 반복이 끝난 후, 이어서 두 번째 반복을 진행할 때 변수에 리스트의 두 번째 요소를 저장한 뒤
반복문 내용을 실행합니다.

```
# 두 번째 반복
변수 = 리스트의 두 번째 요소
반복문의 내용 실행
```

이제 세 번째와 네 번째 반복은 설명하지 않아도 잘 알 겁니다. for문의 반복 과정을 정리하면 다음과
같습니다.

- 반복 횟수 : 리스트의 데이터 개수만큼 반복
- 반복 방법 : 리스트의 요소를 변수에 저장한 후 반복문 내용 실행

햄버거 만드는 과정을 for문으로 작성해 보겠습니다. 먼저 for문을 작성하기 전에 변수, 리스트, 실행
할 내용을 정리합니다. 반복문의 주인공을 빵으로 가정하고 우리는 빵이 보관된 바구니(리스트)와 빵을
저장할 변수가 필요합니다. 정리한 내용을 바탕으로 코드를 작성해 보겠습니다.

```
for 변수 in 바구니 :
```

바구니의 빵을 하나씩 꺼내 변수에 저장하는 반복문이 완성됐습니다. 이어서 햄버거를 만드는 과정도
추가하는 코드를 작성해 보겠습니다.

```
for 변수 in 바구니 :
    꺼낸 빵(변수)을 밑에 깐다.
    패티를 얹는다.
    빵을 위에 덮는다.
```

만약 바구니에 빵이 3개가 담겨 있다면 햄버거는 3개가 만들어질 겁니다. 빵이 100개가 담겼다면 햄버거는 몇 개 만들어질 수 있을까요? 여러분들이 지금 생각한 그 개수가 맞습니다.

햄버거 얘기는 이제 그만하고 숫자 리스트인 [1,2,3,4,5]를 대상으로 반복문을 작성해 어떻게 반복이 진행되는지 본격적으로 살펴보겠습니다.

```
for num in [1,2,3,4,5] :    # 반복 조건 (for 변수 in 리스트)
    print(num)    # 실행할 내용
```

반복문은 몇 번 반복될까요? 유추할 수 있나요? 맞습니다. 리스트의 길이(데이터 개수)와 같은 다섯 번 반복됩니다. 즉 print(num)가 다섯 번 실행된다는 뜻입니다. 다섯 번이나 반복되는 과정에서 변수 num이 어떻게 변화하는지 주목해 주세요.

첫 번째 반복
① num에 [1,2,3,4,5]의 첫 번째 요소 1 저장 (바구니에서 1번 빵 꺼냄)
② print(num)가 실행되어 1 출력됨 (1번 빵으로 햄버거 만들기)

두 번째 반복
③ num에 [1,2,3,4,5]의 두 번째 요소 2 저장 (바구니에서 2번 빵 꺼냄)
④ print(num)가 실행되어 2 출력됨 (2번 빵으로 햄버거 만들기)

세 번째 반복
⑤ num에 [1,2,3,4,5]의 세 번째 요소 3 저장 (바구니에서 3번 빵 꺼냄)
⑥ print(num)가 실행되어 3 출력됨 (3번 빵으로 햄버거 만들기)

N 번째 반복
...

---

① 1을 num에 저장 ③ 2를 num에 저장 ⑤ 3을 num에 저장

for num in [1, 2, 3, 4, 5] :   for num in [1, 2, 3, 4, 5] :   for num in [1, 2, 3, 4, 5] :
   print(num)   print(num)   print(num)

② num(1)에 출력 ④ num(2)을 출력 ⑥ num(3)을 출력

리스트의 길이는 모두 같지만 데이터가 다른 여러 리스트에 대해서도 똑같은 반복문을 적용하는 코드를 작성해 보겠습니다.

```
for num in [1,2,3,4,5] :
    print(num)
1
2
3
4
5
```

```
for num in [1,1,1,1,1] :
    print(num)
1
1
1
1
1
```

실행 결과를 살펴보니 리스트 안에 있는 요소가 차례대로 출력됐습니다. 모두 print(num)가 다섯 번 반복됐지만 num에 저장된 값은 모두 다릅니다. 그래서 서로 다른 실행 결과를 출력했던 겁니다. 반복문을 만들 때는 꼭 기억해 주세요! 어떤 데이터를 주인공으로 변수에 저장할 건지와 그 주인공이 어디 출신(리스트)인지 작성해 주는 건 매우 중요합니다.

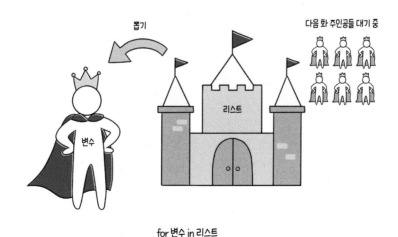

for 변수 in 리스트

반복 조건에는 리스트만 들어갈 수 있나요?

> 아빠, for문 반복 조건에는 리스트가 작성되는데, 리스트와 비슷하게 여러 데이터를 저장하는 문자열이나 튜플 같은 자료형은 들어갈 수 없나요?

> 거기까지 생각하다니 대단한걸! 맞아, 여러 데이터를 담고 있는 반복 가능한 (Iterable) 자료형이면 리스트가 아니더라도 반복 조건으로 사용될 수 있어.

for문의 반복 조건 핵심은 리스트의 데이터를 가져와 변수에 저장하는 겁니다. 그래서 꼭 리스트가 아니더라도 여러 데이터가 저장된 반복 가능한 자료형이라면 for문의 반복 조건에 사용될 수 있습니다. 만약 문자열 안에 있는 문자를 하나씩 출력하고 싶다면 for문의 리스트 대신 문자열을 넣으면 됩니다. 코드 작성 방법은 다음과 같습니다.

```
for 변수 in 문자열 :
    print(변수)
```

작성 방법을 확인했다면 'python' 문자열에서 문자를 하나씩 출력하는 코드를 작성해 보겠습니다.

```
for char in 'python' :
    print(char)
```

```
p
y
t
h
o
n
```

실행 결과를 살펴보니 생각한 대로 결과가 잘 출력됐습니다. 문자열도 여러 데이터가 저장된 반복 가능한 자료형이라 반복될 때마다 각각의 문자가 변수에 저장되었다는 걸 알 수 있습니다. 앞에서 학습한 반복 가능한 자료형인 문자열, 튜플, 딕셔너리 모두 for문의 반복 조건으로 사용될 수 있으니 각 자료형을 리스트 대신 넣어 코드를 실행해 보기 바랍니다.

예제 소스 코딩 스킬 레벨업 15.ipynb

예약 손님 명단 확인하기(3)

앞에서 조건문을 활용해 만든 예약 손님 확인 프로그램은 동명이인 딱 두 명만 처리할 수 있는 프로그램이었는데 이제 우리는 반복문을 활용해 좀 더 업그레이드된 프로그램을 만들 수 있습니다. 먼저 오늘의 예약 손님 명단을 이름, 전화번호 끝 번호로 정리합니다.

번호	이름	전화번호 끝 네 자리
1	김민지	5839
2	이수민	2764
3	박영호	9401
4	최지은	0172
5	김현우	4298
6	박영호	7523
7	이민수	3150
8	박영호	6087
9	임서영	1932
10	박영호	8645

카테고리 별로 나눈 데이터를 하나의 덩어리로 저장하기 위해 딕셔너리 자료형을 사용해 딕셔너리의 키는 번호, 나머지 데이터는 밸류로 저장해 줍니다.

잠깐만요

{이름:전화번호}의 형태로 데이터를 간단하게 저장할 수 있다면 가장 좋겠지만 딕셔너리의 키는 중복될 수 없어 번호를 키로 정해 데이터를 저장합니다.

이름과 전화번호 정보도 함께 저장되어야 하기에 조금 복잡하지만 밸류 역시 딕셔너리 자료형으로 만들었고 모든 데이터를 reservation 딕셔너리에 저장하는 코드를 작성해 보겠습니다.

```
reservation = {
    1 : {'이름':'김민지','전화번호':'5839'},
    2 : {'이름':'이수민','전화번호':'2764'},
    3 : {'이름':'박영호','전화번호':'9401'},
    4 : {'이름':'최지은','전화번호':'0172'},
    5 : {'이름':'김현우','전화번호':'4298'},
    6 : {'이름':'박영호','전화번호':'7523'},
    7 : {'이름':'이민수','전화번호':'3150'},
    8 : {'이름':'박영호','전화번호':'6087'},
    9 : {'이름':'임서영','전화번호':'1932'},
    10 : {'이름':'박영호','전화번호':'8645'},
    }
```

코드가 길어졌지만 reservation 딕셔너리에 모든 데이터 저장이 완료되었습니다. 이제 우리는 9번 손님의 이름과 전화번호를 확인하고 싶다면 인덱싱으로 데이터를 불러올 수 있으며 작성 방법은 다음과 같습니다.

딕셔너리[키] → 밸류

작성 방법을 확인했다면 9번 손님의 데이터를 불러오는 코드를 작성해 보겠습니다.

```
print(reservation[9]['이름'], reservation[9]['전화번호'])
```

임서영 1932

실행 결과를 살펴보니 원하던 대로 9번 손님의 데이터가 잘 출력됐습니다.

이어서 반복문을 사용해 딕셔너리 안에 저장된 데이터로 접근해 보겠습니다. 우선 딕셔너리가 for문의 반복 조건이 될 때 변수에는 어떤 값이 저장되는지 확인하는 코드를 작성해 보겠습니다.

```
for i in reservation : # reservation 딕셔너리에서 데이터를 하나씩 빼서 i에 저장
    print(i)

1
2
3
...
10
```

실행 결과를 살펴보니 딕셔너리를 반복 조건으로 추가하면 키만 변수에 저장된다는 걸 알 수 있습니다. 밸류가 출력되지 않은 건 아쉽지만 키를 사용해 인덱싱하면 가능합니다. 키별로 손님의 이름과 전화번호를 확인해 보겠습니다. 작성 방법은 다음과 같습니다.

```
print(reservation[i]['이름'], reservation[i]['전화번호'])
```

작성 방법을 확인했다면 결괏값으로 이름과 전화번호를 출력하는 반복문을 작성해 보겠습니다.

```
for i in reservation :
    print(reservation[i]['이름'], reservation[i]['전화번호'])

김민지 5839
이수민 2764
박영호 9401
...
박영호 8645
```

실행 결과를 살펴보니 모든 예약 손님의 이름과 전화번호가 차례대로 출력됐습니다. 이제부터는 가게에 도착한 손님의 이름과 전화번호를 대조하기 위해 손님의 이름과 전화번호를 새로운 변수에 저장하는 코드를 작성해 보겠습니다.

```
# '박영호'를 name에, '7523'을 phone_num에 저장
name, phone_num = '박영호', '7523'
```

이어서 for문에 작성해야 하는 내용을 정리한 후 예약 명단에서 이름과 전화번호를 가져와 하나씩 변수에 저장합니다. 다음과 같이 코드를 작성하면 reservation 딕셔너리에서 출력한 키(i)를 이용해 이름과 전화번호 데이터를 얻을 수 있습니다.

```
for i in reservation :  # reservation에서 키를 하나씩 뽑아 i에 저장
    name_i = reservation[i]['이름']    # i에 해당하는 이름
    phone_num_i = reservation[i]['전화번호']    # i에 해당하는 전화번호
```

그다음 예약 명단의 이름과 손님이 알려준 이름(name)을 비교합니다. 두 개의 연산자 '=', '==' 중 비교 연산을 위해 '=='의 부분에 괄호를 추가해 코드를 작성합니다. 파이썬에서는 괄호를 사용하지 않아도 비교 연산을 할 수 있도록 순서가 정해져 있지만 괄호의 사용이 좀 더 코드의 가독성을 높일 수 있습니다.

```
# name_i : 명단에서 하나씩 뽑은 이름, name : 손님 이름
bool_1 = (name_i == name)
```

이번에는 예약 명단의 전화번호와 손님이 알려준 번호(phone_num)를 비교하는 코드를 작성합니다.

```
# phone_num_i : 명단에서 하나씩 뽑은 전화번호, phone_num : 손님 전화번호
bool_2 = (phone_num_i == phone_num)
```

만약 이름과 전화번호가 일치한다면 예약 손님임을 알려줍니다. 조건문을 사용해야 하기 때문에 조건과 실행할 내용을 다음과 같이 정리합니다.

- 조건 : 이름도 일치하고 전화번호도 일치한다면
- 실행할 내용 : '예약 손님이 맞습니다' 출력

두 가지 조건(이름, 전화번호)을 동시에 만족해야 하기 때문에 bool_1(이름 일치)과 bool_2(전화번호 일치)가 모두 True의 결괏값이 출력되어야 합니다. 따라서 and 연산자로 bool_1과 bool_2의 연산 결과를 조건으로 입력합니다.

```
if bool_1 and bool_2 :
    print('예약 손님이 맞습니다')
```

작성한 코드를 하나로 합하여 반복문 코드를 완성해 보겠습니다.

```
name, phone_num = '박영호', '7523'
for i in reservation :
    name_i = reservation[i]['이름'] # 예약 명단에서 뽑은 이름
    phone_num_i = reservation[i]['전화번호'] # 예약 명단에서 뽑은 전화 번호
    bool_1 = (name_i == name) # 예약 명단의 이름(name_i)과 손님 이름(name) 비교
    bool_2 = (phone_num_i == phone_num) # 예약 명단의 전화번호(phone_num_i)와 손님 전화번호(phone_num) 비교
    if bool_1 and bool_2 : #만약 bool_2가 모두 True라면(이름, 전화번호 일치)
        print('예약 손님이 맞습니다') #조건 만족하면 실행
```

예약 손님이 맞습니다

실행 결과를 살펴보니 이름과 전화번호가 모두 일치하는 데이터가 있어서 예약 손님임을 알려주는 문구가 출력됐습니다. 만약 둘 중 하나라도 일치하지 않는다면 if문 안의 내용은 실행되지 않아 메시지가 출력되지 않습니다. 이처럼 반복문은 reservation 딕셔너리에 저장된 모든 데이터에 접근해 이름과 전화번호 데이터를 조회해 똑같은 이름이 100명, 1000이어도 문제없습니다.

문제 해결

예약 손님이 아닙니다?

아빠, 예약 손님이 아닐 때 '예약 손님이 아닙니다' 문구를 출력하려고 else문을 썼거든요? 그런데 오류 난 것처럼 문구가 여러 번 출력돼요.

작성한 코드를 아빠에게 보여주겠니?

```python
name, phone_num = '박영호', '0000' # 번호를 일부러 틀리게 입력
for i in reservation :
    name_i = reservation[i]['이름']
    phone_num_i = reservation[i]['전화번호']
    bool_1 = (name_i == name)
    bool_2 = (phone_num_i == phone_num)
    if bool_1 and bool_2 : # 만약 bool_1과 bool_2가 모두 True라면(이름, 전화 번호 일치)
        print('예약 손님이 맞습니다') # 조건 만족하면 실행
    else :
        print('예약 손님이 아닙니다') # 조건 만족하지 못할 때 실행
```

if문 조건을 만족하지 않을 때 실행되게 하려고 else문을 사용한 건데….

반복문을 처음 사용하면 이런 실수가 생길 때도 있단다. 간단히 설명하자면 가을이가 작성한 if-else문이 반복문 안에 들어가서란다.

데이터 일치 여부에 따라 해당 메시지가 한 번만 출력되어야 하는데 반복문에 의해 메시지가 10번 반복 출력되도록 코드가 작성된 결과입니다. 우리가 의도한 건 아니지만 10번 중 데이터가 일치하지 않는 경우가 더 많을 것이고 그때마다 '예약 손님이 아닙니다'라는 메시지가 계속 출력될 것입니다. 이건 프로그램의 중대한 버그입니다. 버그를 해결하기 위해서 어떻게 해야 할까요?

반복문 안에서 결과를 판단하는 게 아니라 모든 손님의 데이터를 대조하고 난 후(반복문 종료 후) 데이터의 일치 여부에 따라 최종 결과가 출력되어야 합니다. 따라서 조건문은 반복문 밖에 위치해야 합니다.

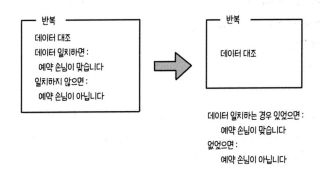

위의 내용을 바탕으로 작성한 코드를 수정해 보겠습니다. 현재 도착한 손님의 이름과 예약 명단의 데이터와 일치하는지 구분하기 위해서는 새로운 기술이 필요합니다. 실전에서 많이 쓰는 기술인데요. '찾았다(True)', '못 찾았다(False)'를 불 자료형으로 구분할 변수를 하나 만드는 것입니다. 변수 작성 방법은 다음과 같습니다.

```
find = False
```

find 변수에는 일치 여부를 판단하는 불 자료형이 저장되어 있습니다. 일치하는 데이터를 찾았다면 True, 찾지 못했다면 False입니다. 반복문을 작성하기 전까지 데이터를 찾지 못했기 때문에 초깃값은 False로 작성하고 시작합니다. 반복문을 실행하다가 예약자 명단의 이름과 전화번호 데이터가 일치하는 순간이 오면 그때 find를 True로 변경합니다.

이제부터 데이터 일치 시 '예약 손님이 맞습니다'를 출력하는 게 아니라 find 변수에 True를 저장하는 것으로 변경됩니다.

조건 : 데이터 일치	조건 : 데이터 일치
실행할 내용 : '예약 손님이 맞습니다' 출력	실행할 내용 : find 변수에 True 저장

반복문 작성 전에 find 변수를 추가한 후 조건문에서 실행할 내용을 변경해 보겠습니다.

```
find = False    # 초깃값 False
for i in reservation :
    name_i = reservation[i]['이름']
    phone_num_i = reservation[i]['전화번호']
    bool_1 = (name_i == name)
    bool_2 = (phone_num_i == phone_num)
    if bool_1 and bool_2 :
        find = True
```

예약자 명단과 일치하는 데이터가 한 번도 없었다면 find는 반복문 종료 후에도 False로 남을 것이고 일치하는 경우가 한 번이라도 있었다면 True로 변경되었을 겁니다. 따라서 find에 저장된 값에 따라 예약 손님인지 아닌지 판단할 수 있습니다. 설명한 내용을 조건문으로 정리해 보겠습니다.

- 조건(if) : find에 저장된 값이 True라면
- 실행할 내용 : '예약 손님이 맞습니다' 출력
- 조건(else) : if문의 조건을 만족하지 않는다면
- 실행할 내용 : '예약 손님이 아닙니다' 출력

정리해 본 if문의 조건이 'find에 저장된 값이 True라면'인데 이것은 두 가지로 표현하고 해석될 수 있습니다. 첫 번째 'find= =True'로 find와 True를 비교 연산해 일치하면 True, 일치하지 않으면 False가 됩니다. 두 번째 'find'로 find가 이미 불 자료형이기 때문에 True인 경우 조건문이 실행되고 False인 경우 else문이 실행됩니다. 두 가지 방식을 모두 사용해 조건문을 작성해 보겠습니다.

```
if find == True :                          if find :
    print('예약 손님이 맞습니다')              print('예약 손님이 맞습니다')
else :                                     else :
    print('예약 손님이 아닙니다')              print('예약 손님이 아닙니다')
```

코드를 살펴보니 find만 사용해 조건문을 작성한 쪽이 코드가 간결해 보이지만 저는 비교 연산자를 사용해 'find==True'로 작성한 코드를 선호합니다. 코드에 find 변수의 값을 명시해 줘 좀 더 직관적이기 때문입니다. 두 가지 방식으로 직접 코드를 작성해 보고 취향에 따라 조건문을 구성해 보세요. 여기까지 잘 따라왔다면 마지막으로 반복문과 조건문을 모두 합하여 코드를 완성해 보겠습니다.

```
name, phone_num = '박영호', '0000'
find = False
for i in reservation :
    name_i = reservation[i]['이름']
    phone_num_i = reservation[i]['전화번호']
    bool_1 = (name_i == name)
    bool_2 = (phone_num_i == phone_num)
    if bool_1 and bool_2 :
        find = True
if find == True :
    print('예약 손님이 맞습니다')
else :
    print('예약 손님이 아닙니다')
```

예약 손님이 아닙니다

실행 결과를 살펴보니 else문에 의해 메시지가 여러 번 출력되던 버그가 말끔히 해결되었습니다.

12-4 for문-range 함수 활용

예제 소스 12-4.ipynb

for문의 기본 형태는 리스트에서 데이터를 가져와 반복하는 것이었습니다.

대부분 경우 for문의 기본 형태만으로도 문제를 해결할 수 있었지만 종종 그렇지 않은 경우도 있습니다. 다음 예제를 통해 상세히 살펴보도록 하겠습니다. 표에 학생들의 이름과 수학 점수가 정리되어 있습니다.

이름	수학 점수
이준호	85
박지은	92
김태우	78

표의 내용을 참고해 나와 있는 정보를 리스트로 저장하는 코드를 작성해 보겠습니다.

```
name = ['이준호', '박지은', '김태우']
math = [85, 92, 78]
```

이때 수학 점수가 78점인 학생의 이름이 궁금하다면 어떻게 코드를 작성해야 할까요? 물론 리스트 함수인 index 함수를 사용하면 반복문 없이도 쉽게 찾을 수 있지만 index 함수는 리스트에 찾는 값이 없을 경우 오류를 발생해 반복문을 사용하는 것이 안전합니다. 수학 점수 리스트를 참고해 for문의 코드를 작성해 보겠습니다.

```
for point in math : #math의 요소를 차례로 point에 저장
    print(point)
85
92
78
```

78점 맞은 사람이 있다는 것은 알 수 있지만 누군지는 알기 어렵습니다. 이럴 때에는 요소의 인덱스 (0, 1, 2)를 뽑는 방식으로 반복문을 작성할 수 있습니다. 따라서 반복 조건으로 math 대신 [0, 1, 2]

를 넣으면 인덱스를 차례로 변수에 저장할 수 있습니다. 다만 리스트 안의 데이터에 접근하기 위해서는 인덱싱이 추가로 필요합니다.

```
for i in [0, 1, 2] :    # 0, 1, 2가 차례로 i에 저장
    point = math[i]    # 인덱스 i로 인덱싱
    print(point)
85
92
78
```

for문의 반복 조건과 실행할 내용이 약간 바뀌었지만 결괏값은 똑같습니다. 하지만 아직 애매모호합니다. 세 명일 때는 [0, 1, 2] 리스트를 반복 조건으로 넣으면 되지만 열 명, 백 명이 된다면 코드는 어떻게 될까요?

```
for i in [0, 1, 2, ... , 10]
for i in [0, 1, 2, ... , 100]
```

설마 위의 코드처럼 리스트를 만들어 반복문을 작성하지는 않을 겁니다. 너무 어렵게 생각하지 마세요. 파이썬에서는 숫자를 순서대로 담을 수 있는 자료형이 있는데 바로 '범위'라는 의미의 range입니다. range는 지정된 범위 안에 있는 숫자형을 차례로 담을 수 있는 자료형으로 동명의 range 함수를 통해 만들어집니다. 작성 방법은 다음과 같습니다.

range(시작 숫자, 마지막 숫자)

리스트에서 슬라이싱으로 지정된 범위 안에 있는 요소를 선택했듯이 range도 시작 숫자, 마지막 숫자로 범위를 표현할 수 있습니다. 혹시 슬라이싱에서 마지막 숫자는 범위에 포함되지 않았던 것 기억하나요? range도 동일하게 마지막 숫자는 범위에서 제외됩니다. 0, 1, 2를 차례로 담은 range 자료형을 만들고 싶다면 range 함수의 인자로 0과 3을 넣습니다.

```
range(0, 3)    # 0부터 2까지
```

여기서 range와 슬라이싱의 공통점을 한 가지 더 말해보자면 시작 인덱스가 0인 경우에는 생략이 가능한 점입니다. range 함수도 시작 숫자가 0인 경우는 마지막 숫자만 인자로 넣었습니다.

```
range(3)    # 시작 숫자가 0이면 생략
```

만약 학생의 수가 열 명 혹은 백 명이라면 range 함수의 인자로 10이나 100을 넣어야 합니다. 여기서 10, 100을 직접 입력한다면 초보입니다. 이 값을 리스트와 연동하여 자동으로 값이 들어가도록 해야 합니다. 어떻게 하면 리스트와 10, 100을 연결할 수 있을까요?
참고로 10과 100은 학생 데이터를 담고 있는 리스트의 길이에 해당합니다. 열 명이면 리스트의 길이는 10이고 백 명이면 길이가 100입니다. 리스트 길이의 정보는 len 함수를 통해 쉽게 얻을 수 있고 range 함수에 들어가는 인자를 리스트의 길이로 넣으면 10과 100을 직접 입력하지 않고도 자동으로 리스트의 모든 인덱스가 담긴 range 자료형을 만들 수 있습니다.

```
range(len(math))    # range(3)
```

다시 반복문으로 돌아와 코드에 반복 조건으로 리스트가 아닌 range 자료형을 적용해 보겠습니다.

```
for i in range(len(math)) :    # i에 차례로 0, 1, 2가 저장됨
    point = math[i]    # 인덱스 i로 인덱싱
    print(point)
85
92
78
```

리스트를 반복 조건으로 설정하는 for문의 기본 형태처럼 모든 점수가 출력되고 있습니다. 조금은 복잡해 보일 수 있지만 range를 반복 조건으로 두는 for문은 실전에서 굉장히 많이 사용됩니다. 어렵다고 피하지 말고 열심히 복습해서 이 코드 형태에 익숙해져야 합니다.

이제 점수가 78이라면 그 위치에 해당하는 사람의 이름을 출력해 보도록 하겠습니다. 먼저 조건문을 작성하기에 앞서 조건과 실행할 내용을 정리해 보겠습니다.

- 조건(if) : 점수가 78과 같다면
- 실행할 내용 : 이름(리스트)에서 같은 위치(인덱스)에 있는 이름(요소)를 출력합니다.

정리한 내용을 바탕으로 조건은 점수(point)와 78을 비교 연산('==') 하여 표현할 수 있고 실행 내용은 이름 리스트(name)에 인덱스가 i인 요소를 인덱싱해 출력하면 됩니다.

```
if point == 78 :
    print(name[i])
```

이제 반복문과 조건문을 모두 합하여 코드를 완성해 보겠습니다.

```
for i in range(len(math)) : # 인덱스 0, 1, 2를 차례로 i에 저장
    point = math[i] # math를 i로 인덱싱한 결과인 85, 92, 78이 차례로 point에 저장
    if point == 78 :    # 점수와 78이 같다면
        print(name[i]) # name을 i로 인덱싱한 결과(같은 위치에 있는 이름)를 출력
김태우
```

실행 결과를 살펴보면 78점을 받은 학생이 '김태우'라는 것을 확인할 수 있습니다. 이렇게 서로 대응되는 정보(이름, 수학 점수)와 저장되어 있는 리스트가 여러 개(name, math)인 경우 리스트의 요소를 직접 뽑는 것(기본 형태)보다 인덱스를 차례로 뽑는 방식(변형 형태)이 더 수월할 수 있습니다.

리스트에 담긴 데이터를 조회할 목적으로 for문을 사용하기도 하지만 리스트를 만들 때도 반복문은 유용하게 사용됩니다. [챕터 3]에서 리스트에 대해 학습할 때 [1, 2, 3, 4, 5] 리스트를 만드는 방법에 대해 설명한 적이 있습니다. append 함수를 사용해서 리스트를 조금씩 채워나가는 방법이었는데요. 작성 방법은 다음과 같습니다. 우선 처음에 빈 리스트를 만듭니다.

```
num = [ ]
```

다음 append 함수를 차례로 작성해 1부터 5까지의 요소를 추가합니다.

```
num.append(1)    # 리스트에 1 추가
num.append(2)    # 리스트에 2 추가
num.append(3)    # 리스트에 3 추가
num.append(4)    # 리스트에 4 추가
num.append(5)    # 리스트에 5 추가
print(num)

[1, 2, 3, 4, 5]
```

이 코드는 num.append(숫자형)가 계속 반복되어 반복문으로 구성해 주는 게 좋습니다. 앞에서 학습한 range를 활용하여 반복문을 구성해 보겠습니다.

```
range(시작 숫자, 마지막 숫자)
```

append에 들어가야 하는 인자는 1부터 5까지로 range 함수를 이용해 범위를 명시해 주면 됩니다. 여기서 마지막 숫자는 제외되기 때문에 시작 숫자는 1, 마지막 숫자는 6을 입력합니다.

```
range(1, 6)
```

그렇다면 range 자료형은 어떻게 이용해야 할까요? range에 담겨 있는 숫자를 하나씩 뽑아서 저장할 변수가 필요합니다. 변수의 이름은 i로 하겠습니다.

```
for i in range(1, 6) :
```

다음 반복문 안에서 실행해야 하는 내용은 리스트에 데이터를 추가하는 것으로 range에서 뽑은 숫자를 저장하고 있는 i를 append 함수의 인자로 넣어줍니다.

```
num.append(i)
```

반복문의 구성요소(반복 조건, 실행할 내용)가 정해졌기 때문에 이것들을 조합하여 반복문으로 만들어 보겠습니다. 그리고 이전에 작성한 코드와 비교합니다.

```
num = [ ]
num.append(1)
num.append(2)
num.append(3)
num.append(4)
num.append(5)
print(num)

[1, 2, 3, 4, 5]
```

```
num = [ ]
for i in range(1, 6) : # for 변수 in 리스트 (반복 조건)
    num.append(i)    # 실행할 내용
print(num)

[1, 2, 3, 4, 5]
```

코드의 길이는 다르지만 똑같은 기능을 갖고 있다는 것을 확인할 수 있습니다. 두 코드를 비교하면 확실히 반복문을 왜 사용해야 하는지 납득이 갑니다. 한눈에 보기 쉽게 정리되고 코드의 확장성이 좋기 때문이죠. 지금처럼 1에서 5까지의 데이터를 추가하는 것이 아니라 20부터 80까지의 숫자를 리스트에 넣어야 한다고 상상해 보세요. 반복문을 사용하면 range 함수 안에 들어가는 인자를 20, 81로 바꾸기만 하면 되지만 반복문을 사용하지 않는다면…. 상상은 여러분께 맡기겠습니다.

내림차순으로 리스트 만들기

아빠 range 함수를 사용하니깐 숫자로 된 리스트를 정말 편하게 만들 수 있네요. 그런데 꼭 오름차순으로만 만들 수 있나요? [5, 4, 3, 2, 1]은 못 만드나요?

range 함수는 기본적으로 오름차순으로 숫자 데이터를 담도록 약속되어 있어. 하지만 내림차순으로 숫자를 담을 수도 있단다.

range는 원래 세 개의 인자가 들어갈 수 있는 함수입니다.

```
range(시작 숫자, 마지막 숫자, 간격)
```

본문에서 range 함수를 사용했던 것처럼 세 번째 인자를 별도로 추가하지 않으면 간격은 자동으로 1이 들어갑니다. 따라서 1부터 5까지의 숫자를 연속(간격 : 1)으로 담는 range는 세 번째 인자를 추가하지 않아도 됩니다.

```
range(1, 6)
```

```
range(1, 6, 1)
```

만약 5, 4, 3, 2, 1의 순서로 인자를 담고 싶다면 더 이상 간격이 1이 아니기 때문에 세 가지 인자를 모두 넣어 줘야 합니다.
- 시작 숫자 : 5
- 마지막 숫자 : 0 (마지막 숫자는 제외되므로 1까지만 포함)
- 간격 : –1

정리한 내용을 바탕으로 range 함수를 작성해 보겠습니다.

```
range(5, 0, -1)
```

range를 이용해 리스트를 만들었을 때 5부터 1까지 내림차순으로 요소가 추가되고 있는지 확인해 보겠습니다.

```
num = [ ]
for i in range(5, 0, -1) :
    num.append(i)
print(num)

[5, 4, 3, 2, 1]
```

실행 결과를 살펴보니 생각했던 순서대로 숫자가 잘 출력된 것을 확인할 수 있습니다.

참고

range 자료형은 결괏값으로 함수의 인자 사이의 숫자를 모두 출력하지 않습니다.

```
print(range(5, 0, -1))
```
```
range(5, 0, -1)
```

데이터를 확인하는 방법은 두 가지가 있습니다. for문과 append 함수를 조합하여 리스트를 작성할 수도 있지만 range 자료형을 리스트 자료형으로 변환할 수도 있습니다. 변환을 위해 list 함수를 사용하며 작성 방법은 다음과 같습니다.

```
list(range 자료형)
```

range 자료형을 list 함수의 인자로 넣어 list 자료형으로 변환하는 코드를 작성해 보겠습니다.

```
range_data = range(5, 0, -1)
list_data = list(range_data)
print(list_data)
```
```
[5, 4, 3, 2, 1]
```

실행 결과를 살펴보니 원하는 결과가 잘 출력됐습니다. for문 없이도 간단하게 숫자가 나열된 리스트를 만들었다고 for문을 간과 해서는 안 됩니다(실전에서는 숫자뿐만 아니라 다른 데이터를 리스트에 저장해야 할 때도 있는데 그때는 꼭 for문의 도움을 받아야 합니다).

우수 학생 선별하기

기말고사 시즌이 끝나 성적 평가를 하게 되었습니다. 수학 성적을 잘 받은 우수 학생에게는 상을 수여할 계획입니다. 우수 학생의 기준은 수학 점수가 80점 이상인 학생으로 이름과 수학 점수 데이터를 조회해 우수 학생을 선별하는 프로그램을 만들어 보겠습니다. 먼저 학생들의 이름과 수학 점수 데이터를 확인합니다.

이름	수학 점수
김수빈	65
이지원	92
박민지	78
최영희	83
정은주	96
홍진우	71
오성민	85
강서영	77
윤준호	89
한미경	68

학생의 이름과 수학 점수를 name, math 리스트로 만들어 저장합니다.

```
name = ['김수빈', '이지원', '박민지', '최영희', '정은주',
'홍진우', '오성민', '강서영', '윤준호', '한미경']
math = [65, 92, 78, 83, 96, 71, 85, 77, 89, 68]
```

비록 name, math 리스트는 서로 다른 별개의 리스트이지만 한 인물의 정보(이름, 수학 성적)가 같은 순서에 위치할 수 있도록 데이터를 저장했습니다. 먼저 수학 점수 80점 이상만 분류하기 위해서는 math 리스트에서 점수 데이터를 가져와 확인해야 합니다. 반복문을 작성해 점수를 출력하기 전에 조건과 실행할 내용을 정리해 보겠습니다.

- 반복 조건(for) : math에서 수학 점수(요소)를 하나씩 꺼내기
- 실행할 내용 : 수학 점수가 80점 이상이라면 수학 점수를 출력

for문에서 리스트의 요소를 하나씩 가져오는 것에는 두 가지 방법이 있고 우리는 math 리스트와 name 리스트에서 요소를 모두 가져와야 하기 때문에 인덱스를 가져오는 방식을 취하겠습니다.

- for 변수 in 리스트 : 리스트의 요소를 직접 가져와 반복
- for 변수 in range(len(리스트)) : 리스트의 인덱스를 가져와 반복

작성 방법을 확인했다면 리스트의 인덱스를 가져오는 방식으로 for문을 작성해 보겠습니다.

```
for i in range(len(math)):     # 인덱스를 하나씩 꺼내서 i에 저장
    point = math[i]        # math 리스트에 i 인덱싱 하여 점수 데이터로 접근
    print(point)

65
92
...
68
```

실행 결과를 살펴보니 조건을 따로 설정하지 않아 math 리스트의 점수가 모두 출력됐습니다. 수학 점수가 80점 이상일 때만 점수를 출력하도록 코드에 조건문을 추가하려고 합니다. 조건과 실행 내용을 정리하면 다음과 같습니다.

- 조건(if) : 수학 점수(point)가 80 이상이라면
- 실행할 내용 : 수학 점수를 출력

정리한 내용을 바탕으로 추가할 조건문의 코드를 작성해 보겠습니다.

```
if point >= 80 :     # point가 80보다 크거나 같다면
    print(point)     # 조건 만족할 때 실행
```

조건문 작성 방법을 확인했다면 이 코드를 반복문에 넣어 코드를 작성해 보겠습니다.

```
for i in range(len(math)):
    point = math[i]
    if point >= 80 :
        print(point)

92
83
...
89
```

실행 결과를 살펴보니 원하는 대로 수학 점수가 80점 이상인 경우만 잘 출력됐습니다.

이제 출력된 각각의 점수에 해당하는 학생의 이름까지 출력하면 끝입니다. 조건문 다음 줄에 name 리스트에 같은 위치에 있는 요소를 인덱싱한 결과를 출력하는 코드를 작성해 보겠습니다.

```
for i in range(len(math)):
    point = math[i]
    if point >= 80 :
        print(point, name[i])    # 점수와 이름을 동시에 출력
```

```
92 이지원
83 최영희
...
89 윤준호
```

실행 결과를 살펴보니 출력된 결괏값으로 수학 점수가 80점 이상인 우수 학생의 이름과 점수까지 알게 되었습니다. 알고 싶었던 문제를 해결했다고 학습을 멈춰 서는 안 됩니다. 나아가 name, math 리스트처럼 데이터를 정리해 새로운 리스트로 만드는 것이 좋습니다.

데이터를 별도로 정리해 놓지 않으면 나중에 다시 이 학생들에게 무언가 해줘야 할 때 처음부터 코드를 다시 작성해야 하는 번거로운 일이 발생합니다. 중요한 데이터는 변수로 저장해야 한다는 약속을 다시 떠올려 보며 점수가 조건(80 이상)을 만족할 때 출력하는 게 아니라 새로운 리스트에 데이터를 추가하도록 변경하면 됩니다.

```
if point >= 80 :
    print(point, name[i]) # 단순히 출력
```

```
if point >= 80 :
    point_good.append(point) # 요소 추가
    name_good.append(name[i])
```

반복문을 시작하기 전에 point_good, name_good 리스트를 빈 리스트로 만들어 코드를 실행해 우수 학생의 점수와 이름을 각각 point_good, name_good 리스트에 추가하는 코드로 변경해야 합니다.

```
point_good = [ ]
name_good = [ ]
```

코딩 스킬 레벨업 16

작성된 코드를 수정해 새로운 리스트에 데이터를 담는 코드를 완성해 보겠습니다.

```
point_good = [ ]  # 80점 이상의 점수를 담을 리스트
name_good = [ ]  # 80점 이상 점수를 받은 학생의 이름을 담을 리스트
for i in range(len(math)):
    point = math[i]
    if point >= 80 :
        point_good.append(point)  # 80점 이상의 점수 리스트에 추가
        name_good.append(name[i])  # 80점 이상 점수를 받은 학생의 이름 리스트에 추가
print(name_good)
print(point_good)
```

```
['이지원', '최영희', '정은주', '오성민', '윤준호']
[92, 83, 96, 85, 89]
```

실행 결과를 살펴보니 수학 점수를 80점 이상 받은 학생의 이름과 점수가 새로운 리스트에 잘 저장된 것을 확인할 수 있습니다. 이렇게 반복문과 조건문을 잘 합하면 조건에 맞는 데이터만 분류할 수 있습니다. 분류된 데이터를 새로운 리스트에 저장하기 위해 빈 리스트를 만들고 조건에 맞는 데이터를 append 함수로 채워 넣는 기술도 필요합니다.

반복문은 이렇게 리스트 안에 담긴 데이터를 조회할 때도 쓰이고 리스트에 새로운 데이터를 추가할 때도 유용하게 쓰입니다. 반복문 작성 연습을 열심히 해 반복이 필요한 여러 상황에 잘 활용해 보시기 바랍니다.

13

조건이 맞으면
반복해요, while문

for문을 학습하며 반복문과는 조금 친해지셨나요?
이번 장에서는 다른 방식으로 반복문을 작성할 수 있는
while문에 대해 자세히 알아보겠습니다.

13-1 while문의 형식

예제 소스 13-1.ipynb

파이썬에서 while문은 '조건을 만족하는 동안' 코드를 계속 반복해 주는 역할입니다. 그런데 while문
에서 말하는 조건은 for문의 반복 조건(리스트에서 데이터를 가져오는)이 아니라 조건문에서의 조건(불 자
료형)에 더 가깝습니다.

```
while문
while 조건 :
      실행할 내용
```

```
if문
if 조건 :
      실행할 내용
```

while문의 형식은 if문과 닮아있으며 if 대신 while이 추가되었다고 해도 과언이 아닐 정도입니다.
차이가 있다면 if문은 실행 시 내용이 한 번만 실행되는 반면 while문은 조건을 만족하면 내용이 계속
반복 실행된다는 것밖에 없습니다. while문을 처음 학습한 이들은 설명을 듣고 어리둥절해 할 수도
있는데, while문이 코드를 어떻게 여러 번 반복 실행하고 있는지 원리를 알아보겠습니다.

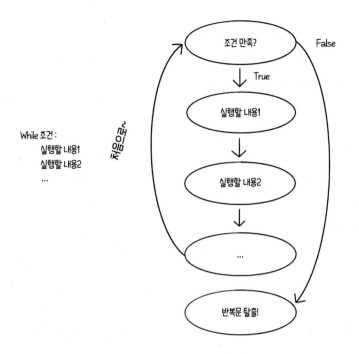

① while문의 조건이 만족하는지 확인합니다.

② 만족한다면 while문의 내용을 실행합니다. 만족하지 않으면 반복문에서 벗어납니다.

③ while문 안에 있는 내용을 모두 실행한 후 다시 while문의 조건을 만족하는지 확인합니다. 무조건 while문의 내용을 반복하는 것은 아닙니다.

④ 만족한다면 while문의 내용을 실행합니다. 만족하지 않으면 반복문에서 벗어납니다.

⑤ while문 안에 있는 내용을 모두 실행한 후 다시 while문의 조건이 만족하는지 확인합니다.

...

for문에서 리스트의 요소를 변수에 저장하고 내용을 실행했듯이 while문은 조건을 만족하고 있는지 확인 과정을 거쳐야 합니다. 그럼 이런 생각이 들 수 있습니다. '처음에 조건을 만족했다면 계속 만족 하는 거 아니야?' 아직 while문을 많이 접해보지 못해 그렇게 생각할 수 있습니다. 다음 a가 1이라면 a를 출력하는 조건문을 만들어 while문의 코드를 직접 작성해 보겠습니다. 먼저 a 변수에 1을 저장한 후 조건문을 정리하고 정리한 내용을 바탕으로 코드를 작성해 보겠습니다.

```
# a에 1을 저장합니다.
a = 1
```

a가 1이라면 a를 출력하는 조건문을 만들어 보겠습니다.

- 조건(if) : a가 1이라면
- 실행할 내용 : a를 출력

```
if a == 1 :     # 1 == 1 이므로 True
    print(a)    # 조건 만족하여 실행됨
```
```
1
```

실행 결과를 살펴보니 원하는 대로 결괏값이 잘 출력됐습니다.

이제 간단한 코드는 식은 죽 먹기입니다. 다음 코드를 while문으로 수정해 볼 건데요. while문은 if문과 형식이 같아 코드의 if를 while로만 수정하면 됩니다.

```
while a == 1 :     # 1 == 1 이므로 True
    print(a)       # 조건 만족하여 실행됨
```
```
1
1
...
```

실행 결과를 살펴보니 1이 무한 반복되는 것을 확인할 수 있습니다. 우선 ◉ 버튼을 클릭해 실행을 중단해 주세요. 이런 무한 반복은 while문을 다루다 보면 가끔씩 만나게 됩니다. 그럴 때는 지금처럼 [실행 중단] 버튼을 클릭해 문제가 있는 코드를 수정해야 합니다.

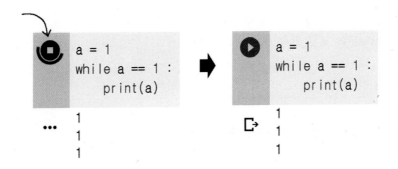

코드를 다시 살펴보니 a == 1이라는 조건을 항상 만족하기 때문에 무한으로 반복하게 된 겁니다. 그렇다면 언제 조건을 만족하지 않을까요? while문의 조건을 다시 살펴보겠습니다.

'a==1'이라는 반복 조건에서 우리가 수정할 수 있는 값은 무엇일까요? 데이터 1을 저장하고 있는 a를 다른 값으로 변경하면 조건에 만족하지 않으니 가장 쉬운 방법은 반복문 안에 a+1=1을 추가해 a의 값이 바뀌도록 해주는 겁니다. 위의 내용을 바탕으로 코드를 수정해 보겠습니다.

```
a = 1    # a의 초깃값 : 1
while a == 1 :
    print(a)
    a += 1
```
```
1
```

실행 결과를 살펴보니 두 번째 반복에서 조건을 만족하지 못해 1이 한 번만 출력되고 종료됐습니다. 앞에서 무서운 속도로 반복 출력됐던 것과는 다른 양상입니다.

> 첫 번째 반복)
> i가 1일 때 while문의 조건 만족 (while 1 == 1 :)
> 1 출력 (print(1))
> i에 2 저장 (a = 1+1)
>
> 두 번째 반복)
> i가 2일 때 while문의 조건 만족하지 않음 (while 2 == 1 :)
> 반복문 종료

실행 결과를 통해 조건과 연관 있는 변수(a)가 while문 안에서 변경되도록 수정하면 어느 순간 조건을 만족하지 않게 되어 반복이 종료되는 걸 알 수 있습니다.

13-2 for문 VS while문

예제 소스 13-2.ipynb

for문으로 작성한 코드는 while문으로 작성할 수도 있습니다. 이해를 돕기 위해 1부터 5까지의 숫자 데이터를 저장하고 있는 리스트를 만들어 보겠습니다.

for문으로 반복문을 구성하려면 반복 조건이 되는 리스트 혹은 반복 가능한 자료형이 필요하고 우리는 range 자료형을 활용해 1부터 5까지의 숫자를 순서대로 저장할 겁니다. 작성 방법은 다음과 같습니다.

```
range(1, 6)    # 마지막 숫자 제외
```

이제 순서대로 숫자를 채워갈 빈 리스트 하나를 작성해 줍니다.

```
num = [ ]
```

다음 range에서 숫자를 하나씩 가져와 num 리스트에 추가하는 반복문을 작성해 보겠습니다.

```
for i in range(1, 6) :      # 1~5까지 i에 순서대로 저장
    num.append(i)           # num 리스트에 요소 추가
print(num)
```

```
[1, 2, 3, 4, 5]
```

실행 결과를 살펴보니 원하는 대로 결과가 잘 출력됐습니다. for문으로 만든 코드의 조건을 똑같이 살려 while문으로 작성해 보겠습니다. 작성 방법은 다음과 같으며 while문에서 중요한 것은 조건과 실행할 내용입니다.

```
while 조건 :
    실행할 내용
```

while문은 for문 만큼 직관적이지 않아 조건을 정하는 것이 조금 까다로울 수 있습니다. 그래서 while문을 작성할 땐 조건보다는 실행할 내용에 우선 초점을 맞추고 그다음 언제 반복이 종료되어야 할지 조건을 정하는 게 좋습니다. 먼저 반복해야 할 내용을 그대로 나열해 보겠습니다.

```
num.append(1)
num.append(2)
num.append(3)
num.append(4)
num.append(5)
```

for문의 실행 내용처럼 append 함수의 인자만 변경되기 때문에 다음과 같이 인자를 작성해 줍니다.

```
num.append(i)
```

i에 가장 처음 추가되는 숫자가 1이기 때문에 i의 초깃값은 1입니다. 다음 i에 저장된 값이 num 리스트에 추가됩니다.

```
i = 1
num.append(i)    # [ ] → [1]
```

이어서 i의 값이 2로 변경되어야 하기 때문에 i에 1을 더한 값을 다시 i에 저장합니다.

```
# 1 → 2
i += 1
```

i에 2가 저장되었기에 다시 i를 num 리스트에 추가합니다.

```
# [1] → [1, 2]
num.append(i)
```

이제 i의 값은 3으로 변경되어야 합니다. i에 1을 더한 값을 i에 다시 저장합니다.

```
# 2 → 3
i += 1
```

이후의 과정은 생략하겠습니다. 리스트를 만들어 가는 과정에서 반복된 내용은 다음과 같습니다. 첫 번째 리스트에 i를 추가하기, 두 번째 i에 1을 더한 값을 i에 저장하기. 이상 두 가지의 내용이 while문 안에 모두 들어가면 됩니다. 정리한 내용을 바탕으로 코드를 작성해 보겠습니다.

```
while 조건 :
    num.append(i)
    i += 1
```

이제 조건만 찾으면 while문이 완성됩니다. while문을 성공적으로 만들었을 때 코드 흐름을 예측해
보겠습니다.

첫 번째 반복)
i가 1일 때 while문의 조건 만족 (while 조건 :)
num에 1 추가 (num.append(1))
i에 2 저장 (i = 1+1)

두 번째 반복)
i가 2일 때 while문의 조건 만족 (while 조건 :)
num에 2 추가 (num.append(2))
i에 3 저장 (i = 2+1)

세 번째 반복)
i가 3일 때 while문의 조건 만족 (while 조건 :)
num에 3 추가 (num.append(3))
i에 4 저장 (i = 3+1)

네 번째 반복)
i가 4일 때 while문의 조건 만족 (while 조건 :)
num에 4 추가 (num.append(4))
i에 5 저장 (i = 4+1)

다섯 번째 반복)
i가 5일 때 while문의 조건 만족 (while 조건 :)
num에 5 추가 (num.append(5))
i에 6 저장 (i = 5+1)

여섯 번째 반복)
i가 6일 때 while문의 조건 만족하지 않음 (while 조건 :)
반복문 종료

코드의 흐름에서 중요하게 볼 것은 while문의 조건을 만족하는 시점과 만족하지 않는 시점입니다. 반복되는 동안 변한 값은 i입니다. i의 값에 따라 조건을 만족할 때도 있고 만족하지 않을 때도 있습니다. 코드의 실행 결과를 살펴보며 우리는 조건을 유추할 수 있어야 합니다. 바로 이러한 부분 때문에 while문의 반복 조건이 for문과 비교해 어렵다고 느끼는 겁니다. i가 1부터 5까지의 숫자일 때 조건을 만족했지만 6일 땐 만족하지 않았습니다. 이 상황을 두 가지의 조건으로 정리해 코드를 작성해 보겠습니다.

- 조건 ① i가 6보다 작음
i가 1부터 5일 때는 조건을 만족하고 6이 되면 i와 6이 같기 때문에 조건을 만족하지 않습니다.

- 조건 ② i가 5보다 작거나 같음
조건 1과 동일하게 i가 1부터 5일 때는 조건을 만족하고 6일 때는 조건을 만족하지 않습니다.

정리한 조건 1과 2의 내용을 비교 연산자를 사용해 작성하면 다음과 같습니다.

```
i < 6
i <= 5
```

각각의 조건을 적용해 while문의 코드를 완성해 보겠습니다.

```
num = [ ]
i = 1
while i < 6 :
    num.append(i)
    i += 1
print(num)
[1, 2, 3, 4, 5]
```

```
num = [ ]
i = 1
while i <= 5 :
    num.append(i)
    i += 1
print(num)
[1, 2, 3, 4, 5]
```

실행 결과를 살펴보니 조건문과 반복 조건은 서로 다르지만 조건은 동일한 while문을 작성했습니다. while문을 직접 작성해 보며 어떤 생각이 들었나요? for문처럼 리스트에서 데이터를 가져와 반복하는 방식이 훨씬 편한다는 생각이 들었을 겁니다. 이번에는 for문과 while문을 나란히 놓고 비교해 보겠습니다.

for문

``python
num = [ ]
for i in range(1, 6) :
    num.append(i)
``

while문

``python
num = [ ]
i = 1
while i < 6 :
    num.append(i)
    i += 1
``

눈에 띄는 가장 큰 차이는 코드의 길이입니다. for문이 while문 형식으로 바뀌며 첫 번째 i의 초깃값을 1로 지정하는 것과 두 번째 다음 반복으로 넘어가기 전에 i에 1을 더하는 내용이 추가되었습니다. 모두 반복 조건에 들어가 있는 변수 i를 수정하는 내용입니다. for문은 리스트 안에 있는 값을 i에 저장하는 과정이 포함되어 코드가 훨씬 짧은 것입니다. 비유하면 for문은 모든 과정이 준비되어 있는 패키지여행에 가깝고 while문은 모든 과정을 세세하게 계획해야 하는 자유여행에 가깝습니다. 어떤 나라를 여행하느냐에 따라 패키지여행이 좋을 수도 있고 자유여행이 좋을 수도 있습니다. 반복문도 어떤 방식으로 반복하느냐에 따라 for문과 while문을 선택하여 사용해야 합니다.

for문
(패키지 여행)

While문
(자유 여행)

저는 주로 반복 횟수를 기준으로 for문과 while문 중 하나를 선택해 사용합니다. 보통 반복 횟수가 확실하게 정해져 있는 경우 리스트에서 데이터를 가져와 반복하는 for문이 유리합니다. 하지만 반복 횟수가 정해져 있지 않다면 while문이 더 유리합니다. 물론 이 기준은 절대적이지 않아 경험을 통해 어떤 방식이 더 유리할지 결정하는 것이 중요합니다. 반복문을 계속 사용하다 보면 '이건 for문으로 만드는 것이 낫겠다' 혹은 '조건 잡는 게 까다롭지만 while문으로 만드는 것이 낫겠다'라는 판단을 내리는 날이 옵니다. 광활한 코딩 세상에 익숙해지는 그날까지 패키지여행도 자유여행도 많이 다녀보시기 바랍니다.

숫자 맞히기 게임

1부터 10까지의 숫자 중에 하나를 선택한 후 상대방이 맞히는 게임을 만들려고 합니다. 기회는 총 다섯 번이며 조건문과 반복문을 활용해 차근차근 만들어 보겠습니다.

우리는 행운의 숫자 7로 진행해 보겠습니다. 선택한 숫자 7을 num 변수에 저장합니다.

```
num = 7
```

이제 상대방이 숫자를 선택하여 입력해 줘야 합니다. input 함수를 사용해 num_input 변수에 숫자를 입력합니다. 여기서 주의할 점은 input 함수로 만들어진 데이터는 정수형이 아니라 문자열로 자동 인식되어 상대방이 입력한 데이터는 int 함수를 사용해 정수 자료형으로 바꿔줘야 합니다. 다음 내용을 코드로 작성해 보겠습니다.

```
# 입력 받은 문자열을 정수 자료형으로 변환
num_input = int(input('숫자를 입력하세요 :'))
```

코드에 추가된 num_input과 num을 비교합니다. 데이터가 서로 일치하면 상대방이 숫자를 맞힌 것이기 때문에 '맞혔습니다'가 결괏값으로, 만약 일치하지 않으면 '틀렸습니다'가 출력되도록 조건문을 구성합니다. 먼저 조건과 실행할 내용을 다음과 같이 정리해 보겠습니다.

- 조건(if) : num_input과 num이 같으면
- 실행할 내용 : '맞혔습니다' 출력

- 조건(else) : 조건을 만족하지 않으면
- 실행할 내용 : '틀렸습니다' 출력

정리한 내용을 바탕으로 num_input과 num을 비교 연산자 '=='를 사용해 코드를 작성하고 실행할 내용은 간단하게 print 함수에 추가해 코드를 작성합니다.

```
if num_input == num :
    print('맞혔습니다') # 조건을 만족하면 실행
else :
    print('틀렸습니다') # 조건을 만족하지 않으면 실행
```

작성한 코드를 하나의 코드로 합하면 숫자를 맞히는 게임 프로그램이 완성됩니다.

```python
num = 7
num_input = int(input('숫자를 입력하세요 :'))
if num_input == num :
    print('맞혔습니다')
else :
    print('틀렸습니다')
```

코드를 실행해 num_input에 숫자를 입력했을 때 프로그램이 제대로 동작하는지 확인해 보겠습니다.

```python
num = 7
num_input = int(input('숫자를 입력하세요 :'))
if num_input == num :
    print('맞혔습니다.')
else :
    print('틀렸습니다')
```
숫자를 입력하세요 :3 ← 3으로 입력
틀렸습니다

```python
num = 7
num_input = int(input('숫자를 입력하세요 :'))
if num_input == num :
    print('맞혔습니다')
else :
    print('틀렸습니다')
```
숫자를 입력하세요 :7 ← 7로 입력
맞혔습니다

실행 결과를 살펴보니 의도한 대로 num에 저장된 숫자(7)가 아닌 다른 숫자를 입력하면 '틀렸습니다', 같은 숫자를 입력하면 '맞혔습니다'가 출력됩니다. 이번에는 '다섯 번 안에 맞혀야 한다'는 조건을 추가해 보겠습니다.

이제 반복문이 필요한 시점인데요. 먼저 이 반복을 for문으로 만들 것인가 while문으로 만들 것인가 선택해야 합니다. 앞에서 '기회는 총 다섯 번'이라고 안내했기에 반복 횟수가 다섯 번이라고 생각하는 분이 많을 거 같습니다. 하지만 정답은 '알 수 없음'입니다.

여러분이 직접 이 게임에 참여했다고 생각해 보세요. 어쩌다가 운이 따라서 두 번 만에 답을 맞혔다고 가정해 봅시다. 답을 맞힌 후에도 계속 반복해야 할까요? 아닙니다. 다섯 번 이하로 반복한다고 얘기할 수는 있지만 다섯 번을 무조건 반복한다고 얘기할 수는 없습니다. 따라서 반복 횟수를 기준으로 판단하면 while문이 조금 더 적합하다고 볼 수 있습니다.

만약 '횟수는 중요하지 않다. 나는 나만의 길을 가겠다'라며 for문을 선택한다고 상상해 보겠습니다. for문은 리스트의 요소나 인덱스를 차례로 받아오며 반복하는 방식입니다. 그런데 이 게임 프로그램이 리스트에서 무엇인가를 가져오는 방식과 잘 어울릴까요? 잘 어울리지 않습니다. 그렇기에 while문을 선택해야 합니다.

while문의 조건과 실행할 내용을 작성하기 위해 코드를 맨 위에서부터 차근차근 다시 한번 살펴보겠습니다.

```python
num = 7
num_input = int(input('숫자를 입력하세요 :'))
if num_input == num :
    print('맞혔습니다')
else :
    print('틀렸습니다')
```

① num = 7

정답을 변수에 저장하는 코드입니다. 이 코드는 상대방이 문제를 못 맞혀도 변하는 값이 아니기에 반복할 필요가 전혀 없습니다. 그래서 반복문 앞에 위치해야 합니다.

② num_input = int(input('숫자를 입력하세요 :'))

문제를 맞히는 맞혀야 하는 숫자를 입력해 변수에 저장하는 코드입니다. 이 코드는 숫자를 입력해 틀렸다면 다른 숫자로 입력할 기회를 줘야 합니다. 만약 반복문에 이 코드가 포함되지 않는다면 다른 숫자를 입력할 기회를 잃게 되는 것입니다.

③ if num_input == num : print('맞혔습니다')

정답을 맞혔을 때 '맞혔습니다'가 출력되는 코드입니다. 이 코드는 정답을 맞혔다면 실행되는 코드입니다. 문제를 맞혀 가는 과정인 반복문에 추가하는 것보다는 반복문을 종료한 이후에 위치하는 것이 좋습니다.

④ else : print('틀렸습니다')

숫자를 맞히려고 시도했다가 틀렸을 때 '틀렸습니다'가 출력되는 코드입니다. 이 코드는 반복문 안에 위치해 답이 틀릴 때마다 실행되어도 좋고 최종적으로 답을 못 맞혔을 때 실행되어도 상관없습니다. 또한, 게임을 만드는 사람의 취향대로 반복문 안에 넣어도 되고 반복문 밖으로 빼도 됩니다. 저는 숫자를 틀릴 때마다 틀렸다는 문구가 출력되는 게 무반응보다는 더 친절한 프로그램인 거 같아서 반복문 안에 이 코드를 배치하겠습니다.

어떤 코드는 반복문 밖(앞이나 뒤)에 어떤 코드는 반복문 안에 배치하기로 결정했습니다. 위의 내용을 참고해 코드를 1차 정리하겠습니다.

```
num = 7 # 정답을 변수에 저장 (반복될 필요 없고 반복문 이전에 실행)
while 조건 :
    # 틀릴 때마다 다시 입력 (반복 필요)
    num_input = int(input('숫자를 입력하세요 :'))
    else :    # 틀릴 때마다 메시지 출력해야 함 (반복 필요)
        print('틀렸습니다')
# 정답을 맞혔을 때만 출력 (반복될 필요 없고 반복문 이후에 실행)
if num_input == num :
    print('맞혔습니다')
```

조건을 정하기 전에 else문 코드를 조금 수정하겠습니다. 이전 코드에서는 앞에 if문이 있어 else로 조건문을 만들 수 있었지만 지금은 if문이 반복문 밖으로 가버려 else문만 덩그러니 남게 되었습니다. else문을 if문으로 수정해 실행되는 조건을 정리해 보겠습니다.

- 조건(else) : num_input과 num이 같지 않으면
- 실행할 내용 : '틀렸습니다' 출력

같지 않음을 비교하는 비교 연산자 '!='을 이용해 조건문의 코드를 수정합니다.

```
if num_input != num :
        print('틀렸습니다')
```

옥에 티였던 else문이 있던 자리를 if문으로 수정했습니다.

```
num = 7
while 조건 :
    num_input = int(input('숫자를 입력하세요 :'))
    if num_input != num :
        print('틀렸습니다')
if num_input == num :
    print('맞혔습니다')
```

while문을 만들기 위한 첫 번째 관문을 넘어섰습니다. 이제 조건을 제대로 작성하면 게임 프로그램을 성공적으로 만들 수 있습니다. while문의 조건을 만드는 건 조금 까다롭지만 while문이 어떤 상황에서 종료되었는지 집중합니다. 조건문이 종료된 것은 게임이 끝났다는 것을 의미합니다. 게임이 끝나는 조건은 첫 번째 '정답을 맞혔을 때(해피엔딩)'와 두 번째 '다섯 번 모두 답을 맞히지 못할 때(베드 엔딩)'입니다.

while문에 들어가야 하는 조건은 계속 반복되는 조건이기 때문에 정리한 조건들을 다음과 같이 반대로 표현합니다.
- 정답을 맞혔을 때 (입력한 데이터와 정답이 같을 때)
→ 입력한 데이터와 정답이 같지 않을 때
- 다섯 번 동안 답을 맞히지 못했을 때 (반복 횟수가 여섯 번 이상일 때)
→ 반복 횟수가 다섯 번 이하일 때

두 가지 조건을 모두 불 자료형으로 만들어 줍니다. 다음 두 가지의 조건을 동시에 만족해야 게임은 이어집니다. 만약 한 가지라도 조건을 만족하지 않으면 게임은 종료됩니다. 두 가지 조건을 and 연산자로 묶어 while문의 조건으로 정합니다.

첫 번째 조건은 num != num_input으로 간단하지만 두 번째 조건은 조금 까다로워 보입니다. '반복 횟수가 다섯 번 이하일 때'를 어떻게 코드로 표현해야 좋을까요? 우선 현재 코드에서는 반복 횟수를 알 수 없기 때문에 문제를 풀기 위한 시도 횟수를 알기 위해서는 코드의 수정이 필요합니다. 반복문을 작성하다 보면 반복 횟수를 확인하기 위해 새로운 변수를 만들어 사용하는 경우가 많습니다. 사용 방법은 먼저 반복문 이전에 변수를 만들어 0을 저장한 다음 반복문 안에서 변수에 1을 더하면 반복된 횟수만큼 변수의 값이 커집니다. 설명한 내용을 코드로 작성하면 다음과 같습니다.

```
count = 0
while 조건 :
    count += 1
```

앞에서 while문을 작성했을 때도 이런 변수가 하나씩 있었으며 그땐 주로 i로 작성했습니다. 사실 for문에서도 반복 방식은 다르지만 리스트에 있는 데이터를 변수에 저장하는 과정이 포함되어 while문과 비슷하다고 볼 수 있습니다. for문에서 설명한 방식으로 이야기하면 count 변수가 이 while문의 주인공이라고 얘기할 수 있습니다. 주인공 count 변수를 작성한 코드에 대입해 보겠습니다.

```
num = 7
count = 0    # 초깃값 0
while 조건 :
    num_input = int(input('숫자를 입력하세요 :'))
    if num_input != num :
        print('틀렸습니다')
    count += 1    # 반복 횟수 1 증가
if num_input == num :
    print('맞혔습니다')
```

이제 반복 횟수가 count 변수에 저장되도록 수정됐습니다. 다시 조건으로 돌아가 반복 횟수를 확인해 보겠습니다. 반복이 진행되는 동안 count에 저장된 값이 어떻게 변하는지 집중하며 반복 횟수가 다섯 번 이하인 조건을 찾습니다. 단, 이때 정답은 계속 틀린다는 가정이 필요합니다.

첫 번째 반복)

count가 0일 때 while문의 조건 만족 (while 조건 :)

숫자 입력 (num_input = int(input'숫자를 입력하세요 :'))

if문의 조건 만족하여 '틀렸습니다' 출력 (if num_input != num : print('틀렸습니다'))

count에 1 저장 (count = 0+1)

두 번째 반복)

count가 1일 때 while문의 조건 만족 (while 조건 :)

숫자 입력 (num_input = int(input'숫자를 입력하세요 :'))

if문의 조건 만족하여 '틀렸습니다' 출력 (if num_input != num : print('틀렸습니다'))

count에 2 저장 (count = 1+1)

세 번째 반복)

count가 2일 때 while문의 조건 만족 (while 조건 :)

숫자 입력 (num_input = int(input'숫자를 입력하세요 :'))

if문의 조건 만족하여 '틀렸습니다' 출력 (if num_input != num : print('틀렸습니다'))

count에 3 저장 (count = 2+1)

네 번째 반복)

count가 3일 때 while문의 조건 만족 (while 조건 :)

숫자 입력 (num_input = int(input'숫자를 입력하세요 :'))

if문의 조건 만족하여 '틀렸습니다' 출력 (if num_input != num : print('틀렸습니다'))

count에 4 저장 (count = 3+1)

다섯 번째 반복)

count가 4일 때 while문의 조건 만족 (while 조건 :)

숫자 입력 (num_input = int(input'숫자를 입력하세요 :'))

if문의 조건 만족하여 '틀렸습니다' 출력 (if num_input != num : print('틀렸습니다'))

count에 5 저장 (count = 4+1)

여섯 번째 반복)

count가 5일 때 while 문의 조건 만족하지 않음 (while 조건 :)

반복문 종료

count에 저장된 값이 0부터 4까지 일 때는 while문의 조건을 만족했지만 5가 되자마자 조건을 만족하지 않습니다. 이 상황을 코드로 작성해 보겠습니다.

```
count <= 4
count < 5
count != 5
```

세 가지 연산자 식 중에 'count < 5'가 가장 직관적이라 말할 수 있습니다. 반복 횟수인 5가 들어가 있기 때문입니다. 같은 5가 들어가 있어도 'count != 5' 조건의 경우는 count가 6보다 커진 경우도 허용하기 때문에 좋은 방식은 아닙니다. 설명한 조건을 정리해 보겠습니다.

- 조건 ① : num != num_input
- 조건 ② : count < 5

정리한 두 조건을 동시에 모두 만족해야 하므로 이번에도 and 연산자를 사용해 하나의 코드로 작성해 줍니다.

```
(num != num_input) and (count < 5)
```

우여곡절 끝에 완성한 while문의 조건을 추가해 게임 프로그램 제작을 끝내겠습니다. 여기서 주의할 점은 num_input입니다. num_input이 처음 정의되는 곳이 while문 안인데 while문의 조건으로 num_input과 num을 비교하고 있습니다. 변수가 정의되지 않은 상태에서 두 데이터를 비교하려고 시도하기 때문에 오류가 발생합니다. 문제를 해결하기 위해 while문에 조건을 추가하기 전 num_input의 초깃값으로 None(아무 데이터도 없음)을 저장해 줍니다. 데이터가 저장되어 있지 않은 빈 껍데기 변수지만 이렇게 하면 오류를 피할 수 있습니다.

```
num = 7
count = 0
num_input = None    # num_input while문 들어가기 전 정의
while (num != num_input) and (count < 5) :
    num_input = int(input('숫자를 입력하세요 :'))
    if num_input != num :
        print('틀렸습니다')
    count += 1
if num_input == num :
    print('맞혔습니다')
```

숫자를 입력하세요 :1
틀렸습니다
숫자를 입력하세요 :2
틀렸습니다
숫자를 입력하세요 :3
틀렸습니다
숫자를 입력하세요 :4
틀렸습니다
숫자를 입력하세요 :5
틀렸습니다

숫자를 입력하세요 :10
틀렸습니다
숫자를 입력하세요 :9
틀렸습니다
숫자를 입력하세요 :8
틀렸습니다
숫자를 입력하세요 :7
맞혔습니다

실행 결과를 살펴보니 숫자가 계속 틀렸을 때 다섯 번까지만 기회를 주는 것을 확인했고 중간에 정답을 맞혔을 때 '맞혔습니다' 메시지와 함께 반복이 끝난 것을 확인할 수 있습니다. 지금까지 학습한 내용을 총동원해 어엿한 게임 프로그램을 만들어 보았습니다. 프로그램 제작을 완료한 후 여러 가지 조건에서도 제대로 동작하는지 확인하는 것을 잊지 마세요.

로또 숫자 입력하기

로또 복권을 구매할 때 우리는 자동과 수동 중 하나를 선택해야만 합니다. 자동은 기기가 알아서 무작위로 번호를 뽑아주지만 수동은 직접 번호를 선택해야 합니다. 내친김에 학습한 내용을 바탕으로 로또 번호 입력 프로그램도 만들어 보겠습니다.

input 함수를 사용해 사용자의 데이터를 입력받는 기능을 추가합니다.

```
# 문자열로 입력된 데이터를 정수 자료형으로 바꾸기
num = int(input('숫자를 입력하세요 :'))
```

다음 사용자가 입력한 숫자를 리스트에 저장하기 위해 빈 리스트를 만들어 코드를 작성해 보겠습니다.

```
num_list = [ ]    # 빈 리스트 만들기
num = int(input('숫자를 입력하세요 :'))    # 데이터 입력 받기
num_list.append(num)    # 리스트에 데이터 추가
```

로또는 여섯 개의 숫자가 필요하기 때문에 똑같은 코드가 여섯 번 반복되어야 합니다. 그럼 for문과 while문 중 어떤 것이 더 적합할까요? 반복 횟수가 정해져 있어서 for문을 떠올릴 수 있지만 for문은 리스트에서 요소나 인덱스를 가져와 반복하는 방식입니다. 이 경우 리스트가 따로 준비되어 있지 않기에 for문 보다는 while문으로 만들어 보겠습니다. 앞의 예제에서처럼 실행할 내용을 먼저 정하고 조건은 나중에 정하겠습니다. 반복문으로 실행할 내용을 코드로 작성합니다.

```
num = int(input('숫자를 입력하세요 :'))    # 데이터 입력 받기
num_list.append(num)    # 리스트에 데이터 추가
```

그리고 반복이 진행되는 횟수를 집계하기 위해서는 주인공 변수가 새롭게 필요합니다. i 변수가 반복문에 들어가기 전 0이었다가 반복을 거듭하며 1씩 커지는 코드를 작성해 보겠습니다.

```
num_list = [ ]
i = 0
while 조건 :
    num = int(input('숫자를 입력하세요 :'))
    num_list.append(num)
    i += 1
```

이제 while문의 조건을 유추하기 위해 반복문이 실행되는 동안 코드의 흐름을 살펴보겠습니다.

첫 번째 반복)

i가 0일 때 while문의 조건 만족 (while 조건 :)

데이터 입력 받기

리스트에 데이터 추가 (리스트의 요소 1개)

i에 1 저장 (i = 0+1)

두 번째 반복)

i가 1일 때 while문의 조건 만족 (while 조건 :)

데이터 입력 받기

리스트에 데이터 추가 (리스트의 요소 2개)

i에 2 저장 (i = 1+1)

세 번째 반복)

i가 2일 때 while문의 조건 만족 (while 조건 :)

데이터 입력 받기

리스트에 데이터 추가 (리스트의 요소 3개)

i에 3 저장 (i = 2+1)

네 번째 반복)

i가 3일 때 while문의 조건 만족 (while 조건 :)

데이터 입력 받기

리스트에 데이터 추가 (리스트의 요소 4개)

i에 4 저장 (i = 3+1)

다섯 번째 반복)

i가 4일 때 while문의 조건 만족 (while 조건 :)

데이터 입력 받기

리스트에 데이터 추가 (리스트의 요소 5개)

i에 5 저장 (i = 4+1)

여섯 번째 반복)

i가 5일 때 while문의 조건 만족 (while 조건 :)

데이터 입력 받기

리스트에 데이터 추가 (리스트의 요소 6개)

i에 6 저장 (i = 5+1)

일곱 번째 반복)

i가 6일 때 while문의 조건 만족하지 않음 (while 조건 :)

반복문 종료

i가 0부터 5까지 일 때는 조건을 만족하였지만 6이 되었을 때 만족하지 않았습니다.

```
i <= 5
i < 6
i != 6
```

세 가지 방식 모두 여섯 번 반복할 수 있는 조건이지만 앞에서도 설명했듯이 코드의 내용을 쉽게 파악하기 위해서는 여섯 번 반복한다는 의미가 잘 표현된 'i < 6'가 적합한 조건입니다. while문에 정리한 조건을 추가한 후 마지막에 리스트를 출력하는 코드를 작성해 보겠습니다.

```
num_list = [ ]
i = 0
while i < 6 :
    num = int(input('숫자를 입력하세요 :'))
    num_list.append(num)
    i += 1
print(num_list)    # 리스트 내용 출력
```

코드를 실행해 보면 여섯 개의 숫자가 입력되었을 때 리스트 안에 데이터가 잘 저장된 것을 확인할 수 있습니다. 짧은 코드 안에 원하는 기능이 다 들어간 멋진 프로그램을 만들었습니다. 이 정도만으로도 훌륭하지만 코드를 좀 더 업그레이드해 완성도를 높여보려고 합니다. 현재 프로그램에서 개선하고 싶은 점은 무엇인가요? 저는 먼저 '로또는 1부터 45까지의 숫자만 가능하지만 범위 밖의 숫자가 들어갈 수 있다는 것'과 다음 '로또는 숫자의 중복이 없는데 우리 프로그램은 같은 숫자가 들어갈 수 있다는걸' 개선하고 싶습니다.

두 가지의 개선 사항은 모두 숫자가 잘못 입력된 경우로 입력한 숫자를 확인하는 절차를 추가해야 합니다. 이 과정에서 숫자가 올바르게 입력된 경우만 num_list에 숫자를 추가하고 i를 1 증가시키면 됩니다. 설명한 내용을 조건과 실행할 내용으로 나누어 정리해 보겠습니다.

- 조건(if) : 숫자가 잘 입력되었다면
- 실행할 내용 : 리스트에 숫자를 추가하고 i에 1씩 더한 값을 저장

실행한 내용은 코드로 이미 작성했기에 조건만 잘 작성하면 되는데 조건이 너무 애매합니다. 잘 입력되었다는 건 어떤 의미일까요? 저는 크게 두 가지 조건으로 나눌 수 있을 거 같습니다. 첫 번째 '입력된 숫자가 1 이상이면서 45 이하'입니다. 이는 비교 연산을 이용해 쉽게 표현할 수 있습니다. 두 번째 '입력된 숫자가 이전에 입력한 숫자와 중복되지 않음'입니다. 이 말을 코드로 어떻게 작성할까요? 단박에 생각나지 않으니 첫 번째 조건부터 코드로 작성하겠습니다.

- 1<=num<=45

num이 1 이상이면서 45 이하이기 때문에 세 가지 데이터 사이에 비교 연산자를 추가해 한 번에 작성했습니다.
다음 숫자가 중복되지 않는 것은 입력한 숫자를 저장하고 있는 num_list 안에 방금 입력한 숫자가 똑같으면 안 된다는 말이며 코드로 작성하면 다음과 같습니다.

- num not in num_list

num이 num_list 안에 있지 않다는 걸 표현하기 위해 멤버 연산자 in 앞에 not을 붙였습니다. num_list에 num 데이터가 없으면 이 연산의 결괏값은 True가 출력됩니다.

두 가지 조건을 동시에 모두 만족해야 하기 때문에 and 연산자를 사용해 하나로 묶어서 표현합니다.

```
(1 <= num <= 45) and (num not in num_list)
```

코드에 if문의 조건을 추가해 프로그램을 완성해 보겠습니다.

```
num_list = [ ]
i = 0
while i < 6 :
    num = int(input('숫자를 입력하세요 :'))
    if (1 <= num <= 45) and (num not in num_list) :
        num_list.append(num)
        i += 1
print(num_list)
```

여기서 중요한 것은 주인공 변수 i입니다. 이전에는 i가 while문의 반복 횟수를 의미했지만 이제 i는 단순한 반복 횟수가 아니라 숫자가 제대로 입력된 경우에 한해 반복 횟수의 의미를 갖게 되었습니다.

이제 필요한 조건은 다 갖췄으니 프로그램의 완성도를 높이기 위해 if문의 조건을 만족하지 못하는 경우 '범위 밖의 숫자이거나 이미 입력된 숫자입니다'라는 문장이 출력되도록 코드를 수정해 보겠습니다.

```
num_list = [ ]
i = 0
while i < 6 :
    num = int(input('숫자를 입력하세요 :'))
    if (1 <= num <= 45) and (num not in num_list) :
        num_list.append(num)
        i += 1
    else :    # 조건을 만족하지 않을 때 실행
        print('범위 밖의 숫자이거나 이미 입력된 숫자입니다')
print(num_list)
```

숫자를 입력하세요 :1
숫자를 입력하세요 :2
숫자를 입력하세요 :3
숫자를 입력하세요 :4
숫자를 입력하세요 :5
숫자를 입력하세요 :6
[1, 2, 3, 4, 5, 6]

숫자를 입력하세요 :0
범위 밖의 숫자이거나 이미 입력된 숫자입니다
숫자를 입력하세요 :1
숫자를 입력하세요 :1
범위 밖의 숫자이거나 이미 입력된 숫자입니다
숫자를 입력하세요 :2
숫자를 입력하세요 :3
숫자를 입력하세요 :4
숫자를 입력하세요 :5
숫자를 입력하세요 :6
[1, 2, 3, 4, 5, 6]

실행 결과를 살펴보니 생각한 대로 결과가 출력됐습니다. 이제 사용자가 프로그램을 거칠게 사용해도 문제없이 제 기능을 하도록 보완이 완료됐습니다. 하지만 이것도 완벽한 것이라 얘기하기는 어렵습니다. 실수 자료형이나 알파벳, 특수문자에 대한 대비는 할 수 없습니다. 좋은 프로그램이 되려면 제 기능이 잘 동작하도록 만드는 것도 중요하지만 사용자의 행동까지 미리 예상하고 대책을 마련해야 합니다. 하지만 우리는 아직 코딩 걸음마 단계이기 때문에 그런 것까지 신경 쓰면서 만들기는 어렵습니다. 우선 프로그램의 중요한 기능을 만드는 것에 집중하고 조금씩 보완해서 발전시키는 방향으로 코딩을 하는 것이 좋습니다.

반복문 긴급 탈출, break

for문과 while문을 학습하면서 가장 중요한 포인트는
반복이 어떤 조건으로 구성되며 어떤 것을 반복할지 찾는 것이었습니다.
이번 장에서는 반복이 종료되는 조건에 대해 알아보겠습니다.

14-1 break의 개념

for문은 리스트의 요소를 모두 가져오면 반복문이 종료되었고 while문은 조건을 만족하지 않으면 반복문이 종료되었습니다. 반복문을 종료할 수 있는 방법은 for문과 while문에서 학습한 것 외에도 break 키워드가 있습니다. break는 '깨트리다'라는 뜻도 있지만 '끝내다'라는 의미도 있습니다. 파이썬에서 break 키워드를 사용하면 실행되던 반복문이 즉시 종료됩니다.

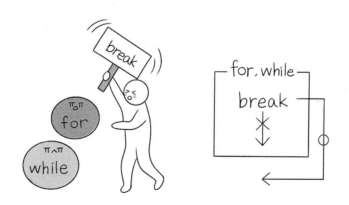

앞서 살펴본 for문과 while문이 의도한 만큼 반복하고 종료되는 것과 break 키워드로 반복문이 강제 종료되는 것에는 어떤 차이가 있을까요? 저는 다음과 같이 표현하고 싶습니다. 사용자가 의도했던 만큼 반복되고 종료하는 걸 '퇴근'이라고 한다면 break는 '조퇴'와 비슷하다고요.

조퇴는 다들 알다시피 개인 사정으로 일찍 퇴근하는 걸 말합니다. 모종의 이유로 회사(반복문)를 긴급하게 탈출해야 할 때 조퇴를 하는 거죠. 이런 긴급 탈출을 반복문에서는 다음과 같은 상황에 주로 사용합니다. 첫 번째 더 이상 반복할 필요가 없을 때, 두 번째 반복문에 표시된 반복 조건과 별개의 이유로 반복을 종료하고 다음 단계로 진행해야 할 때. 이 두 가지의 상황이 반복문에서 긴급 탈출이 필요한 대표적인 경우입니다.

14-2 break의 형식

예제 소스 14-2.ipynb

먼저 더 이상 반복이 필요 없는 경우부터 살펴보겠습니다. 예를 들어 수많은 데이터가 저장된 리스트 안에 우리에게 필요한 데이터는 딱 하나 있고 우리는 그 데이터를 찾아야 합니다. 이럴 땐 멤버 연산자 in을 사용하면 쉽게 데이터 유무를 확인할 수 있습니다. 하지만 'a'로 시작하는 문자열을 찾는다든지 10의 배수인 숫자형을 찾을 때는 in만으로는 해결이 어렵습니다. 이런 경우에는 데이터를 하나씩 가져와 원하는 데이터가 맞는지 확인하는 절차가 필요합니다. 설명한 내용을 코드로 작성해 보겠습니다.

```
for data in [19, 73, 8, 92, 50, 39, 14] :
    if data%10 == 0 : # 10으로 나눈 나머지
        print(data)

50
```

```
for data in ['leg', 'car', 'apple', 'bus'] :
    if data[0] == 'a' : # 문자열의 첫 번째 문자
        print(data)

apple
```

반복문으로 리스트 안에 있는 모든 데이터를 꺼내 조건과 맞는지 확인하는 작업이 이루어졌습니다. 그러나 데이터가 100개, 1000개로 증가하면 빠른 확인이 어렵고 필요 없는 데이터까지 조회해야 해 시간 낭비입니다. 이럴 때 break 키워드를 사용하면 반복문을 긴급 탈출할 수 있는 코드로 바꿀 수 있습니다.

```
for data in [19, 73, 8, 92, 50, 39, 14] :
    if data%10 == 0 : # 10으로 나눈 나머지
    print(data)
    break
# 19, 73, 8, 92, 50까지만 반복
```

```
for data in ['leg', 'car', 'apple', 'bus'] :
    if data[0] == 'a' : # 문자열의 첫 번째 문자
    print(data)
    break
# 'leg', 'car', 'apple'까지만 반복
```

다음은 반복 조건과 다른 별개의 이유로 반복문을 종료해야 하는 경우를 살펴보겠습니다. 게임을 예로 들어보겠습니다. 게임의 중요한 특성은 플레이 흐름에 따라 화면이 전환되는 것인데 이때 우리는 반복문을 사용해 구현합니다. 만약 모종의 이유로 반복문이 종료되었다는 건 게임이 종료되었다는 의미입니다. 우리가 쉽게 떠올리는 게임 종료의 조건은 '게임에서 승리했을 때'와 '게임에서 패배했을 때'입니다. 하지만 반복문은 조건을 만족하면 계속 반복되어 게임 종료의 조건보다는 실행되는 조건을 찾아야 하고 게임의 실행 조건은 '게임에서 승리하지 않았을 때'와 '게임에서 패배하지 않았을 때'입니다. 설명한 내용의 작성 방법은 다음과 같습니다.

```
while 게임에서 승리하지 않았을 때 and 게임에서 패배하지 않았을 때 :
    게임 화면 표시
```

세부 내용은 생략했지만 게임을 코드로 구현한다면 가장 큰 틀은 다음과 같은 형식을 띠고 있으며 게임이 종료되는 조건은 하나 더 있습니다. 바로 창 닫기 버튼을 클릭하거나 키보드의 Alt + F4를 눌렀을 때입니다.

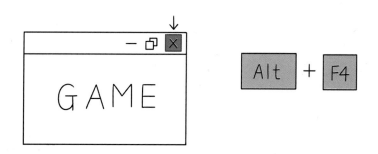

게임에서 의도한 조건(승리, 패배)이 아니라 강제로 게임을 종료해야 할 때도 break를 사용해 반복문에

서 긴급 탈출할 수 있습니다. 이것을 코드로 작성해 보겠습니다.

```
while 게임에서 승리하지 않았을 때 and 게임에서 패배하지 않았을 때 :
    게임 화면 표시
    if X버튼이 눌렸을 때 or Alt+F4가 눌렸을 때 :
        break
```

이렇게 게임 코드를 구성하면 의도하지 않은 조건이더라도 반복문을 종료할 수 있습니다. 이 점을 잘 기억해 상황에 따라 break를 적절하게 사용해 주세요.

14-3 while문과 break

예제 소스 14-3.ipynb

break는 반복문을 종료시킬 수 있는 또 다른 방법이기 때문에 종종 while문의 조건을 True로 놓고 break를 사용하는 경우도 있습니다. 조건이 True이면 조건을 항상 만족한다는 뜻이어서 사실상 무한 반복 상태에 놓이게 됩니다. 이러한 상황을 방지하기 위해 반복이 종료되는 조건을 만나면 break가 실행되도록 해줘야 합니다. 다음 두 가지의 방식으로 while문을 만들어 0부터 4까지의 숫자가 차례로 출력되는 코드를 작성해 보겠습니다. 먼저 'while문에 반복이 계속되는 조건 표시'의 코드 작성 방법은 다음과 같습니다.

```
while 반복이 계속되는 조건 :
    실행할 내용
```

다음 '무한 반복 상태에서 반복이 종료되는 조건을 만나 반복 종료'(while문의 반복 조건보다는 종료 조건에 신경을 쓴 경우) 코드 작성 방법은 다음과 같습니다.

```
while True :
    실행할 내용
    if 반복이 종료되는 조건 :
        break
```

정리한 내용을 참고해 반복문 안에서 데이터를 출력한 후 1씩 더하는 코드를 작성해 보겠습니다 이때 while문의 주인공 변수는 i이고 반복문에 추가되기 전 i의 초깃값은 0입니다.

```
i = 0
while i < 5 : # 반복이 계속되는 조건
    print(i)   # 출력
    i += 1   # 1 더하기
```

```
0
1
2
3
4
```

```
i = 0
while True :
    print(i)
    i += 1
    if i >= 5 : # 반복이 종료되는 조건
        break
```

```
0
1
2
3
4
```

코드의 실행 결과를 살펴보니 결괏값은 똑같지만 코드의 형식이 다릅니다. 왼쪽은 '반복이 계속되는 조건', 오른쪽은 '반복이 종료되는 조건'에 초점을 맞췄기 때문입니다. 지금은 코드의 길이가 짧아서 둘 다 내용을 알기 쉽지만 break를 사용하면 코드의 가독성이 떨어져 전체 흐름을 파악하기 어렵습니다. 그래서 break는 반드시 필요한 경우에만 사용하는 것이 좋습니다.

break 위치의 중요성

실행할 내용이 여러 줄일 때 아무 위치에나 break가 들어가도 괜찮을까요?

break의 위치는 매우 중요하단다. break의 위치에 따라
코드의 실행 결과가 어떻게 달라지는지 한 번 살펴보자.

0부터 4까지 출력하는 코드를 작성한 후 살펴보겠습니다.

```
i = 0
while True :
    print(i)
    i += 1
    if i >= 5 : break
```

코드를 살펴보니 실행할 내용이 총 세 줄이고 break의 위치는 가장 마지막에 있습니다. 내용을 정리하면 다음과 같
습니다.

```
while 조건 :
    실행할 내용1
    실행할 내용2
    if 조건 : break
```

break가 마지막에 위치해 긴급 종료를 하더라도 모든 내용이 실행된 다음 반복문을 종료하게 됩니다. 마지막 반복
일 때 코드가 실행되는 과정을 살펴보겠습니다.

```
...

다섯 번째 반복)
i가 4일 때 while문의 조건 만족 (while True :)
4 출력 (print(4))
i에 5 저장 (i = 4+1)
if문의 조건 만족하여 반복문 긴급 탈출 (if 5 >= 5 : break)
```

반복문을 종료한 상태에서 i에 저장된 값은 무엇일까요? 5입니다. 이번에는 코드의 순서를 다음과 같이 조금 바꿔 보겠습니다.

```
while 조건
    실행할 내용1
    if 조건 : break
    실행할 내용2
```

이렇게 순서를 바꿔 코드를 작성하면 실행 결과가 정말 달라질까요? break의 위치가 중요하지 않다면 실행 결과는 똑같을 것이고 break의 위치가 중요하다면 실행 결과는 충분히 달라질 수 있습니다.

```
i = 0
while True :
    print(i)
    if i >= 5 : break
    i += 1

0
1
2
3
4
5
```

실행 결과를 살펴보니 5까지 출력됩니다. 순서만 조금 바꿨는데도 결과가 달라졌습니다. i가 4일 때와 5일 때의 반복 과정을 살펴보겠습니다.

...
다섯 번째 반복) i가 4일 때 while문의 조건 만족 (while True :) 4 출력 (print(4)) if문의 조건 만족하지 않음 (if 4 >= 5 : break) i에 5 저장 (i = 4+1)
여섯 번째 반복) i가 5일 때 while문의 조건 만족 (while True :) 5 출력 (print(5)) if문의 조건 만족하여 반복문 긴급 탈출 (if 5 >= 5 : break) ~~i에 6 저장 (i = 5+1)~~   # 반복문 긴급 탈출로 건너뜀

break의 위치에 따라서 반복 횟수가 달라지고 있는 걸 확인할 수 있습니다. 또한, 실행할 내용 중간에 break가 위치하면 긴급 종료 시 마지막의 'i+=1' 코드를 통과하는 것도 알 수 있습니다. 정말 마지막 코드는 실행되지 않은 건지 궁금하다면 i를 직접 출력하여 확인해 볼 수 있습니다. 만약 지나쳤다면 i는 5로 남아 있을 것이고 지나치지 않고 실행되었다면 i에 60이 저장되어 있어야 합니다. 데이터 출력 코드를 작성해 보겠습니다.

```
print(i)
5
```

실행 결과를 살펴보니 5가 출력되어 지나쳤다는 걸 알 수 있습니다. 이처럼 break는 위치에 따라 결괏값이 달라져 위치를 잘 설정해 주는 게 매우 중요합니다.

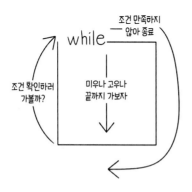

로그인 시스템 만들기(2)

조건문을 이용해 만들었던 로그인 시스템을 참고해 새 로그인 프로그램을 만들어 보겠습니다. 아이디와 비밀번호 정보가 일치하지 않아도 로그인을 다시 시도할 수 있는 프로그램입니다.

아이디	비밀번호
xht9842	j7m2c9e8
lzs7298	r5t1a6p9
jmk0923	w3n8r2z7
pfd6315	k2j5d9h7
gqr5746	x6s3t5v2

아이디와 비밀번호 정보를 저장하기 위해 딕셔너리 자료형을 사용하겠습니다. 이때, 아이디와 비밀번호는 키, 밸류 형식으로 저장합니다. 작성 방법은 다음과 같습니다.

> 키(아이디) : 밸류(비밀번호)

작성 방법을 확인했다면 표의 데이터를 참고해 코드를 작성합니다.

```
member = {'xht9842': 'j7m2c9e8', 'lzs7298': 'r5t1a6p9', 'jmk0923': 'w3n8r2z7',
          'pfd6315': 'k2j5d9h7', 'gqr5746': 'x6s3t5v2'}
```

아이디와 비밀번호는 문자열로 입력하고 input 함수를 사용해 사용자의 데이터를 얻습니다.

```
id = input('아이디를 입력하세요 :')
pw = input('비밀번호를 입력하세요 :')
```

이어서 아이디와 비밀번호가 제대로 입력되었는지 확인합니다. 먼저 아이디(id)가 시스템에 등록된 아이디(member 의 키)가 맞는지 확인합니다. 아이디 확인이 완료되면 비밀번호(pw)가 시스템에 등록된 비밀번호(member 밸류)와 맞는지 확인합니다. 사용자 아이디와 시스템 아이디의 대조는 멤버 연산자 in을 사용해 코드를 작성합니다. 딕셔너리의 키 중에 일치하는 데이터가 있다면 결괏값이 True로 출력됩니다.

```
# 딕셔너리의 키 중에 id가 있는지 확인
id in member
```

아이디 확인이 완료되면 비밀번호를 확인합니다. 비밀번호는 이미 pw 변수에 저장되어 있어 시스템에 등록된 비밀번호만 뽑아 비교 연산자 '= ='로 비교하면 됩니다. 시스템의 비밀번호는 member 딕셔너리의 밸류에 해당하고 밸류는 딕셔너리의 키로 인덱싱할 수 있는데 여기서 키는 아이디입니다. 아이디로 시스템에 등록된 비밀번호를 인덱싱하겠습니다.

```
# id로 인덱싱한 시스템 비밀번호와 입력한 비밀번호가 같은지 확인
pw == member[id]
```

비밀번호 확인도 완료했다면 아이디와 비밀번호가 '로그인 성공'이라는 문자열이 출력되도록 코드를 작성해 보겠습니다.

```
if id in member :      # 첫 번째 절차
    if pw == member[id] :    # 두 번째 절차
        print('로그인 성공')
```

그런데 코드를 살펴보니 if문 안에 또 if문이 있는 다중 if문 코드입니다. 다중 if문은 코드의 가독성을 떨어트려 두 개의 조건을 and 연산자로 묶을 수 있다면 연산자를 사용해 if문을 하나로 만들어 주는 것이 좋습니다. 하지만 첫 번째 과정(id in member)에서 조건을 만족하지 않으면 id가 member의 키가 아니기에 두 번째 과정(pw=member[id]) 조건에서 member를 id로 인덱싱할 때 KeyError가 발생합니다. 즉 첫 번째 절차와 두 번째 절차는 동시에 확인해서는 안 되고 순서대로 만족 여부를 확인해야 한다는 것입니다. 따라서 다중 if문을 사용할 수밖에 없습니다.
'로그인 성공' 문구를 출력하는 코드 작성을 완료했다면 로그인 실패 시 다시 기회를 주는 코드를 작성해 보겠습니다. 아이디와 비밀번호를 다시 입력할 수 있게 하려면 반복문 형태로 작성하며 반복할 내용을 정리합니다

```
while 조건 :
    아이디, 비밀번호 입력
    아이디, 비밀번호 조회하여 로그인 성공 여부 확인
    성공하면 반복문에서 탈출, 실패하면 계속 반복
```

반복 횟수는 작성자가 원하는 대로 정할 수 있습니다. 보통 아이디와 비밀번호를 다섯 번 연속으로 틀리면 로그인이 막히지만 우리는 횟수를 따로 정하지 않고 계속 시도할 수 있게 기회를 주겠습니다. 이 말은 무한으로 반복한다는 의미입니다. 따라서 while문의 조건을 True로 놓아 반복이 이어지도록 하겠습니다.

```
while True :    # 무한 반복
    아이디, 비밀번호 입력
    아이디, 비밀번호 조회하여 로그인 성공 여부 확인
    성공하면 반복문에서 탈출, 실패하면 계속 반복
```

아이디와 비밀번호를 입력하는 코드와 데이터를 비교해 로그인 성공 여부를 확인하는 코드는 이미 완성되어 있습니다. 이제 '로그인에 성공했을 때 반복문을 탈출'하는 기능과 '실패하면 계속 반복'하는 기능만 추가되면 됩니다.

반복문 탈출은 break 키워드를 사용하고 실패 시 반복은 코드를 그냥 그대로 놔두면 됩니다. while문의 조건(True)으로 인해 이미 무한 반복되는 상태이기 때문입니다. 앞에서 작성했던 코드를 반복문의 내용으로 불러오겠습니다.

```
while True :
    if id in member :    # 첫 번째 절차
        if pw == member[id] :    # 두 번째 절차
            print('로그인 성공')
```

코드에 로그인 성공 시 탈출하는 기능을 추가하려면 break는 어디로 들어가야 할까요? 맞습니다. 모든 과정을 통과한 상태에서 break가 실행되어야 합니다. 그러니 '로그인 성공'을 출력하는 코드 다음에 break를 추가해 주세요.

```
while True :
    if id in member :    # 첫 번째 절차
        if pw == member[id] :    # 두 번째 절차
            print('로그인 성공')
            break
```

코드의 들여쓰기가 잘 되었는지 작성한 코드를 한 번 더 확인해 줍니다. 들여쓰기를 잘해야 오류 없이 코드가 실행됩니다.

문제 해결

들여쓰기를 잘못하면 어떻게 되나요?

아빠, break가 가장 안쪽에 있는 if문 안에 들어가야 하는 건 이해했는데요. 들여쓰기를 잘못하면 코드가 어떻게 실행되는지 궁금해요.

코드가 좀 복잡해졌지? 들여쓰기를 바꿔가면서 어떻게 실행되는지도 확인해 보자.

먼저 들여쓰기(12칸)가 잘 되어 있는 코드의 흐름을 살펴보겠습니다.

```
while True :
    if id in member :     # 첫 번째 절차
        if pw == member[id] :    # 두 번째 절차
            print('로그인 성공')
            break
```

가장 안쪽에 있는 if문의 공간에 print('로그인 성공')와 break와 나란히 놓여 들여쓰기가 올바르게 들어간 코드입니다. 다음 코드의 흐름을 살펴보기 전 break가 실행되는 세 가지 조건을 정리하고 넘어가겠습니다.

- while문의 조건 : True (항상 만족)
- if문(바깥)의 조건 : id in member (아이디를 올바로 입력한 경우 만족)
- if문(안)의 조건 : pw == member[id] (비밀번호를 올바로 입력한 경우 만족)

조건을 확인했다면 들여쓰기가 여덟 칸 들어간 코드를 살펴보겠습니다.

```
while True :
    if id in member :    # 첫 번째 절차
        if pw == member[id] :    # 두 번째 절차
            print('로그인 성공')
        break
```

break가 바깥쪽 if문에 있는데 이렇게 되면 안쪽의 if문 조건과 상관없이 break가 항상 실행됩니다.

따라서 이 경우는 우리의 의도와 다르게 첫 번째 절차인 아이디만 제대로 입력해 준다면 비밀번호와 상관없이 break를 만나 반복문을 탈출하게 됩니다.

마지막으로 네 칸 들여쓰기 코드를 살펴보겠습니다.

```
while True :
    if id in member :    # 첫 번째 절차
        if pw == member[id] :    # 두 번째 절차
            print('로그인 성공')
    break
```

break가 while문에 있는데 이렇게 되면 if문과 상관없이 break가 항상 실행됩니다. break가 조건과 상관없이 항상 실행되기 때문에 아이디와 비밀번호가 어떻게 입력되더라도 반복문을 탈출합니다. 살펴본 것처럼 break의 위치에 따라 실행 결과가 완전히 달라지기 때문에 들여쓰기로 break 자리를 잘 선택하는 것이 중요합니다.

작성해 놓은 문자열까지 코드에 추가하면 로그인 실패 시 아이디와 비밀번호를 다시 입력할 수 있는 새 로그인 프로그램이 완성됩니다.

```
while True :
    id = input('아이디를 입력하세요 :')
    pw = input('비밀번호를 입력하세요 :')
    if id in member :
        if pw == member[id] :
            print('로그인 성공')
            break
```

우리는 여기서 만족하지 않고 프로그램에 기능 하나를 더 추가해 보겠습니다. 바로 로그인 실패 시 '로그인 실패'라는 문구가 나오는 겁니다. 문구가 없다면 '나는 잘 입력했는데 프로그램이 이상하네'라는 생각을 할 수 있어 사용자에게 정확히 알려줘야 합니다. '로그인 실패' 문구를 출력하는 코드는 어디로 들어가야 할까요?? 다음 세 가지의 보기를 드리겠습니다.

1) if문(바깥)의 공간
```
while True :
    id = input('아이디를 입력하세요 :')
    pw = input('비밀번호를 입력하세요 :')
    if id in member :
        if pw == member[id] :
            print('로그인 성공')
            break
        print('로그인 실패')
```

2) while문의 공간
```
while True :
    id = input('아이디를 입력하세요 :')
    pw = input('비밀번호를 입력하세요 :')
    if id in member :
        if pw == member[id] :
            print('로그인 성공')
            break
    print('로그인 실패')
```

3) while문 탈출 후
```
while True :
    id = input('아이디를 입력하세요 :')
    pw = input('비밀번호를 입력하세요 :')
    if id in member :
        if pw == member[id] :
            print('로그인 성공')
            break
print('로그인 실패')
```

우선 딱 보아도 세 번째의 while문을 탈출한 후 '로그인 실패'가 출력되는 건 이상한 일입니다. while문 탈출의 의미가 로그인 성공이기 때문입니다. 가장 의심스러운 세 번째 보기를 제외하고 첫 번째 보기인 바깥 if문에 '로그인 실패' 문구가 있다면 어떠할까요? '로그인 실패'가 출력되기 위한 조건을 정리해 보면 쉽게 알 수 있습니다.

- while문 조건 : True (항상 만족)
- if문(바깥) 조건 : id in member (아이디가 올바르게 입력되면 만족)

이상한 점을 눈치채셨나요? 바깥 if문에 문구가 들어가면 아이디를 만족한 경우에만 '로그인 실패'가 출력되어 의도한 것과 완전 반대의 결괏값을 출력하게 되는 겁니다. 그래서 이 코드는 두 번째 보기인 while문 위치에 놓는 것이 맞습니다.

```python
while True :
    id = input('아이디를 입력하세요 :')
    pw = input('비밀번호를 입력하세요 :')
    if id in member :
        if pw == member[id] :
            print('로그인 성공')
            break
    print('로그인 실패')
```

이렇게 while문 위치에 들어간 문구는 어떤 상황이라도 로그인에 실패하면 '로그인 실패' 문구를 출력하게 됩니다. 코드를 실행하여 아이디와 비밀번호를 여러 경우로 나누어 입력해서 결과를 살펴 보겠습니다.

```
아이디를 입력하세요 : gqr5746 → 올바른 아이디 입력
비밀번호를 입력하세요 : 1 → 틀린 비밀번호 입력
로그인 실패
아이디를 입력하세요 : 1 → 틀린 아이디 입력
비밀번호를 입력하세요 : x6s3t5v2 → 올바른 비밀번호 입력
로그인 실패
아이디를 입력하세요 : gqr5746
비밀번호를 입력하세요 : x6s3t5v2
로그인 성공
```

12 하나씩 꺼내 먹어요, for문

❶ for문의 기본 형태는 리스트에서 요소를 가져와 반복합니다. 꼭 리스트가 아니더라도 반복 가능한 자료형이 들어
갈 수 있으며 리스트에서 가져온 요소는 주인공 변수에 저장됩니다.

❷ for문은 기본 형태를 변형해 사용할 수 있습니다. 리스트의 인덱스를 가져와 반복하면 되는데 인덱스를 가져왔기
때문에 리스트를 인덱싱하여 데이터에 접근해야 합니다.

❸ range 자료형은 여러 숫자를 순서대로 나열하고 싶을 때 사용합니다. 함수의 인자로 숫자의 범위를 지정합니다.

13 조건이 맞으면 반복해요, while문

❶ while문은 조건을 만족하면 실행할 내용을 계속 반복하다가 조건을 만족하지 않으면 반복을 종료합니다.

❷ for문을 while문으로 작성할 수도 있습니다. 상황에 따라 알맞은 방식을 취해 반복문을 작성합니다. 만약 반복 횟수
가 정해져 있다면 for문, 그렇지 않다면 while문으로 작성하는 것이 좋습니다.

❸ while문의 작동 순서는 크게 두 단계로 나뉩니다. 'while문의 조건이 만족하는지 확인', '만족하면 while문의 내용
실행'입니다. 이 두 단계가 계속 반복되다가 조건을 만족하지 않는 순간이 오면 반복을 종료합니다.

❹ while문에도 for문처럼 주인공 변수가 필요할 때도 있습니다. for문은 '반복할 때마다 리스트의 다른 요소가 변수
에 저장'되는 기능이 있지만 while문은 그렇지 않습니다. 따라서 새롭게 변수를 추가해 기능을 직접 구현해야 합
니다.

❺ while문은 실행할 내용을 먼저 정한 후 조건을 정하는 것이 좋습니다. 그러면 변수가 어떤 값일 때 조건을 만족하
고, 어떤 값일 때 조건을 만족하지 않는지 쉽게 구별됩니다.

14 반복문 긴급 탈출, break

❶ for문, while문에 의해 코드가 반복 실행되다가 모종의 이유로 반복문을 종료하고 싶을 때 break 키워드를 사용합니다.

❷ break를 사용하는 이유는 크게 두 가지로 첫 번째 '반복이 더 이상 필요 없는 경우'와 두 번째 '반복문의 조건과 다른 이유로 반복을 종료해야 하는 경우'입니다.

❸ while문의 조건은 '반복이 계속되는 조건'이고 break를 사용하는 조건은 '반복이 종료되어야 하는 조건'입니다. break를 많이 쓰면 코드의 가독성이 떨어질 수 있기 때문에 가급적이면 while문의 조건만으로 반복 조건을 표시하는 것이 좋습니다.

❹ 반복문에서 break를 사용하는 경우 while문의 조건을 True로 놓을 때도 있습니다. 조건이 항상 만족하기 때문에 반복문은 '무한 반복' 상태가 되지만 break가 있어 특정 조건에서 반복문이 종료될 수 있습니다.

❺ break는 코드에 놓이는 위치가 중요합니다. 만약 break가 실행할 내용의 중간에 위치한다면 반복문을 탈출할 때 그 뒤의 내용은 실행되지 않습니다.

01 현재 리스트에는 여러 숫자가 저장되어 있습니다. 리스트에 저장된 숫자의 전체 합과 평균을 출력하는 프로그램을 for문과 while문을 사용해 각각 만들어 주세요(**힌트** len).

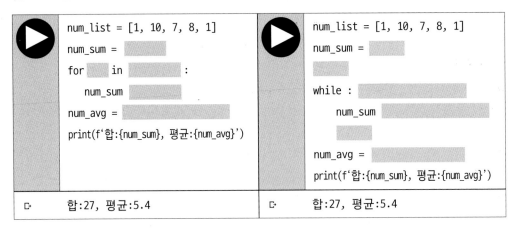

```
num_list = [1, 10, 7, 8, 1]
num_sum =
for      in             :
    num_sum
num_avg =
print(f'합:{num_sum}, 평균:{num_avg}')
```
▷   합:27, 평균:5.4

```
num_list = [1, 10, 7, 8, 1]
num_sum =

while :
    num_sum

num_avg =
print(f'합:{num_sum}, 평균:{num_avg}')
```
▷   합:27, 평균:5.4

02 '토마토', '기러기', '오디오'처럼 글자의 순서를 뒤집어도 똑같은 단어들이 있습니다. 단어를 입력했을 때 그 단어가 뒤집어도 같은 단어인지 판별해 주는 프로그램을 for문으로 만들어 주세요(**힌트** 인덱스가 음수라면 역순으로 인덱싱할 수 있습니다).

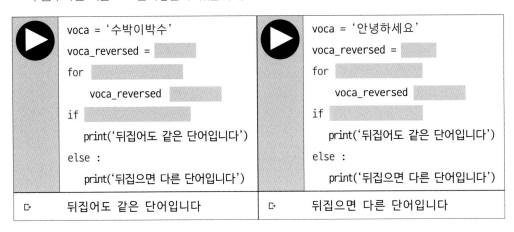

```
voca = '수박이박수'
voca_reversed =
for
    voca_reversed
if
    print('뒤집어도 같은 단어입니다')
else :
    print('뒤집으면 다른 단어입니다')
```
▷   뒤집어도 같은 단어입니다

```
voca = '안녕하세요'
voca_reversed =
for
    voca_reversed
if
    print('뒤집어도 같은 단어입니다')
else :
    print('뒤집으면 다른 단어입니다')
```
▷   뒤집으면 다른 단어입니다

03 단어 맞히기 게임을 만들 계획입니다. 다섯 개의 힌트가 준비되어 있으며 정답을 틀릴 때마다 힌트가 하나씩 공개됩니다. 만약 다섯 개의 힌트로도 정답을 맞히지 못하면 '더 이상의 힌트는 없습니다' 메시지가 출력되며 문제의 정답은 '고양이'입니다. 이 프로그램을 while 문으로 만들어 주세요(**힌트** 반복 조건은 정답과 입력한 단어가 일치하지 않는 것입니다). ① 세 글자 ② 동물 ③ 다리가 네 개 ④ 애완 동물 ⑤ ○○○과 동물 : 사자, 호랑이, 표범

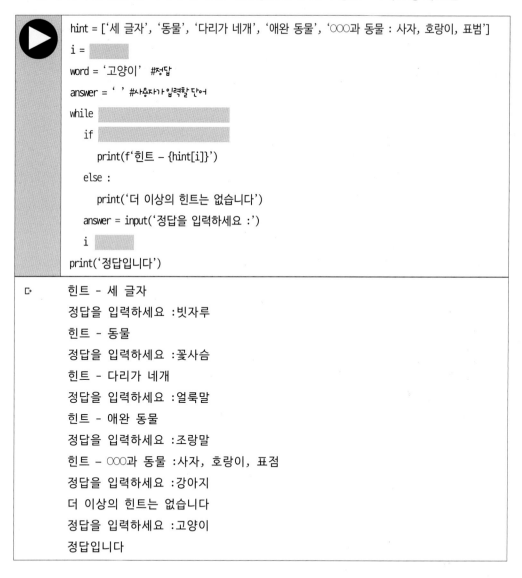

```
hint = ['세 글자', '동물', '다리가 네개', '애완 동물', '○○○과 동물 : 사자, 호랑이, 표범']
i = ▨
word = '고양이'  #정답
answer = ' '  #사용자가 입력할 단어
while ▨
    if ▨
        print(f'힌트 - {hint[i]}')
    else :
        print('더 이상의 힌트는 없습니다')
    answer = input('정답을 입력하세요 :')
    i ▨
print('정답입니다')
```

```
힌트 - 세 글자
정답을 입력하세요 :빗자루
힌트 - 동물
정답을 입력하세요 :꽃사슴
힌트 - 다리가 네개
정답을 입력하세요 :얼룩말
힌트 - 애완 동물
정답을 입력하세요 :조랑말
힌트 - ○○○과 동물 :사자, 호랑이, 표점
정답을 입력하세요 :강아지
더 이상의 힌트는 없습니다
정답을 입력하세요 :고양이
정답입니다
```

04 암산 프로그램을 만들 계획입니다. 문제의 질문과 답은 다음과 같으며 정답을 맞힌 횟수가 늘어날수록 숫자가 커지고 난이도가 올라갑니다. 만약 답을 틀리게 되면 프로그램은 종료되도록 합니다. 이 프로그램을 while문으로 만들어 주세요(**힌트** break).

문제	답
1에 2를 곱하면?	2
2에 2를 곱하면?	4
4에 2를 곱하면?	8
8에 2를 곱하면?	16
...	...

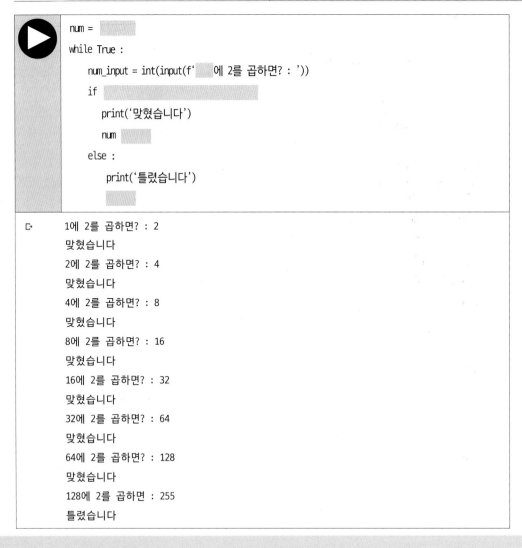

```
num =
while True :
    num_input = int(input(f'      에 2를 곱하면? : '))
    if
        print('맞혔습니다')
        num
    else :
        print('틀렸습니다')
```

```
1에 2를 곱하면? : 2
맞혔습니다
2에 2를 곱하면? : 4
맞혔습니다
4에 2를 곱하면? : 8
맞혔습니다
8에 2를 곱하면? : 16
맞혔습니다
16에 2를 곱하면? : 32
맞혔습니다
32에 2를 곱하면? : 64
맞혔습니다
64에 2를 곱하면? : 128
맞혔습니다
128에 2를 곱하면 : 255
틀렸습니다
```

memo

Chapter 6

코드 압축기,
함수

아들

아빠, 제가 코딩을 공부하면서 계속 궁금했던 게 있는데요.

어떤 게 궁금했니?

아빠

함수요. 함수가 정확하게 어떤 역할인지 잘 모르겠어요. 변수랑 비슷하게 생겼는데 괄호가 있는 거 빼고는 잘 모르겠어요.

아들

그래도 가을이가 함수를 호출해 사용하는 방법은 잘 알고 있구나. 함수를 정확하게 알려면 함수가 무엇인지, 왜 사용하는지 어떻게 만드는지 알아야겠지.

아빠

맞아요. 함수의 사용은 어렵지 않은데 함수가 구체적으로 무엇이냐고 물으면 정확히 대답을 못 하겠어요.

아들

수학에서의 함수와 코딩에서의 함수가 완전히 같은 개념은 아니지만 비슷해. 겁먹지 말고 하나씩 차근차근 알아보도록 하자.

아빠

 Keyword #내장 함수 #외장 함수 #메소드 #매개변수 #지역변수 #전역변수

데이터는 명사, 함수는 동사

우리는 지금까지 함수에 대한 설명 없이도 함수를 잘 사용했습니다.
코딩 고수로 거듭나기 위해서는 함수 사용뿐만 아니라
함수가 무엇인지, 왜 사용하는지, 어떻게 만드는지 확실히 알아야 합니다.
이번 장에서는 함수에 대해 자세히 알아보겠습니다.

15-1 함수의 개념

'함수'하면 생각나는 게 있나요? 저는 데이터를 출력하기 위해 가장 많이 사용했던 print 함수가 떠오릅니다. 또 어떤 함수가 있을까요? 리스트 함수 중 리스트에 데이터를 추가하기 위해 사용했던 append 함수도 생각납니다.

이 두 함수를 통해 함수의 가장 큰 역할이 무엇인지 유추해 볼 수 있는데요. 함수는 데이터를 처리하기 위해 주로 사용한다는 걸 알 수 있습니다. 함수의 영어 단어에도 그 의미가 숨어있는데 함수를 영단어로 표현하면 function(기능)입니다. '함수'와 '기능'은 얼핏 보기에 전혀 관련 없는 단어 같지만 코딩에서 함수는 데이터 처리를 위한 '기능'을 가진 도구이기에 관련이 없지는 않죠.

- print(데이터) : 데이터를 출력해 주세요.
- 리스트.append(추가할 데이터) : 리스트에 데이터를 추가해 주세요.

프로그래밍 언어를 활용해 코딩하는 행위는 마치 컴퓨터와 의사소통하는 것과 같습니다. 그때 프로그래밍 언어를 우리가 사용하는 언어에 빗대면 데이터는 '명사', 함수는 '동사'의 역할을 해 명사인 데이터를 어떻게 처리할지 동사인 함수로 설명하고 있습니다.

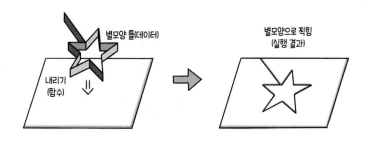

별모양 틀(데이터)

별모양으로 찍힘
(실행 결과)

내리기
(함수)

데이터 처리 과정의 연속인 코딩에서 데이터와 함수는 떼려야 뗄 수 없는 관계로 함수는 항상 데이터와 함께합니다. 마트에서 물건을 담기 위해 카트를 끌고 다니듯이 함수는 데이터를 담을 수 있는 괄호를 데리고 다닙니다. 작성 방법은 다음과 같습니다.

> 함수( )

물론 구매할 물건이 없다면 카트가 비어 있을 수도 있겠죠? 대표적으로 리스트 함수인 reverse의 경우 기능이 매우 간단해 '리스트.reverse( )' 형태와 같이 괄호 안에 데이터가 없어도 실행이 가능합니다. 하지만 함수의 괄호에는 데이터가 들어가는 경우가 많으며 괄호 안에 들어간 데이터를 우리는 인자(Argument)라 부릅니다.

> 함수(인자)

인자로 지정된 데이터(명사)에 따라 함수(동사)의 실행 결과가 달라지기 때문에 어떤 함수를 사용하는지도 중요하지만 인자로 들어가는 데이터도 매우 중요합니다.

15-2 코딩 함수의 특징

예제 소스 15-2.ipynb

함수의 형태를 눈에 익혔다면 코딩 함수의 특징에 대해 알아보겠습니다. 함수는 초등학교 수학 시간에도 학습해 낯선 용어는 아니지만 수학에서의 함수와 코딩에서의 함수는 조금 다릅니다. 어떤 차이가 있을까요? 우선 수학에서의 함수를 살펴보면 입력값과 출력값이 숫자로 한정되어 있다는 특징이 있습니다.

```
f(x) = x + 1
f(x) = x² - x
f(x) = sin(x)
```

입력값(x)과 출력값(f(x))의 관계를 표현한 것이 수학에서의 함수입니다. 입력한 값에 따라 나오는 값이 다르고 입력값이 있다면 반드시 출력값이 계산됩니다.

하지만 코딩에서의 함수는 숫자형 데이터에 국한하지 않고 문자열, 리스트 등 다양한 종류의 데이터를 처리합니다. 또한, 앞서 살펴봤던 것처럼 입력값(인자)이 상황에 따라 없을 수도 있고 심지어 출력값(반환되는 데이터)이 없을 때도 있습니다. 표로 정리해 보면 다음과 같습니다.

	수학 함수	코딩 함수
다루는 범위	숫자	모든 종류의 데이터
입력값	x (반드시 있음)	인자 (없을 수도 있음)
출력값	f(x) (반드시 있음)	반환 데이터 (없을 수도 있음)

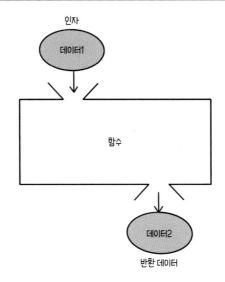

코딩의 함수에서 말하는 출력값은 다음 좌측 코드의 print 함수처럼 데이터를 결괏값으로 출력하는 게 아니라 우측 코드처럼 함수의 실행 결과로 반환되는 데이터를 의미합니다(print 함수는 반환되는 데이터 없이 실행 결과로 데이터가 출력되는 '기능'만 있는 함수입니다).

```
# 데이터를 출력하는 기능 실행
print('Hello Python')


Hello Python
```

```
# 함수를 실행하고 실행 결과 만들어진 데이터를 변수에 저장
data = print('Hello Python')
print(data)

Hello Python
None
```

print 함수는 호출하는 것만으로도 기능이 실행됩니다. 하지만 결괏값으로 반환되는 데이터가 없어 변수에 데이터가 저장되지 않습니다. 우측 코드의 실행 결과를 살펴보니 None(메모리가 비어 있음)이라는 메시지가 출력됐습니다.

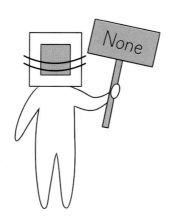

그럼 print 함수와 다르게 데이터를 반환하는 함수에는 어떤 것이 있을까요? 바로 리스트 함수에서 학습한 index 함수가 있습니다.

리스트 안에 있는 요소의 인덱스를 확인하고 싶을 때 사용하는 함수로 '리스트.index(인덱스 확인할 요소)'의 형태로 작성했으며 index 함수를 실행해 데이터가 반환되는 코드를 작성해 보겠습니다.

```
a = [1, 10, 100, 1000]
i = a.index(100)  # 100의 인덱스(2)를 뽑아 새로운 데이터를 생성하여 변수에 저장
print(i)
```
```
2
```

코딩 함수의 특징을 정리하면 수학의 함수보다는 포괄적인 개념이고 함수의 인자와 결괏값이 숫자형이라면 수학의 함수와 기능이 같습니다. 파이썬 기초를 마스터하고 통계나 빅데이터 영역에서 코딩을 활용할 분들은 수학 함수를 코딩으로 구현한 후 그래프로 시각화하는 작업까지 할 텐데 지금 설명한 과정을 능숙하게 구현하기 위해서는 함수의 개념을 확실하게 이해하고 여러 번 복습해 줘야 합니다.

15-3 함수의 종류와 사용법

이제 함수의 개념을 조금 알 거 같나요? 그러면 실제 함수들의 종류와 사용 방법을 알아보겠습니다. 다음 표에 정리된 함수는 우리가 코딩을 학습하며 만난적이 있는 함수이거나 앞으로 자주 만나게 될 함수들입니다.

종류	설명
print(데이터)	데이터를 출력하는 함수
len(반복 가능한 자료형)	반복 가능한 자료형의 길이를 반환하는 함수
input( )	사용자에게 입력 받은 데이터를 반환하는 함수
range(시작 숫자, 마지막 숫자, 간격)	연속하는 숫자를 차례로 담아 반복 가능한 range 자료형을 만드는 함수
type(데이터)	데이터가 어떤 자료형인지 반환하는 함수
str(데이터)	데이터를 문자열로 바꿔 반환하는 함수
int(데이터)	데이터를 정수 자료형으로 바꿔 반환하는 함수
float(데이터)	데이터를 실수 자료형으로 바꿔 반환하는 함수
max(반복 가능한 자료형)	반복 가능한 자료형의 요소 중 가장 큰 값을 반환하는 함수
min(반복 가능한 자료형)	반복 가능한 자료형의 요소 중 가장 작은 값을 반환하는 함수
sum(반복 가능한 자료형)	반복 가능한 자료형의 모든 요소를 더한 값을 반환하는 함수
round(숫자형)	숫자형을 반올림한 결과를 반환하는 함수

표의 함수는 모두 파이썬에서 기본으로 제공하는 내장 함수로 이름만으로도 함수를 쉽게 호출할 수 있습니다. 혹시 빌트인(built-in)이라는 용어를 들어본 적 있나요? 인테리어에 관심이 많다면 잘 알겠지만 건물을 지으면서 공간에 딱 맞게 기기나 가구를 배치하는 걸 말합니다. 내장 함수도 파이썬을 만들면서 데이터를 처리하는데 꼭 필요한 기능만 모아 함수(빌트인)로 만들어 놓은 것입니다.

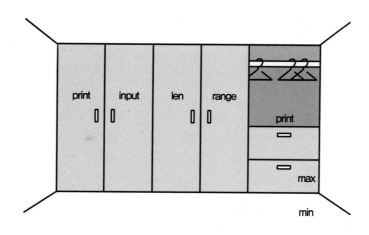

파이썬은 우리에게 꼭 필요한 함수(기능) 외에도 사용 빈도가 낮은 기능까지 모두 내장 함수로 만들어 놓았습니다. 따라서 수많은 내장 함수를 오랜 시간을 투자해 모두 외울 필요는 없습니다. 자주 사용하다 보면 자연스레 기능과 사용 방법을 외우게 됩니다. 걱정하지 마세요. 내장 함수의 기본 형태는 다음과 같습니다.

내장 함수( )

이렇게 이름만으로 함수를 쉽게 호출할 수 있는 내장 함수와 반대로 호출이 조금 까다로운 함수도 있습니다. 바로 외장 함수입니다.

외장 함수(External function)는 빌트인 가구처럼 처음부터 집에 설치된 가구가 아니라 이사 이후에 새로 산 가구와 비슷합니다. 외장 함수를 사용하기 위해서는 새로 구매한 가구를 택배로 받는 과정이 필요한데요. 파이썬에서는 import 키워드를 사용해 택배(외장 함수)를 외부에서 집으로 들입니다. 또한, 택배가 오면 물건만 덜렁 오는 게 아니라 박스로 포장되어서 오듯이 외장 함수도 '라이브러리'라는 박스에 포장되어 옵니다. 외장 함수를 사용하기 위해서는 사전에 라이브러리를 import하는 과정이 필요합니다.

외장 함수의 기본 형태는 다음과 같으며 어떤 박스(라이브러리)에 가구(함수)가 속해 있는지 점(.)으로 관계를 표현합니다.

라이브러리.외장 함수( )

잠깐만요

라이브러리는 사실 외장 함수만을 포장하는 박스라기보다 다양한 물건이 담긴 종합선물세트에 가깝습니다. 필요한 물건(외장 함수)이 종합선물세트(라이브러리)에 담겨있기 때문에 가장 먼저 종합선물세트를 집 안에 들이고 그 안에 있는 물건을 하나씩 꺼내서 사용하는 것입니다. 외장 함수의 사용 방법을 조금 더 쉽게 설명하기 위해 라이브러리를 계속 택배 박스로 비유하겠습니다.

- import 라이브러리 : 택배 박스(라이브러리)를 먼저 집에 들이기
- 라이브러리.외장 함수( ) : 박스에서 가구(함수)를 꺼내기

파이썬의 장점은 여러 분야에서 코딩을 활용할 수 있도록 다양한 라이브러리가 존재한다는 점입니다. 파이썬을 설치할 때부터 제공되는 '표준 라이브러리'도 있고 다른 사용자가 만들어 놓은 '외부 라이브러리'도 있습니다. 이중 표준 라이브러리는 파이썬 설치 시 자동으로 들어가 있기 때문에 import 명령어를 통해 택배를 곧장 집으로 들일 수 있습니다. 하지만 외부 라이브러리는 별도의 설치 과정이 필요합니다.

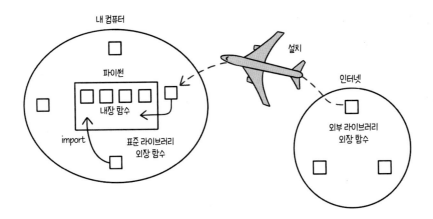

표준 라이브러리뿐만 아니라 실용성이 높아 자주 사용되는 외부 라이브러리는 에디터와 함께 자동 설치되기도 합니다.

코랩(colab) 환경에서는 Numpy(수치 계산), Pandas(데이터 분석), Matplotlib(데이터 시각화), TenserFlow(딥러닝) 등의 외부 라이브러리가 자동으로 설치되어 있습니다. 따라서 코랩 환경에서는 이 라이브러리들을 표준 라이브러리처럼 별도의 설치 없이 import 하여 사용할 수 있습니다.

하지만 코랩 환경은 타인의 컴퓨터를 필요할 때마다 빌려 쓰는 환경이라 외부 라이브러리를 설치하더라도 프로그램을 종료한 후 다음에 접속하면 다운로드한 외부 라이브러리가 초기화되어 있습니다. 만약 코랩에서 제공하지 않는 외부 라이브러리를 계속 활용해야 한다면 번거롭지만 매번 설치하거나 코랩 환경 대신 내 컴퓨터에 파이썬, 다른 에디터(VSCode 또는 주피터 노트북)를 설치해서 코딩을 이어나갈 수 있습니다.

외부 라이브러리에 관한 정보를 웹에서 찾아보면 라이브러리(library), 패키지(package), 모듈(module) 등의 단어가 비슷한 용도로 혼용된다는 것을 알 수 있습니다. 이 용어들은 모두 외부에서 작성된 파이썬 코드를 의미하지만 단위가 각각 다릅니다. 가장 작은 단위는 모듈로 하나의 파이썬 파일(.py)을 의미합니다. 모듈을 열어서 내용을 확인하면 우리가 활용할 수 있는 외장 함수와 변수가 정의되어 있습니다. 패키지는 여러 개의 모듈을 하나의 폴더로 묶어 놓은 것이고 패키지가 여러 개 모여서 한 덩어리가 되면 이것을 라이브러리로 부릅니다. 가장 큰 단위가 라이브러리이기 때문에 본문에서는 외부에서 작성한 코드를 라이브러리로 부르고 있습니다.

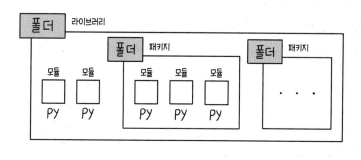

파이썬 설치와 import

아빠, 외부 라이브러리에 있는 외장 함수를 사용하려면 한 번만 설치하면 되잖아요. 그러면 import도 한 번만 하면 안 될까요?

파이썬 공간은 항상 열려 있는 공간이 아니라 우리가 코드를 실행하면 열리는 임시 공간이야. 그래서 이전 공간에서 외부 라이브러리를 import 했어도 공간을 새로 열면 import한 기록이 사라지지. 그래서 다시 import 해야 해.

아! 그러면 내장 함수는 공간이 새로 열려도 자동으로 그 공간 안에 함수가 같이 들어가기 때문에 빌트인이라고 하나 봐요.

맞아. 외장 함수에 비하면 내장 함수는 정말 사용하기 편한 함수지

import 방식이 초보자에게는 조금 어려울 수 있습니다. 하지만 라이브러리의 함수를 활용할 때는 대부분 다른 사람이 작성한 코드를 참고하게 됩니다. 그 코드에도 import하는 과정이 포함되어 있기 때문에 import가 쓰이는 방식을 참고하여 우리가 작성하는 코드에 활용할 수 있습니다.

표준 라이브러리와 외부 라이브러리는 설치 과정의 차이만 있을 뿐 import해서 내 파이썬 공간으로 불러오는 방식은 똑같습니다. 본문에서 표준 라이브러리와 외부 라이브러리를 다양하게 다루어 보면 좋겠지만 우선은 외장 함수 사용에 익숙해지는 것이 중요합니다. 다음 표를 살펴보며 몇 가지 유용한 표준 라이브러리의 외장 함수를 알아보겠습니다.

먼저 math 라이브러리입니다. math라는 이름에서도 알 수 있듯이 수학과 관련된 외장 함수입니다.

종류	설명
math.sqrt(x)	x의 제곱근을 반환하는 함수
math.sin(x)	sin 함수의 결괏값을 반환하는 함수
math.cos(x)	cos 함수의 결괏값을 반환하는 함수
math.ceil(x)	x를 올림한 값을 반환하는 함수
math.floor(x)	x를 버림한 값을 반환하는 함수

random도 실전에서 많이 사용하는 외장 함수 중 하나입니다. random이라는 이름에서 느낄 수 있듯이 무작위로 숫자를 뽑거나 어떤 것을 선택하는 기능(함수)을 제공합니다.

종류	설명
random.random( )	0과 1 사이의 실수를 임의로 뽑아서 반환하는 함수
random.randint(a, b)	a 이상 b 이하의 정수를 임의로 뽑아서 반환하는 함수
random.randrange(a, b)	a 이상 b 미만의 정수를 임의로 뽑아서 반환하는 함수
random.choice(반복 가능한 자료형)	반복 가능한 자료형의 요소를 임의로 뽑아서 반환하는 함수
random.shuffle(반복 가능한 자료형)	반복 가능한 자료형의 요소 순서를 임의로 섞는 함수 (섞은 결괏값을 반환하는 것이 아니라 원래 데이터를 바꿔 줌)
random.sample(반복 가능한 자료형, k)	반복 가능한 자료형의 요소 중 k개를 임의로 뽑아 리스트 자료형으로 반환하는 함수

특히 수학과 관련된 함수는 실전에서 생각보다 많이 사용됩니다. 게임을 만들 때도 유용하게 사용되는데요. 예제를 통해 math 라이브러리의 외장 함수가 실전에서 어떻게 활용되는지 확인해 보겠습니다.

장애물 위치 계산하기

게임을 만들던 중 움직이는 장애물이 필요해 추가하려고 합니다. 장애물의 처음 위치(x1, y1)와 움직이는 거리(d) 그리고 각도(angle)가 정해져 있을 때 나중 위치(x2, y2)를 계산하는 게 목표입니다.

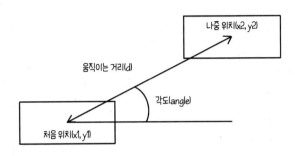

이 예제는 삼각함수(고등학교 과정)에 대한 이해가 있어야 풀 수 있는 문제입니다. 사전 지식이 없다면 건너뛰어도 좋습니다.

움직이는 거리를 빗변으로 하는 직각 삼각형을 그렸을 때 가로 방향 변의 길이(x2−x1)는 빗변의 길이(d)와 cos 관계, 세로 방향 변의 길이(y2−y1)는 빗변의 길이(d)와 sin 관계입니다. 수식을 세우는 것에 너무 집중하면 배보다 배꼽이 더 커질 수 있기 때문에 완성된 수식이 코드로 어떻게 구현되는지를 위주로 살펴봐 주시기 바랍니다.

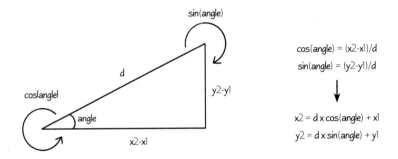

설명한 내용을 정리해 보면 나중 위치(x2, y2)를 우리가 알고 있는 처음 위치(x1, y1), 움직이는 거리(d), 각도(angle)에 관한 식으로 표현할 수 있습니다. 곱하기와 나누기는 연산자로 표현할 수 있지만 cos, sin 함수는 내장 함수로 제공되지 않기 때문에 math 라이브러리의 도움을 받아야 합니다. 먼저 math 라이브러리를 import합니다. 작성 방법은 다음과 같습니다.

```
import math
```

sin 함수의 인자에 값을 추가해 함수가 제대로 작동하는지 확인합니다(sin 함수에 30도를 추가하면 0.5가 되어야 하는 걸 우리는 알고 있습니다).

```
sin(30°) = 0.5
```

작성 방법을 확인했으면 정리한 내용을 코드로 작성해 보겠습니다.

```
math.sin(30)

-0.9880316240928618
```

그런데 실행 결과를 살펴보니 결괏값으로 생각했던 0.5가 아닌 엉뚱한 값이 출력됐습니다. 이유는 단위 때문인데요. math 라이브러리에서 제공하는 삼각 함수는 우리에게 익숙한 도(degree) 단위가 아닌 라디안(radian) 단위를 입력하도록 약속되어 있습니다. 라디안 단위는 도 단위 각도에 π/180을 곱하면 됩니다. 수식을 이해하기보다는 수학적인 표현이 코드로 구현되는 과정을 살펴봐 주시기 바랍니다.

```
라디안 단위 각도 = 도 단위 각도 × π / 180
```

30도는 계산해보면 π/6이라는 것을 알 수 있습니다.

```
π/6 = 30 × π / 180
```

원주율 π는 math 라이브러리에서 pi 변수로 저장되어 있습니다. '라이브러리.변수' 형태로 코드를 작성해 보겠습니다.

```
print(math.pi)
3.141592653589793
```

이제 30도를 라디안 단위로 변환해 보겠습니다. 30에 π/180을 곱하면 됩니다.

```
print(30*math.pi/180)    # π/6
0.5235987755982988
```

실행 결과를 살펴보니 원하는 결괏값이 잘 출력됐습니다. 이어서 라디안 단위로 변환된 각도를 sin 함수의 인자로 넣어 보겠습니다.

```
math.sin(30*math.pi/180)    # sin(π/6)
0.49999999999999994
```

실행 결과를 살펴보니 이제 우리가 알고 있는 정답인 0.5에 가까운 값이 출력됐습니다. 하지만 0.5로 정확하게 나오지 않고 애매한 값이 결과로 출력됐습니다. 이 문제는 간단하게 설명하자면 math.pi가 무한소수인 원주율을 정확히 표현하지 못했기 때문입니다. 정확히 0.5는 아니지만 0.5나 다름없어 이 정도 오차는 허용하고 넘어가겠습니다.

이어서 장애물의 나중 위치(x2, y2)를 계산하는 코드를 작성해 보겠습니다.

```
x1, y1 = 1, 1    # 처음 위치
d = 5    # 움직이는 거리
angle = 30*math.pi/180    # 도 단위 각도 × π / 180
x2 = d*math.cos(angle)+x1    # x2 = d×cos(angle)+x1
y2 = d*math.sin(angle)+y1    # y2 = d×sin(angle)+y1
print(x2, y2)
5.330127018922194 3.4999999999999996
```

실행 결과를 살펴보니 코드의 오류 없이 나중 위치가 잘 계산된 것을 확인할 수 있습니다. 현재 사용한 값 말고도 처음 위치, 움직이는 거리, 각도를 다양하게 바꿔서 그때마다 나중 위치를 제대로 계산해 주는지 확인 바랍니다.

가위바위보 게임 만들기

가위바위보 게임을 만들어 보겠습니다. 사용자가 가위, 바위, 보 중 하나를 프로그램에 입력하면 컴퓨터는 셋 중 하나를 임의로 선택한 후 사용자와의 대결 결과를 알려주는 간단한 게임입니다. 이 게임은 크게 두 가지 기능을 구현하면 됩니다. 첫 번째 '컴퓨터가 임의로 가위, 바위, 보 중 하나를 선택하기', 두 번째 '사용자와 컴퓨터가 각자 선택한 것을 확인해 누가 이겼는지 판단하기'. 먼저 random 라이브러리의 도움을 받아 임의로 가위, 바위, 보 중 하나를 선택한 후 import 키워드로 random 라이브러리의 함수를 불러옵니다.

```
import random
```

random 라이브러리에서 제공하는 여러 외장 함수 중 하나를 선택해 기능을 만들면 되는데 함수를 작성해 보겠습니다.

① random.random( ) : 0과 1 사이의 실수를 임의로 선택해 반환하는 함수

0과 1 사이의 실수를 선택해 어떻게 가위, 바위, 보를 고를 수 있을까요? 크게 세 구간으로 0과 1 사이를 나누면 됩니다. 숫자를 선택할 때 그 숫자가 0과 1/3 사이에 있다면 가위, 1/3과 2/3 사이라면 바위, 2/3와 1 사이라면 보가 됩니다. 물론 순서는 바뀌어도 상관없습니다. 나눈 구간의 크기만 모두 같으면 됩니다(같지 않다면 확률이 달라지니 주의하세요).

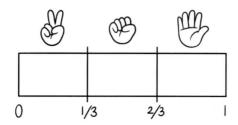

설명한 내용을 조건문으로 작성하기 전에 조건과 실행할 내용을 다음과 같이 정리합니다.

- 조건(if) : 임의로 고른 숫자가 0보다 크고 1/3보다 작으면
- 실행할 내용 : 가위 선택
- 조건(elif) : 숫자가 1/3 이상이고 2/3보다 작으면
- 실행할 내용 : 바위 선택
- 조건(else) : if, elif문의 조건을 만족하지 못하면
- 실행할 내용 : 보 선택

정리한 내용을 바탕으로 숫자의 범위에 따라 컴퓨터가 가위, 바위, 보를 선택할 수 있도록 코드를 작성해 보겠습니다.

```
# 0과 1 사이의 숫자 임의로 생성하여 rand_num에 저장
rand_num = random.random( )
if 0 < rand_num < 1/3 : com = '가위'
elif 1/3 <= rand_num < 2/3 : com = '바위'
else : com = '보'
print(com)
```

코드를 살펴보니 random 함수의 가장 큰 특징은 구간의 크기를 변경하면 가위, 바위, 보가 나올 확률을 조작할 수 있습니다. 가위의 구간을 1/2까지 넓히고 나머지 구간을 바위와 보가 나눠 갖는다면 어떻게 될까요? 가위가 나올 확률이 50%로 변경되기 때문에 바위를 내면 50%의 확률로 이길 수 있습니다.

② random.randint(a, b) : a 이상 b 이하의 정수를 임의로 뽑아 반환하는 함수
randint 함수는 특정 범위 안에 있는 정수를 임의로 뽑는 함수입니다. 가위바위보 게임이 셋 중 하나를 임의로 선택하는 것이기 때문에 세 개의 숫자 중 하나를 뽑으면 됩니다. 먼저 가위, 바위, 보 리스트를 작성하겠습니다.

```
select = ['가위', '바위', '보']
```

select 리스트 안에 들어 있는 요소의 인덱스는 0, 1, 2입니다. 따라서 0, 1, 2중 숫자 하나를 선택하면 가위, 바위, 보 중 하나를 임의로 선택한 것과 같습니다. 0 이상 2 이하의 숫자를 선택하는 것이라 함수의 인자로 0과 2를 넣어 코드를 작성해 보겠습니다.

```
# 0 이상 2 이하의 정수 선택
rand_num = random.randint(0, 2)
```

임의로 선택한 인덱스를 얻었기 때문에 이 값으로 select 리스트를 인덱싱하여 코드를 작성해 보겠습니다.

```
select = ['가위', '바위', '보']
rand_num = random.randint(0, 2)    # 0, 1, 2 중 임의로 선택
com = select[rand_num]    # 인덱싱
print(com)
```

실행 결과를 살펴보니 randint 함수를 활용하면 조건문 없이 가위, 바위, 보를 임의로 선택할 수 있어 코드가 좀 더 깔끔해졌습니다. random 라이브러리에서 제공하는 또 다른 함수인 randrange 함수는 randint와 매우 비슷한데요. range 함수가 마지막 숫자를 포함하지 않는 것처럼 randrange 함수도 마지막 숫자를 제외합니다. 내용을 정리하면 다음과 같습니다.

③ random.randrange(시작 숫자, 마지막 숫자) : 시작 숫자 이상, 마지막 숫자 미만 범위 안의 정수 중 임의로 하나를 뽑아 반환하는 함수

따라서 randrange 함수를 사용하고 싶다면 인자로 0과 3을 넣습니다. 나머지는 동일합니다.

```
select = ['가위', '바위', '보']
rand_num = random.randrange(0, 3)    # 3 제외
com = select[rand_num]
print(com)
```

④ random.choice(반복 가능한 자료형) : 반복 가능한 자료형의 요소를 임의로 뽑아서 반환하는 함수

choice 함수는 리스트처럼 반복 가능한 자료형 안의 여러 요소 중 하나를 임의로 뽑아줍니다. 가위바위보 게임 예제에서 사용하기 아주 좋은 함수라고 말할 수 있습니다. 가위, 바위, 보가 저장된 select 리스트를 choice 함수의 인자로 넣어 코드를 작성해 보겠습니다.

```python
select = ['가위', '바위', '보']
# select 리스트의 요소 중 임의로 하나 선택하여 com에 저장
com = random.choice(select)
print(com)
```

choice 함수는 리스트에서 바로 요소를 뽑을 수 있는 장점이 있습니다. 지금처럼 요소를 하나만 뽑아야 한다면 choice 함수가 가장 좋은 선택이지만 여러 개를 뽑아야 한다면 sample 함수를 사용하는 게 가장 좋은 방법입니다.

⑤ random.sample(반복 가능한 자료형, k) : 반복 가능한 자료형의 요소 중 k개를 임의로 뽑아 리스트 자료형으로 반환하는 함수

sample 함수를 사용할 때 두 번째 인자로 1을 넣으면 하나만 뽑을 수 있습니다. 하지만 sample 함수의 결괏값은 하나를 뽑더라도 리스트 자료형으로 반환되니 주의해야 합니다.

이제 사용자도 가위, 바위, 보를 선택할 수 있도록 input 함수를 사용해 코드를 작성합니다.

```python
my = input('가위 바위 보 중 하나를 입력하세요 :')
```

이제 컴퓨터가 선택한 것과 사용자가 선택한 것을 비교해서 승부를 결정해야 합니다. 출력될 수 있는 모든 경우의 수를 표로 정리했습니다.

	사용자	가위	바위	보
컴퓨터	가위	무승부	승리	패배
	바위	패배	무승부	승리
	보	승리	패배	무승부

조건문을 이용해 승부의 결과를 판단하기 전에 조건과 실행할 내용을 다음과 같이 정리합니다.

- 조건(if) : 컴퓨터가 선택한 것(com)과 사용자가 선택한 것(my)이 같다면
- 실행할 내용 : 무승부를 출력합니다.
- 조건(elif) : if 조건을 만족하지 못하고

    컴퓨터가 선택한 것(com)은 가위이면서 사용자가 선택한 것(my)은 바위거나

    컴퓨터가 선택한 것(com)은 바위면서 사용자가 선택한 것(my)은 보이거나

    컴퓨터가 선택한 것(com)은 보면서 사용자가 선택한 것(my)은 가위라면
- 실행할 내용 : 승리를 출력합니다.
- 조건(else) : if의 조건과 elif의 조건을 모두 만족하지 않는다면
- 실행할 내용 : 패배를 출력합니다.

가위바위보 게임은 물고 물리는 관계이기 때문에 조건이 복잡해질 수밖에 없습니다. 정리한 내용을 바탕으로 조건과 실행할 내용을 코드로 작성해 보겠습니다.

```
if com == my :
    print('무승부')
elif (com == '가위' and my == '바위') or (com == '바위' and my == '보') or (com == '보' and my == '가위') :
    print('승리')
else :
    print('패배')
```

elif문에서 비교 연산자('= ='), 논리 연산자(and, or)를 섞어서 사용해 조건이 조금 복잡해 보이는데요. 이런 경우 코드의 가독성을 높이기 위해 괄호로 우선순위를 표시해 주는 것이 좋습니다.

문제 **해결**

코드가 너무 길어진다면?

> 아빠 괄호로 구분을 하면 코드의 가독성이 좋아지긴
> 하는데요. 그게 문제가 아닌 것 같아요.

> 어떤 게 문제인 것 같니?

> 코드가 너무 길어서 한눈에 다 안 들어와요. 긴 한 줄의
> 코드를 여러 줄로 나누어 바꿀 수 있으면 좋겠어요.

> 좋은 생각이야. 코드 한 줄이 너무 길어지면 여러 줄에 걸쳐 코드를
> 작성할 수 있어. 그 방법을 알아보자.

조건문에서 조건이 복잡해지면 코드의 길이가 길어지는 경우가 많습니다. 그런 경우 코드를 한눈에 파악하기 어려워 시간이 소요됩니다. 이럴 때 한 줄의 코드를 여러 줄로 나누어 주면 가독성이 향상됩니다. 방법은 쉽습니다. 코드의 중간에 ₩를 추가하고 다음 줄로 넘어가면 됩니다. 설명한 내용을 바탕으로 코드를 작성해 보겠습니다.

print('안녕하세요') 안녕하세요	print('안녕₩ 하세요') 안녕하세요	print('안녕 하세요') SyntaxError: unterminated string literal (detected at line 1)

'₩'을 추가하지 않으면 컴퓨터는 코드에 작성한 print 함수의 종료를 선언해 주지 않은 것으로 인식해 SyntaxError가 발생합니다. 반드시 ₩을 추가한 후 코드를 나누어야 한다는 점 기억하길 바라며 복잡한 elif문에 ₩을 사용해 코드를 작성해 보겠습니다.

```
elif (com == '가위' and my == '바위') or (com == '바위' and my == '보') \
or (com == '보' and my == '가위') :
```

게임을 구성하는 큰 틀은 어느 정도 만들어졌고, 이제 프로그램의 완성도를 높이기 위해 컴퓨터의 선택 과정과 결과를 알려주겠습니다. 결과만 화면에 알려줄 경우 사용자가 승패에 대해 쉽게 납득하지 못할 수도 있습니다. f-string을 이용해 com, my 변수에 저장된 데이터를 문자열에 입력합니다.

```
print(f'컴퓨터 : {com}, 나 : {my}')
```

위에서 작성한 코드를 기존 코드에 추가한 후 게임이 제대로 실행되는지 확인합니다.

```
select = ['가위', '바위', '보']
com = random.choice(select)    # 컴퓨터가 임의로 선택
my = input('가위 바위 보 중 하나를 입력하세요 :')     # 사용자가 선택
if com == my :
    print('무승부')
elif (com == '가위' and my == '바위') or (com == '바위' and my == '보') \
or (com == '보' and my == '가위') :
    print('승리')
else :
    print('패배')
print(f'컴퓨터 : {com}, 나 : {my}')
```

가위 바위 보 중 하나를 입력하세요 :가위	가위 바위 보 중 하나를 입력하세요 :바위
패배	무승부
컴퓨터 : 바위, 나 : 가위	컴퓨터 : 바위, 나 : 바위

실행 결과를 살펴보니 오류 없이 결괏값이 잘 출력됐습니다. 현재 작성한 코드만으로도 충분히 재미있는 가위바위보 게임을 즐길 수 있지만, 추후 사용자의 오타로 가위, 바위, 보 선택이 잘못되었을 때 입력을 다시 요청하는 기능도 추가해 보세요. while문과 break를 적절히 활용해 수정하면 좀 더 완벽한 게임이 될 겁니다.

15-4 함수의 인자

예제 소스 15-4.ipynb

외장 함수를 사용하며 혹시 규칙이 어디서 많이 본 거 같다는 느낌을 받았나요? 맞습니다. 자료형에 속한 함수와 외장 함수의 작성 방법이 비슷합니다.

- 문자열.index(위치를 확인할 문자열) : 문자열 안에 있는 특정 문자의 인덱스를 반환하는 함수
- 리스트.append(추가할 데이터) : 리스트에 데이터를 추가하는 함수
- 딕셔너리.keys( ) : 딕셔너리의 키를 반환하는 함수

그런데 자료형 함수는 외장 함수와 다르게 import 키워드를 사용하지 않고 데이터가 특정 자료형이 기만 하면 그 자료형에 속한 함수를 바로 사용할 수 있습니다. 그래서 자료형 함수를 다른 말로 메소드(method)로 부르기도 합니다. 메소드는 함수의 일종인데 용어를 섞어 사용하면 혼란을 줄 수 있어 우리 본문에서는 함수로 통일해 부르겠습니다. 다음 자료형 함수를 사용해 코드를 작성하고 자세히 비교해 보겠습니다.

```a = [1, 2]```
```a.append(3)```
```print(a)```
	```a = [1, 2]```
	```append(3)```
	```print(a)```

```[1, 2, 3]```	```NameError: name 'append' is not defined```

실행 결과를 살펴보니 우측 코드에서 append 함수를 단독으로 사용했더니 정의되지 않은 함수의 사용으로 NameError가 발생했습니다. 외장 함수가 라이브러리에 정의된 함수라는 것을 표현하기 위해 '라이브러리.함수()' 형태로 입력하는 것과 마찬가지로 자료형에 속한 함수라는 걸 알려줘야 합니다. 내장 함수나 외장 함수만으로도 충분한 거 같은데 왜 굳이 자료형에 속한 함수를 만들어 우리를 힘들게 하는 걸까요? 그 이유는 파이썬이 '객체 지향 프로그래밍 언어'이기 때문입니다.

이해를 돕기 위해 '객체 지향 프로그래밍'의 단어를 하나씩 분리해 설명하겠습니다. 먼저 '객체'는 우리가 학습한 개념 중 자료형에 해당합니다. '지향'이란 말은 '~를 향한다'는 뜻과 함께 '되도록 이렇게 해라'라는 의미가 있으며 후자의 뜻을 취해 객체 지향을 한마디로 정리하면 '자료형을 잘 활용하여 프로그래밍하는 방식'을 뜻합니다. 아직도 두루뭉술 하나요?

우리가 앞에서부터 숫자형, 문자열, 리스트, 튜플 등등의 자료형을 활용해 오면서 어느 정도 자료형에 대해서는 익숙해졌습니다. 자료형은 단순히 평면적인 데이터가 아니라 자체적으로 '기능(함수)'을 갖는 데이터 덩어리에 가까웠고 객체 지향 프로그래밍은 이런 자료형의 기능을 활용해 프로그램을 만드는 것을 말합니다. 자료형(객체)이 각자 기능을 갖고 있기에 프로그램을 만드는 사람이 일일이 조종하기보다는 환경을 잘 조성하여 각각의 상황에서 객체들이 기능을 발휘할 수 있도록 도와줘야 합니다. 이 것이 객체 지향 프로그램입니다.

객체 지향 프로그래밍 외에도 '절차 지향 프로그래밍'이 있습니다. 이 프로그래밍은 자료형이 갖는 기능을 활용하기보다 직접 평면적인 데이터를 조종하여 원하는 방향으로 나아가는 방식입니다. 예를 들어 '객체 지향'이 라이터라는 도구를 활용해 쉽게 불을 피우는 것이면 '절차 지향'은 별다른 도구 없이 나무를 직접 손으로 비벼가며 불을 피우는 것에 가깝습니다.

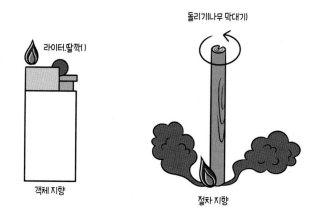

설명을 모두 듣고 나면 한 가지 의문이 듭니다. 겉보기에는 객체 지향이 훨씬 좋아 보이는데 절차 지향으로 프로그램을 만드는 이유는 무엇일까요? 사실 객체 지향에는 아주 치명적인 단점이 있습니다. 바로 라이터(기능이 있는 객체)를 직접 만들어야 한다는 것입니다. 물론 이미 만들어져 있는 자료형도 있지만 복잡한 프로그램을 개발할 때는 우리가 직접 객체를 만들어 작업하는 일이 많습니다. 따라서 기능이 간단한 프로그램을 개발해야 한다면 라이터 없이 손으로 불을 붙이는 절차 지향 프로그래밍 방식을 택하는 게 훨씬 좋습니다.

'객체 지향'과 '절차 지향'은 프로그램을 만들 때 어떤 것에 더 중점을 뒀느냐에 따라 방식이 나뉜 것으로 서로 양립할 수 없는 개념으로 이해하면 안 됩니다. 두 가지의 프로그래밍 방식은 한곳에 공존할 수 있습니다. 파이썬은 객체(자료형)에 기능(함수)을 부여한 프로그래밍 언어로 객체 지향 프로그래밍이 가능한 언어이지만 하지만 원한다면 절차 지향적으로도 프로그램을 만들 수 있습니다. 다시 정리하면 자료형에 속한 함수(매소드)가 필요한 이유는 자료형에 여러 기능을 추가해 복잡한 프로그램을 쉽게 만들기 위함입니다.

우리가 코딩을 공부하면서 만난 함수들은 빙산의 일각에 불과합니다. 모든 함수를 다 외우면 코딩 공부에 분명 도움은 되겠지만 그러기에는 함수의 종류가 너무 많습니다. 중요한 것은 함수 하나하나를 기억하는 것이 아니라 함수라는 형식에 익숙해져야 합니다.

함수라는 형식에 익숙해진다는 것은 모든 함수를 쉽게 쓸 수 있게 된다는 것과 같습니다. 한국 사람이 들어 본 적 없는 한글 단어를 접했을 때, 뉘앙스를 통해서 뜻을 추측할 수 있듯이 많은 경험이 쌓이면 처음 보는 함수도 원래 알았던 것처럼 쉽게 쓸 수 있게 됩니다. 거기서 조금 더 나아가면 남들이 작성한 코드도 금방 이해할 수 있게 되고 나중에는 그 코드들을 응용해서 나에게 필요한 기능을 구현할 수도 있게 됩니다.

함수 DIY, 사용자 정의 함수

직접 DIY(Do It Yourself)로 만든 함수는 내장 함수나
외장 함수로 분류하지 않고 '사용자 정의 함수'로 분류해 부릅니다.
이번 장에서는 '사용자 정의 함수'에 대해 알아보겠습니다.

16-1 함수 정의

예제 소스 16-1.ipynb

아주 간단한 프로그램은 함수의 사용 없이도 만들 수 있지만 여러분이 나중에 복잡한 프로그램을 만들게 되면 아마 함수를 직접 만들어 사용하게 될겁니다. 파이썬의 함수는 이처럼 종류도 많고 기능도 다양한데 왜 꼭 만들어서 사용해야 하는 걸까요?

그 이유는 여러 번 반복되는 코드를 사용자 정의 함수로 깔끔하게 표현할 수 있기 때문입니다. 반복문으로 햄버거를 만들었던 기억을 떠올려 보세요. 햄버거를 많이 만들기 위해 우리는 똑같은 과정을 무수히 반복했습니다.

```
for i in range(반복 횟수):
    빵을 밑에 깐다
    패티를 얹는다
    빵을 위에 덮는다
```

반복문을 이용해 프로그램을 만드는 것도 좋지만 반복되는 과정을 하나로 묶은 다음 함수로 만들어 입력하면 훨씬 깔끔한 코드 작성이 가능합니다. 그러면 함수는 어떻게 만들까요? 파이썬에서는 함수를 만드는 것을 '정의(Definition)'라 표현하고 함수 정의 방법은 다음과 같습니다.

```
def 함수이름(매개변수) :
    실행할 내용
```

먼저 def는 함수 정의가 시작될 때 들어가는 키워드입니다. 이어서 함수 이름을 작성하고 괄호 안에 매개변수를 입력한 후 콜론을 추가해 뒤에 들여쓰기 네 칸을 한 채로 실행할 내용을 입력합니다. 작성 방법을 확인했다면 [챕터 2]의 [코딩 스킬 레벨업] 예제에서 학습했던 전광판에 시간을 표시해 주는 코드를 가져와 'timecheck'라는 함수로 만들어 보겠습니다. 함수의 이름으로 'timecheck'을 입력합니다.

```
def timecheck(매개변수) :
```

그런데 함수의 괄호 안에 들어가는 데이터를 앞에서는 '인자'라고 학습했던 거 같은데 지금은 '매개변수'라고 하여 헷갈릴 수 있습니다. 간단하게 설명하자면 함수를 정의할 때 '매개변수', 함수를 호출할 때 '인자'라 부른다는 걸 기억해 주세요.

잠깐만요

매개변수
def 함수(매개변수):   실행할 내용

인자
함수(인자)

우리는 자기소개서를 쓸 때 이름 란에 '김초보', 나이 란에 22를 씁니다. 이름으로 '김초보'를 적지만 이름과 '김초보'는 같은 것이 아니고 나이와 22도 같은 것이 아닙니다. 하나는 항목이고 하나는 그 항목에 해당하는 구체적인 값입니다. 함수의 매개변수와 인자도 똑같은데요. 매개변수는 항목인 이름, 나이에 해당하고 인자는 구체적인 값인 '김초보', 22에 해당합니다. 함수를 정의하는 코드는 자기소개서로 따지면 양식만 적는 것이기 때문에 괄호 안에 들어가는 것은 항목인 매개변수인 겁니다.

매개변수에는 그럼 어떤 값이 들어가야 좋을까요? timecheck 함수에 들어갈 인자(구체적인 값)는 8과 3입니다. 8과 3은 '현재 시', '현재 분'을 의미하기 때문에 그에 걸맞은 매개변수 hour, min을 넣어 코드를 작성하겠습니다.

```
def timecheck(hour, min) :
```

함수 이름과 매개변수가 작성되었으면 이제 콜론 뒤에 실행할 내용을 작성해 보겠습니다. 콜론이 등장했기 때문에 조건문과 반복문처럼 네 칸 들여쓰기를 해주고 실행할 내용을 작성해야 합니다. 앞의 예제에서 이미 작성한 코드가 있기 때문에 기존의 코드를 가져와 사용자 정의 함수의 괄호 안에 추가해 코드를 완성합니다(마침 변수로 사용되었던 hour, min이 그대로 매개변수로 들어갔기 때문에 print 함수의 내용을 그대로 가져다 쓸 수 있습니다).

```
hour, min = 8, 3
print(f'현재 시각은 {hour}시 {min}분입니다.')
```

```
def timecheck(hour, min) :
    print(f'현재 시각은 {hour}시 {min}분입니다.')
```

그런데 코드를 실행했더니 아무 반응이 없습니다. 당연합니다. 우리는 컴퓨터에게 'timecheck의 함수는 이런 내용이야'라고 얘기한 것밖에 없습니다. 함수 정의가 끝나면 함수를 호출해 줘야 함수 안의 코드가 실행됩니다. 인자를 넣어 코드를 작성해 보겠습니다.

```
timecheck(8, 3)
현재 시각은 8시 3분입니다.
```

```
timecheck(1, 45)
현재 시각은 1시 45분입니다.
```

실행 결과를 살펴보니 인자로 넣은 숫자에 따라 다른 문자열이 출력되는 걸 확인할 수 있습니다. 두 줄이었던 코드도 깔끔하게 한 줄로 정리됐습니다.

```
hour, min = 8, 3
print(f'현재 시각은 {hour}시 {min}분입니다.')
```

```
timecheck(8, 3)
```

코드를 살펴보면 큰 차이가 없어 보이지만 코드의 길이가 절반으로 줄어 가독성이 좋아졌습니다. 짧은 코드라도 계속 반복된다면 함수로 바꿔 활용해 보는 걸 추천합니다. 한 가지 더 정보를 드리자면 함수를 사용할 때 괄호 안에 매개변수와 인자가 동시에 등장할 때가 있습니다. 작성 방법은 다음과 같습니다.

> 함수(매개변수=인자)

할당 연산자 =를 사용하면 함수의 인자를 어떤 매개변수에 저장해야 하는지 명확히 표현할 수 있습니다. timecheck 함수에 적용해 코드를 작성해 보겠습니다.

```
timecheck(hour=8, min=3)    # 매개변수=인자

현재 시각은 8시 3분입니다.
```

실행 결과를 살펴보니 생각한 대로 결과가 잘 출력됐습니다. 함수를 호출할 때 대부분 매개변수가 생략됩니다. 그 이유는 매개변수가 어떤 순서로 정의되어 있는지 알고 있기 때문인데요. 만약 매개변수의 순서를 모른다면 매개변수와 인자를 명확하게 지정해 줘야 합니다.

```
# 매개변수의 순서가 바뀌어도 똑같이 실행됨
timecheck(min=3, hour=8)

현재 시각은 8시 3분입니다.
```

실행 결과를 살펴보니 매개변수의 순서가 바뀌어도 결괏값은 변화 없이 잘 출력됐습니다. 함수를 호출해 사용할 때는 매개변수와 인자를 잘 연결해 주면 순서를 지키지 않아도 원하는 매개변수에 인자를 할당할 수 있습니다. 그런데 timecheck 함수처럼 호출했을 때 어떤 동작(문자열 출력)을 취하는 함수가 있는 반면 동작 없이 데이터를 결괏값으로 반환하는 함수도 있습니다. 공장에서 돌아가는 기계를 함수에 비유해 보겠습니다.

- 기계(함수)에 투입되는 전기와 연료(매개변수)는 상품을 생산(동작)할 수 있게 해줍니다.
- 기계(함수)에 투입된 재료(매개변수)는 마지막에 상품(결괏값)으로 만듭니다(반환).

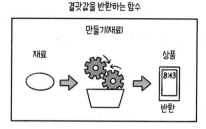

그렇다면 우리가 학습했던 함수들은 어떤 함수들이었을까요? 아래 정리해 보겠습니다.

동작만 있는 함수
• print(데이터)
• 리스트.append(추가할 데이터)
• 리스트.sort( )

결괏값을 반환하는 함수
• 리스트.index(위치를 확인할 요소)
• divmod(a,b)
• sum(반복 가능한 자료형)

좌측의 동작만 있는 함수는 timecheck 함수처럼 함수의 내용에 취해야할 동작을 잘 녹여 표현하면 됩니다. 하지만 우측의 결괏값을 반환하는 함수는 데이터를 내보내기 위해서 '되돌리다, 반환하다'라는 뜻을 가진 return 키워드를 사용합니다. timecheck 함수가 문자열을 출력하는 '동작'을 취하는 것이 아니라 문자열을 반환하는 함수라면 어떠할까요? 함수를 정의하는 코드를 조금 수정해 보겠습니다.

```
def timecheck(hour, min) :
    string = f'현재 시각은 {hour}시 {min}분입니다.'
    # string에 저장되어 있는 데이터를 함수의 결괏값으로 반환
    return string
```

코드를 살펴보니 이제 timecheck 함수는 문자열을 출력하는 함수가 아니라 문자열을 결괏값으로 반환하는 함수가 되었습니다. 함수는 실행한 결괏값을 바로 출력할 수도 있고 코드를 수정해 다른 문자열로 만들 수도 있습니다.

```
a = timecheck(8, 3)  # 결괏값을 a에 저장
print(a)

현재 시각은 8시 3분입니다.
```

```
a = timecheck(8, 3)
a.split(' ')  # 띄어쓰기 기준으로 문자열 나누기

['현재', '시각은', '8시' '3분입니다.']
```

실행 결과를 살펴보니 생각한 대로 결과가 잘 출력됐습니다. 하지만 함수 안에서 만들어진 데이터를 출력하는 것만으로도 충분하다면 데이터를 군이 반환할 필요는 없습니다.

append 함수의 대체 함수 만들기

리스트 자료형의 함수 중 append 함수는 데이터를 반환하지 않고 리스트에 요소를 바로 추가해 줘 가장 많이 사용 됩니다. 그러나 간혹 append 함수의 사용 방법을 완벽히 익히지 못하여 append 함수의 결괏값을 저장하는 실수를 범하는데 그런 경우를 코드로 작성해 보겠습니다.

```python
mylist = [1, 2, 3]
mylist = mylist.append(4)  # append 함수의 실행 결과를 mylist에 저장
print(mylist)
```

```
None
```

실행 결과를 살펴보니 append 함수는 실행한 결괏값을 반환하지 않는데 mylist를 출력해 달라고 코드를 작성해 '아무것도 없다'라는 뜻의 None이 출력됐습니다. 이뿐만이 아닙니다. 초보자는 함수의 종류와 사용 방법이 익숙하지 않아 '리스트.append()' 형태로 함수를 작성하지 않고 'append'로 사용하다가 오류를 결괏값으로 출력하기도 합니다.

그래서 append 함수와 기능은 유사하지만 사용 방법은 완전히 다른 myappend 함수를 만들어 보려고 합니다. myappend 함수는 일단 append 함수와 다르게 요소가 추가된 리스트를 결괏값으로 반환할 것이며 사용자 정의 함수이기에 자료형 없이 함수의 이름만으로도 호출할 수 있습니다. 본격적으로 함수를 정의하기 전에 결괏값을 반환하는 함수 정의 방법을 확인합니다.

```python
def 함수이름(매개변수):
    실행할 내용
    return 결괏값
```

함수 정의를 위해서는 실행할 내용도 중요하지만 이 기계(함수)에 어떤 재료(매개변수)를 추가해 상품(결괏값)으로 만들지도(반환될) 생각해 봐야 합니다.

① 재료(매개변수) : 원래 리스트, 추가할 데이터
원래 리스트가 어떤 리스트인지, 리스트에 어떤 데이터를 추가할지 정해야 합니다.

② 상품(결괏값) : 데이터가 추가된 리스트
원래 리스트가 함수 안에서 가공되어 데이터가 추가된다면 이 리스트를 결괏값으로 반환해야 합니다.

정리한 내용을 바탕으로 코드를 작성해 보겠습니다. 함수를 만들 때 중요한 팁 하나를 드리면 처음부터 함수를 정의하려고 하지 말고 먼저 실행되어야 하는 내용을 코드로 구현해 보세요. 단 매개변수와 결괏값에 해당하는 데이터는 변수에 저장된 상태로 만들어 주는 게 중요합니다. 코드로 작성하면 다음과 같습니다.

```
input_list = [1, 2, 3]     # 원래 리스트
add_data = 4     # 추가할 데이터
```

이제 원래 리스트에 요소를 추가해야 합니다. + 연산자를 이용하면 리스트에 요소를 쉽게 추가할 수 있습니다. 리스트와 리스트를 덧셈 연산하면 하나의 리스트에 요소가 모두 합해진 새로운 리스트가 만들어집니다.

```
[1, 2, 3] + [4] → [1, 2, 3, 4]
```

이 요소는 결괏값에 해당하기 때문에 변수에 저장해 줘야 합니다. 변수에 저장하는 코드를 작성해 보겠습니다.

```
# [1, 2, 3] + [4]
output_list = input_list + [add_data]
```

작성한 코드를 모두 합하면 다음과 같습니다.

```
input_list = [1, 2, 3]
add_data = 4
output_list = input_list + [add_data]
```

이제 이 코드를 함수로 바꿔보겠습니다. 주의할 점은 매개변수인 input_list와 add_data는 이제 [1,2,3], 4가 아니라는 점입니다. 함수를 호출했을 때 괄호 안에 인자로 값이 정해질 것이기 때문에 변수에 값을 저장하는 코드는 제외해 줘야 합니다. 설명한 내용을 참고하여 코드를 작성해 보겠습니다.

```
def 함수이름(매개변수):
    실행할 내용
    return 결괏값
```

```
def myappend(input_list, add_data) :
    output_list = input_list + [add_data]
    return output_list
```

— 문제 해결 —

변수에 값을 저장하는 코드를 제외하지 않는다면?

아빠, 함수로 만들 때 매개변수에 값을 저장하는 코드를 제외하지 않으면 어떻게 되나요? 오류가 발생하나요?

오류는 발생하지 않아. 다만 인자로 어떤 값을 넣더라도 매개변수에 항상 똑같은 값이 저장되어 기능상 문제가 생기지.

함수 정의를 할 때 [1, 2, 3], 4로 저장하는 코드를 제외하지 않는다면 인자를 [1], 2로 지정하더라도 함수 안에서 다시 매개변수에 [1, 2, 3], 4를 저장하기 때문에 제 기능을 못 한다는 거군요?

맞아. 그래서 함수 정의를 할 때 매개변수에 데이터를 저장하는 코드를 잘 지워줘야 한단다.

처음 함수를 만들면 매개변수에 데이터를 저장하는 실수를 종종 합니다. 함수를 만든 다음 함수가 잘 동작하는지 인자를 바꿔가며 테스트 해보는 습관이 필요합니다.

함수 정의가 완료된 코드를 먼저 실행한 후 이어서 함수를 호출해 보겠습니다.

myappend 함수를 여러 가지 방식으로 실행하여 원하는 기능이 잘 구현되는지 확인해 봅니다.

```
mylist = [1, 2, 3]
myappend(mylist, 4)
# 실행 안으로 바뀌지 않음
print(mylist)

[1, 2, 3]
```

```
mylist = [1, 2, 3]
mylist = myappend(mylist, 4)
# 함수의 결괏값을 다시 저장
print(mylist)

[1, 2, 3, 4]
```

```
mylist = ['a', 'b']
mylist = myappend(mylist, 'c')
print(mylist)

['a', 'b', 'c']
```

myappend 함수는 append 함수와는 다르게 새로운 데이터를 만드는 함수입니다. 그래서 호출만으로는 원래 데이터인 mylist가 바뀌지 않고 반드시 데이터를 변수에 저장해 줘야 합니다.

기존의 함수를 대체하는 함수를 만들어 보았습니다. 혹시 평소에 사용 방법이 불편하거나 기능이 헷갈리는 함수가 있다면 입맛에 맞게 함수 정의를 해 보세요. 그럼 함수를 정의하는 것에 금방 익숙해집니다.

로또 번호 출력 함수 만들기

로또 복권은 1부터 45까지의 숫자 중 무작위로 뽑은 6개의 숫자를 맞히는 우리나라의 대표 복권입니다. 복권 구매 시 '자동'으로 구매를 원하면 판매점 기기에서 6개의 숫자가 랜덤으로 선택됩니다. 우리도 '자동'으로 숫자 6개를 뽑아 주는 함수를 직접 만들어 보겠습니다. 함수의 이름은 lotto( )입니다.

이 함수는 입력값에 해당하는 매개변수가 필요 없고 결괏값만 리스트 형태로 반환해 주면 됩니다. 설명한 내용을 바탕으로 함수를 만들어 보겠습니다. 숫자를 하나만 출력하는 게 아니라 여러 숫자를 중복 없이 출력해야 해 random 라이브러리의 외장 함수 중 sample 함수를 활용합니다. 마침 sample 함수의 결괏값도 리스트 자료형으로 안성맞춤입니다. sample 함수의 인자로는 '반복 가능한 자료형'과 '뽑을 요소의 개수'를 정해줘야 하는데 반복 가능한 자료형은 1부터 45까지의 숫자 데이터로 range 함수를 사용하겠습니다.

range 함수에 인자로 시작 숫자와 마지막 숫자를 추가합니다(마지막 숫자는 범위에서 제외된다는 점을 기억해 숫자를 설정해 주세요). 로또의 숫자는 1부터 45까지이기 때문에 시작 숫자는 1, 마지막 숫자는 46으로 지정합니다.

```
# 마지막 숫자 46은 제외
range(1, 46)
```

range 함수도 반복 가능한 자료형이라 데이터를 꼭 리스트 자료형으로 바꿀 필요는 없습니다. sample 함수의 두 번째 인자로는 숫자 6개를 출력해야 해 6을 넣습니다. 코드로 작성해 보겠습니다.

```
random.sample(range(1,46), 6)
```

import 키워드로 random 라이브러리를 파이썬으로 불러온 다음 sample 함수의 결괏값으로 생성된 리스트를 변수에 저장하는 코드를 작성해 보겠습니다.

```
import random # random 라이브러리 파이썬으로 불러오기
output = random.sample(range(1,46), 6)
print(output)
[13, 20, 42, 23, 30, 1]
```

실행 결과를 살펴보면 무작위로 뽑은 숫자이기 때문에 아주 높은 확률로 여러분과 다른 결과가 출력되었을 겁니다. 결괏값으로 출력된 리스트 요소의 순서가 뒤죽박죽이라 sort 함수를 사용해 오름차순으로 보기 좋게 정렬하겠습니다.

sort 함수는 정렬된 결과를 반환하는 함수가 아니라 기존 데이터를 정렬된 데이터로 바꿔주는 동작만 합니다. 따라서 함수의 결괏값을 변수에 저장할 필요 없이 함수를 호출하기만 하면 정렬이 끝납니다.

```
import random
output = random.sample(range(1,46), 6)
output.sort( )    # 리스트를 안의 요소 오름차순으로 정렬
print(output)
[1, 9, 16, 28, 29, 33]
```

실행 결과를 살펴보니 리스트 안의 요소가 오름차순으로 정렬된 것을 확인할 수 있습니다. 이제 작성한 코드를 참고해 함수를 만들어 보겠습니다. 함수의 이름은 lotto로 정하고 매개변수는 필요 없습니다. 결괏값 output을 return 키워드로 잘 반환해 주면 됩니다. 위의 사항을 유념하여 코드로 작성해 보겠습니다.

```
def 함수이름(매개변수):
    실행할 내용
    return 결괏값
```

```
import random
def lotto( ):
    output = random.sample(range(1,46), 6)
    output.sort( )
    return output
```

random 라이브러리를 import해주는 코드는 함수 안에 추가해도 되고 함수 바깥에 둬도 되는데 import는 파이썬 공간이 열린 후 한 번만 해도 되기 때문에 메모리 낭비를 줄이기 위해 함수 바깥에 두겠습니다.

이제 random 함수를 이용해 6개의 숫자를 간편하게 뽑을 수 있습니다. 만약 로또 번호 10개의 세트를 뽑고 싶다면 어떻게 해야 할까요?

똑같은 코드를 무수히 반복해도 되지만 우리는 앞에서 학습한 반복문을 사용해 코드를 작성해 보겠습니다(횟수가 10번으로 정해져 for문을 사용하겠습니다).

```
for i in range(10):      # i에 0부터 9까지 저장하며 반복
    print(lotto( ))      # 실행할 내용에는 i가 없음

[6, 12, 18, 30, 32, 43]
[2, 8, 13, 19, 26, 35]
...
[2, 3, 8, 11, 16, 18]
```

완전히 똑같은 내용이 반복되는 거라면 가짜 주인공 변수(i)를 사용합니다. i 변수가 반복되면서 값이 바뀌지만 반복문 안에서 사용하지는 않아 똑같은 내용이 10번 반복됩니다.

이제 원하는 횟수만큼 번호를 뽑을 수 있게 되었습니다. 만약 100번, 1000번이나 번호를 출력하고 싶다면 어떻게 해야 할까요? range의 인자를 100, 1000으로 수정하면 됩니다. 하지만 복잡하게 range 함수 안의 인자를 바꾸는 것이 아니라 함수 정의로 코드를 작성하면 좀 더 깔끔한 코드 작성을 할 수 있습니다. lotto_multi 함수를 만들고 함수의 매개변수로 번호를 뽑는 횟수를 추가하겠습니다. 작성 방법은 다음과 같습니다.

> ```
> lotto_multi(로또 번호 세트를 뽑는 횟수)
> ```

for문이 들어간 코드를 함수로 정의하기 위해서는 range 함수에 들어갈 인자를 새로운 매개변수로 지정합니다. 코드로 작성하면 다음과 같습니다.

```
for i in range(10):
    print(lotto( ))
```

```
def lotto_multi(k):
    for i in range(k):
        print(lotto( ))
```

함수 정의가 완료되면 lotto_muilt 함수로 사용해 코드로 작성해 보겠습니다.

```
lotto_multi(3)

[2, 14, 17, 20, 24, 38]
[4, 6, 18, 22, 34, 39]
[8, 19, 20, 36, 42, 44]
```

```
lotto_multi(5)

[16, 18, 20, 26, 33, 45]
[7, 14, 20, 27, 30, 44]
[1, 5, 6, 23, 35, 43]
[3, 24, 30, 35, 36, 38]
[1, 6, 13, 27, 38, 40]
```

실행 결과를 살펴보니 lotto_multi 함수에 인자로 들어간 숫자만큼 로또 번호 세트가 출력됐습니다. 로또 복권은 보통 5개 세트로 많이 구매하기 때문에 lotto_multi 함수의 인자로 5를 추가하면 한 번에 5개 세트의 번호를 출력할 수 있습니다. 만약 당첨 확률을 조금이라도 높이려고 '연속한 숫자는 출력하지 않는다'와 '특정 숫자는 제외한다'라는 규칙을 추가하고 싶다면 lotto 함수의 내용에 조건문을 추가하면 됩니다.

16-2 지역 변수와 전역 변수

예제 소스 16-2.ipynb

함수를 배우고 조금씩 사용하다 보면 초보자에게 헷갈릴만한 개념이 등장합니다. 바로 지역 변수와 전역 변수입니다. 지역 변수는 함수 안에서 정의된 좁은 범위(함수 안)에서 의미 있는 변수이고 전역 변수는 주로 함수 바깥에서 정의되어 넓은 범위(함수 안, 밖)에서 의미 있는 변수입니다.

학창 시절을 떠올려 보면 학교의 각 반에는 반장이 있었고 교실 안에서는 그 친구를 보통 '반장'이라고 통칭해 불렀습니다. 하지만 교실 밖 혹은 학교 밖에서도 반장이라고 부를 수 있을까요? 물론 학교에서 듣던 익숙한 호칭이니 불러도 뒤는 돌아보겠지만 자기를 부를 거란 확신은 없을 겁니다. 세상에는 수많은 반장이 있으니까요.

함수 안에서 정의된 지역 변수도 '반장'이라는 호칭처럼 함수 안에서만 의미가 있지 함수 바깥에서는 의미가 없습니다. 함수를 정의하여 확인해 보겠습니다.

피타고라스의 정리를 이용해 빗변의 길이를 구하는 함수를 만들어 보겠습니다. 피타고라스의 정리는 직각삼각형의 직각을 끼고 있는 두 변의 길이(a, b)를 각각 제곱한 것의 합이 빗변 길이(c)의 제곱과 같다는 대표적인 수학 공식입니다(피타고라스의 정리를 이해하기보다 수식이 어떻게 코드로 변환되는지를 중심으로 봐주시기 바랍니다).

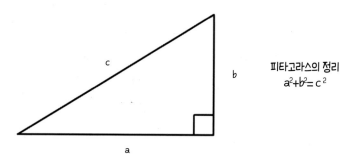

피타고라스의 정리
$$a^2+b^2=c^2$$

두 변의 길이를 매개변수로 입력한 후 빗변의 길이를 결괏값으로 반환하는 함수를 정의해 보겠습니다. 매개변수가 될 변수 a와 b에 3과 4를 저장하는 코드를 작성합니다.

```
# 3, 4를 각각 a, b에 저장
a, b = 3, 4
```

이어서 피타고라스의 정리를 이용해 c를 계산할 수 있습니다. 제곱 연산을 위해 '**' 연산자를 사용해 코드를 작성해 보겠습니다.

```
# a제곱과 b제곱을 더해서 임시 변수에 저장 (c 제곱이 계산됨)
sqr_sum = a**2 + b**2
# 임시 변수에 저장된 값의 제곱근(0.5 제곱)을 c에 저장
c = sqr_sum**0.5
print(c)
# 3*3+4*4=5*5 → 9+16=25

5.0
```

실행 결과를 살펴보니 계산한 대로 결괏값(5)이 출력됐습니다. 위의 코드를 참고해 함수 정의 코드를 작성해 보겠습니다.

```
def 함수이름(매개변수):
    실행할 내용
    return 결괏값
```

```
def pytha(a, b):
    sqr_sum = a**2 + b**2
    c = sqr_sum**0.5
    return c
```

함수 정의가 완료되면 계산한 값을 함수의 인자로 추가해 코드를 작성해 보겠습니다.

```
result = pytha(3, 4)    # 9+16=25
print(result)

5.0
```

```
result = pytha(6, 8)    # 36+64=100
print(result)

10.0
```

실행 결과를 살펴보니 빗변의 길이를 잘 계산해 결괏값이 제대로 출력됐습니다. 지역 변수 이야기를 좀 더 하자면 pytha 함수 안의 변수 중 어떤 것이 지역 변수에 해당할까요? 맞습니다. 함수 안에서 정의된 sqr_sum이 지역 변수에 해당합니다. sqr_sum 값을 출력하는 코드를 작성해 보겠습니다.

```
print(sqr_sum)

25
```

실행 결과를 살펴보니 어려울 것만 같던 지역 변수 sqr_sum의 값이 잘 출력됐습니다. 이유를 생각해보니 pytha 함수를 정의하기 전에 sqr_sum이라는 전역 변수를 만들어 놓아 그 변수에 저장된 값이 출력된 거 같습니다. 전역 변수 sqr_sum을 del 키워드로 삭제한 후 다시 함수로 호출해 sqr_sum 값을 출력하는 코드를 작성해 보겠습니다.

```
del sqr_sum     # sqr_sum 변수 지우기
result = pytha(3, 4)    # 함수 호출
print(sqr_sum)

NameError: name 'sqr_sum' is not defined
```

실행 결과를 살펴보니 함수 안에서 sqr_sum 변수는 정의된 적이 없다는 NameError가 출력됐습니다. 분명 함수 안에서 존재하는 변수였는데 함수 바깥에는 없는 변수란 말입니다. 실행 결과를 통해 함수 안에서 정의된 지역 변수는 밖에서 사용될 수 없다는 걸 확인하게 됐습니다.

궁극적으로 sqr_sum은 최종 결괏값을 출력하기 위한 중간 생성물로 함수 밖에서 필요한 값은 아닙니다. 하지만 어떤 경우에는 함수 안에서 만들어 낸 데이터가 함수 밖에서 필요한 경우도 있습니다. 그럴 땐 함수 안에서 정의된 이 변수가 '지역 변수'가 아니라 '전역 변수'라는 것을 선언해야 하는데요. 이때 global 키워드를 사용하며 작성 방법은 다음과 같습니다.

```
def 함수(매개변수) :
    global 변수
    실행할 내용
```

작성 방법을 확인했다면 함수를 정의할 때 sqr_sum 변수를 전역 변수로 선언하는 내용을 코드에 추가해 보겠습니다.

```python
def pytha(a, b):
    global sqr_sum
    sqr_sum = a**2 + b**2
    c = sqr_sum**0.5
    return c
```

sqr_sum 함수의 전역 변수 선언이 완료되었다면 이어서 sqr_sum 값을 출력하는 코드를 작성해 보겠습니다.

```python
result = pytha(3, 4)
print(sqr_sum)
```
```
25
```

실행 결과를 살펴보니 변수에 저장된 데이터가 25인 것을 확인할 수 있습니다. 함수 안에 들어간 변수는 기본적으로 지역 변수로 취급되어 함수 밖에서 접근할 수 없지만 global 키워드를 이용해 강제로 전역 변수임을 선언하면 함수 밖에서도 사용할 수 있게 됩니다.

함수 바깥에서 정의된 변수는
함수 안에서 사용할 수 있을까?

아빠. 함수 안에서 정의된 변수를 함수 바깥에서 사용하지 못하는 건 이해 했어요. 그럼 함수 밖에서 정의된 변수는 함수 안에서 사용할 수 있을까요?

교실 바깥에서 지은 '가을'이라는 이름을 교실 안에서도 쓸 수 있잖아. 변수도 똑같아.

아 그렇구나. 그럼 정답은 '바깥에서 정의한 변수라도 함수 안에서 사용할 수 있다'겠네요.

함수 안에서 만들어진 변수는 함수 밖에서 사용이 어렵지만, 밖에서 만든 변수는 안에서도 사용이 가능합니다. 불공평하다고 생각할 수 있지만, 어느 곳에서든 사용할 수 있다는 뜻의 전역 변수 정의를 떠올리면 단박에 이해가 갑니다. 함수 안이라고 예외는 아닙니다. pytha 함수의 매개변수를 없애 전역 변수로 변경하는 코드를 작성해 보겠습니다.

```
# a, b가 함수의 매개변수일 때
def pytha(a, b):
    return (a**2+b**2)**0.5
    # sqr_sum을 쓰지 않고 바로 계산
pytha(3, 4)

5.0
```

```
# a, b가 전역 변수일 때
a, b = 3, 4
def pytha( ):
    return (a**2+b**2)**0.5
pytha( )

5.0
```

실행 결과를 살펴보니 a와 b가 전역 변수이기 때문에 함수 안에서 따로 정의하지 않아도 a와 b에 저장되어 있는 값을 활용해 결괏값을 만들 수 있습니다. 이로써 함수 바깥에서 정의된 전역 변수는 함수 안에서도 똑같이 사용 가능하다는 걸 또 한 번 확인하게 됐습니다.

지역 변수와 전역 변수를 제대로 이해하지 않고 넘어가면 나중에 실무에서 활용 시 변수를 제대로 구분하지 않고 코드를 작성해 오류가 발생하는 일이 잦습니다. 반드시 복습해 줄 것을 부탁드립니다.

15 데이터는 명사, 함수는 동사

❶ 프로그래밍 언어를 번역하면 데이터는 '명사', 데이터를 처리하는 함수는 '동사'로 볼 수 있습니다.

❷ 형식 측면에서 함수는 괄호와 함께 사용하며 괄호 안의 데이터(인자)는 함수 종류에 따라 있을 수도, 없을 수도 있습니다.

❸ 코딩에서의 함수는 모든 종류의 데이터를 다루지만 수학에서의 함수는 숫자에 한정됩니다. 또한, 코딩 함수는 입력값, 출력값이 없을 때도 있지만 수학 함수는 입력값, 출력값이 반드시 있어야 합니다. 그래서 수학 함수는 코딩 함수의 일부분으로 볼 수 있습니다.

❹ 내장 함수는 빌트인 가구처럼 파이썬에 내장된 함수로 함수의 이름만으로 쉽게 호출이 가능합니다.

❺ 외장 함수는 외부 파일에 정의된 함수로 내 파이썬 공간으로 불러오기 위해서는 라이브러리를 import 해야 하며 '라이브러리.함수( )'형태로 함수를 호출할 수 있습니다.

❻ 라이브러리는 표준 라이브러리와 외부 라이브러리로 나누어 지며 표준 라이브러리는 파이썬을 설치하면 컴퓨터에 자동 설치되기 때문에 바로 import하여 사용할 수 있습니다. 외부 라이브러리는 주로 웹에 업로드된 파일이기 때문에 사용을 원하면 pip 명령어를 통해 내 컴퓨터로 설치하는 과정이 필요합니다.

❼ math 라이브러리는 수학과 관련된 기능이 있으며 제곱근, 삼각함수, 올림, 버림 등의 수학적인 계산을 도와주는 외장 함수를 제공합니다.

❽ random 라이브러리는 무작위 선택 기능이 있으며 여러 숫자 중 하나를 뽑거나 반복 가능한 자료형의 요소를 임의로 뽑는 외장 함수를 제공합니다.

❾ 자료형에 속한 함수는 메소드라고 부르며 자료형에 기능이 부여될 경우 평면적인 데이터가 아니라 기능을 갖는 데이터가 될 수 있습니다. 이 때문에 파이썬이 '객체 지향 프로그래밍'을 지원하는 언어로 분류됩니다.

16 함수 DIY, 사용자 정의 함수

❶ 사용자가 직접 만든 함수를 '사용자 정의 함수'라고 합니다. 주로 여러 번 반복되는 코드를 압축해 코드를 깔끔하게 정리하고 싶을 때 직접 함수를 만들어 사용합니다.

❷ 함수 정의 시에는 def 키워드를 사용하며 함수 이름, 매개변수, 실행할 내용이 포함되어야 합니다.

❸ 함수는 동작만 있는 함수와 결괏값을 반환하는 함수로 나눌 수 있습니다. 결괏값을 반환하는 함수는 return 키워드를 이용해서 가공된 데이터를 결괏값으로 반환해야 합니다.

❹ 함수 정의 시 괄호 안에 들어가는 데이터를 매개변수, 함수 호출 시 괄호 안에 들어가는 데이터를 인자라고 합니다. 매개변수는 항목(이름)에 해당하고 인자는 그 항목에 맞는 구체적인 데이터(김초보)입니다. 함수를 사용할 때 매개변수가 어느 인자에 해당하는지도 명시할 수도 있습니다.

❺ 함수 안에서 정의된 지역 변수는 함수 바깥에서 접근할 수 없습니다. 만약 지역 변수에 저장된 데이터가 필요하다면 global 키워드로 그 변수가 전역 변수임을 선언해야 합니다.

❻ 함수 바깥에서 정의된 전역 변수는 함수 안과 밖 모두에서 접근할 수 있습니다.

01 현재 시각을 출력하는 프로그램을 만들려고 합니다. 프로그램을 실행했을 때 '현재 시각은 ○○시 ○○
   분입니다.'라는 문장이 출력되도록 프로그램을 구성해 주세요. 시와 분을 수동으로 입력하는 게 아니
   라 실제 시간을 불러오는 방법을 웹에서 찾아 주세요(**힌트** 구글에서 datetime 검색).

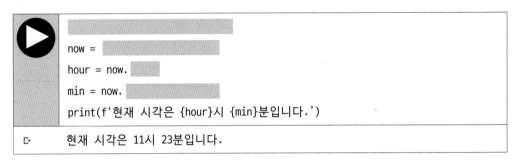

```
now =
hour = now.
min = now.
print(f'현재 시각은 {hour}시 {min}분입니다.')
```

▷   현재 시각은 11시 23분입니다.

02 한 주식 종목의 주가가 10일 동안 어떻게 변했는지 그래프로 그려주는 프로그램을 만들려고 합니다. 날짜와 주가를 리스트로 만들고 이 데이터를 바탕으로 시계열 그래프를 그리는 방법을 웹에서 찾아 주세요(**힌트** 구글에서 matplotlib검색).

날짜	7/1	7/2	7/3	7/4	7/5	7/6	7/7	7/8	7/9	7/10
주가	10000	10200	11000	9800	9500	9800	9700	10000	11000	11300

```python
x = [ ]
for i in range(    ):
    x.append(f'7/{    }')
y = [10000, 10200, 11000, 9800, 9500, 9800, 9700, 10000, 11000, 11300]
```

03 사용자의 이름이 인자로 입력될 때 오늘의 운세가 이름과 함께 출력되는 함수를 만들어 주세요. 행운의 메시지는 총 다섯 개로 이중 임의로 메시지 하나가 선택되어 출력되어야 합니다(**힌트** random).

지금의 노력은 미래의 성공으로 이어질 수 있습니다.
당신은 더 멋진 일을 해낼 수 있습니다.
긍정적인 태도와 마음가짐은 주변을 변화시킵니다.
잠시 쉬어가며 마음의 평화를 찾아보세요.
새로운 도전에 두려워하지 마세요.

출력 예시)
OOO님, 지금의 노력은 미래의 성공으로 이어질 수 있습니다.
OOO님, 새로운 도전에 두려워하지 마세요.

함수 정의

```
import
def fortune(name) :
    fortune_list = ['지금의 노력은 미래의 성공으로 이어질 수 있습니다.',
    '당신은 더 멋진 일을 해낼 수 있습니다.'
    '긍정적인 태도와 마음가짐은 주변을 변화시킵니다.'
    '잠시 쉬어가며 마음의 평화를 찾아보세요.'
    '새로운 도전에 두려워하지 마세요.']
    select =
    print(f'{name}님, {select}')
```

함수 호출

```
fortune('김초보')
```

▷ 　김초보님, 긍정적인 태도와 마음가짐은 주변을 변화시킵니다.

```
fortune('정코딩')
```

▷ 　정코딩님, 당신은 더 멋진 일을 해낼 수 있습니다.

04 업무에 필요한 데이터(숫자)를 리스트 자료형으로 받아 왔습니다. 하지만 리스트의 요소를 하나씩 가져와 데이터를 처리하다 보니 오류가 발생했습니다. 알고 보니 리스트에 담긴 데이터가 숫자형이 아닌 문자열이었던 것입니다. 문제를 해결하기 위해 리스트 안에 들어간 데이터의 자료형을 변환해 줘야 합니다. 문자열 데이터가 담긴 리스트를 인자로 넣었을 때 숫자형으로 된 데이터가 담긴 리스트를 결괏값으로 반환되는 함수를 만들어 주세요.(**힌트** 반복문, float).

['1.1', '2.0', '4.2', '5.9', '7.1'] → [1.1, 2.0, 4.2, 5.9, 7.1]

함수 정의

```
def str_to_float(input_list) :
    output_list =
    for     in
    
    return output_list
```

함수 호출

```
str_to_float(['1.1', '2.0', '4.2', '5.9', '7.1'])
```

```
[1.1, 2.0, 4.2, 5.9, 7.1]
```

그림과 비유로 쉽게 배우는 찐 코딩 입문서

나의 첫 코딩 수업 with 파이썬

초 판 발 행	2024년 07월 10일
발 행 인	박영일
책 임 편 집	이해욱
저 자	초보코딩
편 집 진 행	성지은
표 지 디 자 인	하연주
편 집 디 자 인	김지현
일 러 스 트	김세연
발 행 처	시대인
공 급 처	(주)시대고시기획
출 판 등 록	제 10-1521호
주 소	서울시 마포구 큰우물로 75 [도화동 538 성지 B/D] 6F
전 화	1600-3600
홈 페 이 지	www.sdedu.co.kr
I S B N	979-11-383-7361-6 13000
정 가	21,000원

시대인은 종합교육그룹 (주)시대고시기획 · 시대교육의 단행본 브랜드입니다.